国学常识观止

郭士丰 编著

国体政体官制 史哲教育伦理
天文地理建筑 礼仪风俗民俗
科技艺体中医 典故掌故传说

山东城市出版传媒集团·济南出版社

图书在版编目（CIP）数据

国学常识观止 / 郭士丰编著. ——济南：济南出版社，2023.7

ISBN 978-7-5488-5761-7

Ⅰ.①国… Ⅱ.①郭… Ⅲ.①中华文化－中小学－教学参考资料 Ⅳ.①G634.303

中国国家版本馆CIP数据核字(2023)第120630号

国学常识观止　GUO XUE CHANG SHI GUAN ZHI
郭士丰　编著

出 版 人	田俊林
责任编辑	尹利华　叶　子
装帧设计	胡大伟

出版发行	济南出版社
地　　址	济南市市中区二环南路1号（250002）
总 编 室	（0531）86131715
印　　刷	济南乾丰云印刷科技有限公司
版　　次	2023年11月第1版
印　　次	2023年11月第1次印刷
成品尺寸	148mm×210mm　32开
印　　张	6
字　　数	190千
定　　价	36.00元

（如有印装质量问题，请与出版社出版部联系调换，联系电话：0531-86131716）

前言

优秀传统文化是中华民族的根和魂，社会主义核心价值观植根于中华优秀传统文化沃土中。国学经典是涵养君子人格的精神家园，学习国学知识是青少年走向精神家园的重要路径。2017年，中共中央办公厅、国务院办公厅印发《关于实施中华优秀传统文化传承发展工程的意见》，要求加强中华优秀传统文化的研究阐释工作，围绕立德树人根本任务，把中华优秀传统文化全方位融入教育的各个环节和领域。学习国学经典，沐浴国学光辉，浸润优秀文化，是国家的发展要求，也是个人提升素养的需要，全社会都要躬身践行。本书对常用传统文化知识进行条目式总结，起名"观止"，是想向青少年提供一本类工具书式的读物，以帮助青少年学习中华优秀传统文化。

本书结合中小学传统文化教学，选取青少年需要了解和掌握的中华优秀传统文化的重要知识点进行解说。全书分为国体政体官制、史哲教育伦理、天文地理建筑、礼仪风俗民俗、科技艺体中医、典故掌故传说等六章节进行词条编写。每章节均包括导读、词条等内容。其中，词条以音序排列，可以使用音序检索，为中小学学生、教师以及中华优秀传统文化爱好者提供检索支撑。书中还在正文后附录了近几年中高考考查的部分传统文化试题，为中学生应对中高考文化常识考查提供学习资源。

　　本书在编写过程中，得到了许多专家学者的指导。李建国、陈长青、郭飞雪等老师还亲自参与了编写，在此一并致谢。衷心感谢济南出版社编辑老师的大力支持，感谢各位朋友提出的宝贵意见和建议。因本书内容限定为国学常识，词条收入有限；又因时间紧、学养认知有限，一定还有不尽如人意的地方，恳请广大读者给予批评指正。

郭士丰

2023年5月

目 录

国体政体官制

003	八股取士 八旗制度 罢 百乘 拜 榜眼 辟除 贬黜 贬谪 兵部 补	006	大夫 大宗 道员 嫡长子制 殿试 丁忧 鼎甲 夺 夺情 恩科 妃嫔等级	008	黄帝 皇帝 皇后 会试 会武宴 监国 荐 建储 谏官 监生 践阼
004	卜官 部曲 采邑 参知政事 察举制度 常科	007	分封制 告老 工部 贡生 贡士 贡院	009	将军 教授 阶官 解官 解褐 进
005	丞相 除 黜 刺史 大比		瓜代 国 翰林 翰林院 户部		进士 进士科 九品中正制 就国 举

目录 2

010	举人
	举孝廉
	捐纳
	爵位
	军
	军机处
	郡守
	郡县制
	科举四宴
	科举制
011	孔门四科
	酷吏
	郎中
	礼部
	吏部
	连中三元
	两千石
	令尹
	流外九品
	六部
012	路
	鹿鸣宴
	茂才
	明经科
	南书房
	辟
	品阶
	乞骸骨
	起
	起居注

013	迁
	枪替
	钦差大臣
	琼林宴
	秋决
	去职
	三辅
	三公九卿制
	三皇五帝
014	三晋
	三秦
	三省六部制
	散官制度
	禅让制
015	尚书
	尚书仆射
	十道
	士
	士大夫
	视事
	试帖诗
	收考
	首相
016	太傅
	探花
	帖经
	帖括
	童试
	巫
	五魁首

	五刑
	下车
	洗马
	县令
017	乡举里选
	乡试
	相
	相邦
	孝廉
	校尉
	斜封官
018	薪俸
	刑部
	行省制度
	秀才
	胥吏
	轩辕
	学政
	勋官
019	巡抚
	循吏
	逊位
	衙内
	炎帝
	尹
	荫生
	鹰扬宴
020	有司
	御史大夫
	御史台

021	员外 赠 诏令 谪 征		征辟制 知府 知州 制科 致仕	022	州县制 状元 擢 总理衙门 左徒

史哲教育伦理

025	白鹿洞书院 百家争鸣 编年体 兵家 博士 春秋 春秋三传	028 029	留学生 六义 六艺 墨家 农家 朴学 儒家	032	四库全书 四书五经 四维八德 宋明理学 太学 魏晋玄学 五伦
026	道家 断代史 二十四史 法家 佛学 官学	030	三从四德 三坟五典 三纲五常 山长 尚书 射 诗经	033	五行 五行相克 五行相生 乡学 庠序 杏坛 学士
027	国学 国语 国子监 祭酒 稷下学宫 纪传体 经学 孔孟之道 老庄哲学 礼	031	石鼓书院 十义 史记 誓 书 书院 数 硕士 私学	034 035	阴阳家 应天府书院 御 乐 岳麓书院 杂家 战国策 昭穆 诸子百家 纵横家

天文地理建筑

039
- 八荒
- 白虹贯日
- 百越
- 版筑
- 北斗七星
- 北极星
- 长廊
- 辰时
- 城墙
- 丑时
- 初阳
- 床
- 大运河

040
- 殿
- 东曦
- 斗拱
- 都江堰
- 短亭
- 阿房宫
- 二十八宿
- 二十四节气
- 二十四节气歌
- 二十四时辰

041
- 房
- 飞檐
- 分野
- 佛塔
- 干支

042
- 阁
- 更
- 鼓
- 故宫
- 关东
- 关西
- 关中
- 观
- 海内
- 亥时
- 河东
- 后九月
- 户对
- 华表
- 淮右

043
- 淮左
- 皇家园林
- 晦
- 会馆
- 彗星袭月
- 纪年法
- 纪日法

044
- 纪时法
- 纪月法
- 既望
- 江表
- 江东
- 江南

045
- 江南三大名楼
- 江左
- 京畿
- 京口
- 九州
- 坎儿井
- 刻
- 老人星
- 两都
- 陵寝
- 六合
- 漏
- 卢沟桥

046
- 卯时
- 门当
- 年岁
- 农历
- 牌坊
- 平遥古城
- 七庙
- 七十二地煞
- 七月流火
- 牵牛织女

047
- 闰日
- 闰月
- 三孔
- 三山五岳
- 三十六天罡

	三元节	四时	营造法式
	山东	巳时	影壁
	上元节	台	酉时
	社日	堂	牖
	申时	050 天狼星	圆明园
048	十大古都	天坛	月份别称
	十二时辰	亭	053 月亮
	石窟	万里长城	云龙风虎
	世界三大建筑体系	望	运交华盖
	朔	未时	藻井
	朔漠	文房四宝	赵州桥
	四大淡水湖	文曲星	至日
	四大道教名山	五湖	中国宫殿建筑
	四大佛教名山	五岳	中国民居
	四大高原	午时	054 中国十大历史文化名楼
	四大古代水利工程	051 西域	中国十大名胜古迹
	四大古典名园	戏楼	中华
049	四大古都	下九	中原
	四大古桥	向	子时
	四大名关	榭	左祖右社
	四大名塔	戌时	
	四大名亭	序	
	四大名绣	轩	
	四大盆地	轩辕	
	四大瀑布	阳关	
	四大书院	样式雷	
	四大天池	052 颐和园	
	四渎	阴阳	
	四海	银河	
	四合院	寅时	

礼仪风俗民俗

057	案 白丁 白寿 百年 百朋 拜 拜倒 拜伏 拜手 避讳	060	除夕 床榻 春节 赐胙 大父 大妇 大归 诞生礼 嫡 鼎	063	归宁 跪 跪拜礼 衮 寒食节 豪右 号 合卺 合葬 褐夫
058	陛下 弁 殡 帛 卜筮 步 不谷 布衣 参谒 裳 长跪 长揖 朝 朝聘之礼	061	东床 冬至 端午节 顿首 蛾眉 伐柯 分茅 坟墓 粉黛 封禅 凤冠 服色 稿葬	064	薨 鸿儒 红袖 花甲 花朝 华夏 皇天后土 黄冠 黄衣 徽号 荤 婚礼 婚姻
059	车驾 臣妾 称谓 重阳节	062	寡君 寡人 冠 冠礼 归	065	藿 几 箕踞 笄礼 吉礼

	跽		六合		青庐
	稷		六礼		青衣
	祭品		六亲		袭
	祭灶节		六一居士		趋
	祭祖		庐冢		人日
	家父	069	麻衣	073	人殉
	家讳		盟		三书六礼
	郊迎		米寿		山陵崩
	结发		免冑		上巳
066	节气		冕		少牢
	巾帼		庙号		舍弟
	金甲		庙见		社稷
	金兰		蔑称		社日
	缙绅	070	名	074	绅
	觐		明器		十恶不赦
	京师		内子		士
	敬称		年号		筮仕
067	九宾之礼		年龄称谓		谥号
	九族		年兄		室名斋号
	酒		袍		世子
	君子		朋友的称谓		守制
	郡望	071	聘	075	寿
	考妣		七出		菽
	空首		乞巧		黍
	腊日		稽首		数九寒天
068	老公		千金小姐		束脩
	黎庶		迁		庶子
	礼器	072	谦称	076	"死"的称谓
	殓		黔首		肃拜
	六畜		秦晋之好		泰斗

	太牢		"笑"的说法		帻
	泰山		谢公屐		斋戒
	袒臂礼	079	衅		占卜
	汤婆子		姓氏		丈夫
	投刺		姓氏种类		昭穆
	外子		凶礼		执手
	纨绔		休沐	082	贽
	挽联		修禊		中秋节
077	万福	080	虚左		中元节
	文定		筵席		属纩
	五菜		衣		字
	五服		揖		宗法
	五更		揖让礼		宗庙
	五谷		姻亲		宗子
	五礼		媵	083	足下
	五爪龙袍		右衽		祖饯
078	牺牲	081	羽扇纶巾		尊号
	西席		遇		坐
	先		月老	084	座次尊卑
	消寒		再拜		
	小人		葬礼		

科技艺体中医

	八大山人		扁鹊		草书
	拔罐		变脸		长生殿
	拔河		辨证施治		唱念做打
087	白描	088	冰戏		丑角
	百戏		伯远帖	089	楚声
	笔法		卜儿		传神论
	编钟		彩陶		传统中医四大名著

090	春江花月夜		构图		经络
	淳化阁帖		孤		荆关北派山水
	蹴鞠	094	古典十大悲剧	098	京剧
	大濩		古典十大喜剧		净角
	大韶		古筝		九宫
	大武		广陵散		九章算术
	大夏		海上画派		角抵
	大盂鼎		韩熙载夜宴图		角调
	大足石刻	095	汉宫秋月		楷书
091	丹青		汉画像石	099	箜篌
	旦角		河间学派		昆曲
	导引		胡笳十八拍		兰亭序
	笛		虎头三绝		琅琊台刻石
	颠张醉素		花鸟画		冷板凳
	董其昌		画圣吴道子		梨园
	窦娥冤	096	华佗	100	李龟年
	斗鸡		黄帝八十一难经		李时珍
	独角戏		黄帝内经		礼器碑
092	二胡		黄家富贵		隶书
	二十四况		黄梅戏		脸谱
	方剂		黄州寒食诗帖		临川四梦
	分书		会意		灵枢经
	风筝	097	假借	101	铃医
	扶正祛邪		间架结构		岭南画派
093	富春山居图		江湖十二角色		留白
	高山流水		江南画派		六律
	割圆术		叫板		六书
	工笔画		今草	102	六舞
	工尺谱		金元四大家		龙涎香
	宫调		经方学派		马球

目录 10

103	毛公鼎铭文 梅花三弄 靡靡之音 米氏云山 鸣虫 墨法 末角 牡丹亭 南陈北崔 南戏	108	青铜器 磬 人物画 赛龙舟 三分损益法 三希堂法帖 三下锅 瑟 四大发明 山水画	112 113	画坛四僧 四诊八纲 松江派 宋四家 宋体字 孙过庭 孙思邈 踏青 泰山刻石 唐代仕女画
104	霓裳羽衣舞 跑龙套 琵琶 琵琶记 平安三帖	109	山中宰相 商调 伤寒学派 射覆 社戏	114	唐寅 桃花扇 同光十三绝 投壶 透视法
105	平沙落雁 七声 奇经八脉 气韵说 千金方 琴	110	神农本草经 生角 声无哀乐 诗乐 十八描 十二段锦	115	外师造化，中得心源 万宝常 王羲之 望闻问切 围棋 魏碑
106	秦汉帛画 秦腔 秦始皇兵马俑 秦书八体 秦王破阵乐 秦诏版	111	十二经脉 十二平均律 十面埋伏 石鼓文 史晨碑 书画皇帝	116	温病学派 温补学派 文人画 吴昌硕 吴门画派 五毒
107	青绿山水 清明上河图 青藤白阳		书体 水墨写意 四大徽班进京		五声 西厢记 戏曲

117	戏曲四功五法 弦索备考 咸池 相扑 象形 箫 写意画 写真 形声 行书	120 121	移步换影 以大观小 乙瑛碑 易水学派 永乐宫壁画 永字八法 用色 渔樵问答 豫剧 元曲四大家	124	章草 赵孟頫 浙派 针灸 正骨 指南针 指事 中国画 中国书法 中国象棋
118	杏林 徐熙野逸 玄秘塔碑 穴位 压轴戏 雅乐 颜筋柳骨	 122	元四家 元杂剧 乐调 乐府 乐律全书 粤剧 越剧	125	中医 中医十大流派 中医推拿 种痘 周髀算经 肘后备急方 诸宫调
119	阎立本 燕乐 雁柱箜篌 阳关三叠 扬州八怪 药膳 医经学派	 123	云门 造纸术 曾侯乙编钟 展子虔 张猛龙碑 张择端 张仲景	126	转注 子午流注 钻锅

典故掌故传说

128	八百里 摆架子 百里才		班马 半部《论语》治天下 半字师		伴食宰相 鞭长莫及 伯牙绝弦

目 录 12

129	不入虎穴，焉得虎子		东施效颦		鸿门宴
	不食周粟		多行不义必自毙	140	鸿雁传书
	不为五斗米折腰		阿堵物		画虎不成反类犬
	不学无术		耳边风		画龙点睛
	沧海桑田	135	尔虞我诈		浣溪沙
	草木皆兵		二桃杀三士	141	祸起萧墙
130	钗头凤		防民之口，甚于防川		鸡鸣狗盗
	蟾宫折桂		房谋杜断		急就章
	长舌妇		分道扬镳		江郎才尽
	沉鱼落雁，闭月羞花		焚书坑儒		结草衔环
131	程门立雪	136	风凉话	142	解衣推食
	成也萧何，败也萧何		风马牛不相及		惊弓之鸟
	出风头		烽火戏诸侯		九儒十丐
	出恭		冯唐易老		九五至尊
	楚囚南冠		扶不起的阿斗		举案齐眉
132	炊饼	137	高阳酒徒		苛政猛于虎
	吹牛皮		搞名堂	143	孔方兄
	春秋笔法		割鸡焉用牛刀		口蜜腹剑
	春秋五霸		恭敬不如从命		胯下之辱
	大义灭亲		狗尾续貂		滥竽充数
	戴高帽		顾左右而言他		老生常谈
133	箪瓢陋巷	138	刮地皮	144	乐不思蜀
	倒霉		挂冠		李广难封
	倒插门		管鲍之交		礼贤下士
	倒福		管城子		两面派
	登龙门		韩信将兵，多多益善		临时抱佛脚
	跌份儿	139	汗青		溜须
134	定心丸		沆瀣一气	145	洛阳纸贵
	东道主		好好先生		马革裹尸
	东山再起		贺新郎		卖关子

146	毛遂自荐		倾城倾国		涂鸦之作
	门可罗雀		青梅竹马	156	推敲
	孟母三迁		青眼与白眼		退避三舍
	明镜高悬	152	青玉案		唾面自干
	明修栈道，暗度陈仓		请君入瓮		望梅止渴
	名落孙山		鹊桥仙		韦编三绝
	莫须有		染指	157	闻鸡起舞
147	某甲		塞翁失马，焉知非福		文字狱
	沐猴而冠		三春		问鼎
	南柯一梦		三更四点		吴下阿蒙
	内举不避亲	153	三顾茅庐		五十步笑百步
	念奴娇		三十老明经，		下里巴人
148	牛衣对泣		五十少进士	158	下榻
	弄巧成拙		丧家之犬		悬壶济世
	弄璋之喜		士别三日，		眼中钉
	拍马屁		当刮目相待		阳春白雪
149	碰钉子		菽水之欢		一屋不扫，
	皮里阳秋		水调歌头		何以扫天下
	破釜沉舟	154	司马昭之心，		一字师
	破镜重圆		路人皆知		虞美人
	破天荒		驷马难追	159	雨霖铃
	菩萨蛮		踏莎行		战国四公子
150	奇货可居		抬杠		知音
	千金买马骨		太公钓鱼，愿者上钩		只许州官放火，
	千人之诺诺，		弹冠相庆		不许百姓点灯
	不如一士之谔谔	155	桃李满天下	160	志士不饮盗泉之水
	敲门砖		替罪羊		捉刀人
151	敲竹杠		铜臭		
	芹献		投笔从戎		
	沁园春		图穷匕见		

附录：中高考真题举隅

161 | 国体政体官制
165 | 史哲教育伦理
166 | 天文地理建筑
167 | 礼仪风俗民俗
170 | 科技艺体中医
171 | 典故掌故传说

导读

国体政体官制

夏、商、西周三代是中国奴隶社会形成、发展并走向鼎盛的历史时期，中华文明开始形成独特的民族风格、价值取向和发展路径。夏朝是中国历史上第一个以"天下共主"为最高统治者的复合制国家结构的奴隶制王朝，王位的家族世袭制取代了禅让制。商朝以甲骨文和青铜文化著称于世，由此中华文明的特色凸显。西周实行分封制和宗法制，创立了中华礼乐文明。春秋战国时代是中国古代历史上政治、经济、文化大转型的时期，社会形态由奴隶制向封建制转型，政治体制由君主、贵族等级分权制走向君主专制、中央集权制。秦朝建立起中国历史上第一个统一的多民族专制主义中央集权的封建国家，中央对地方通过郡县制实行垂直管理，地方权力集中到中央，中央权力集中到皇帝手中。历史上，地方行政管理曾出现过郡、县或州、县两级制；州、郡、县，道、府（州）、县或路、府（州）、县三级制；省、路（道）、府、县四级制；省、路、府、州、县五级制等。

　　与国体、政体相匹配的是官制。中国古代的官制，是指在君主或皇帝之下设置的中央与地方官僚制度。在中央，政府作为皇帝的辅政机构，主要设置宰辅、宰相及负责各方面事务的政务机构。周朝曾经出现三公六卿制；秦汉实施三公九卿制；隋朝确立三省六部制。在地方上，建立了一整套由中央层层统摄的严密的地方统治机构。同时，为保证各级官僚机构有充分的人选及各级官员对皇帝尽忠尽责，还配备了一套比较系统、完备的官吏选拔及职官管理制度。在封建时代，各级官吏只对皇帝负责。官吏们依据等级地位的高下，成为拥有不同权限的权贵阶层。他们不是以贵族的身份进行治理，而是以皇帝的仆役资格替皇帝行使治理权。大小官吏的任免甚至生杀大权都集中在皇帝手中。

　　中国古代的任官制度，先是经过商周时期的世官制，后又经历汉代的察举征辟制，再到魏晋的九品中正制，至隋唐实施科举制，一直到清朝覆灭，封建君主专制制度终结。

【八股取士】 指明清时期用八股文选拔官吏的科举制度。所谓八股文，又称"制义""制艺""时文"，因题目取于"四书五经"，又称"四书文"，是一种说理的韵体赋文。每篇由破题、承题、起讲、入手、起股、中股、后股、束股八部分组成。"破题"，开首用两句说破题意。"承题"，用三四句或五六句承接"破题"的意义并加以阐明。"起讲"，为议论的开始，进一步点明题意，宜虚不宜实。"入手"为"起讲"后入手之处。自"起股"至"束股"才是正式议论，以"中股"为全篇重心。这四股中，每股又都必须有两股排比对偶的语句，一般是一反一正、一虚一实、一浅一深，亦有联属者，共合八股，故名"八股文"。八股文的试题只许在"四书五经"的范围内命题，内容以朱熹的《四书章句集注》等为依据。八股文最早出现于宋代，但并没有形成程式；明、清两朝采用"八股取士"，八股文大盛。"八股取士"的考试模式使科举考试进入了僵化与没落期，到清末退出历史舞台。

【八旗制度】 清代满族实行的一种社会组织形式，由清太祖努尔哈赤在女真人"牛录制"的基础上建立。八旗分别是正黄旗、正白旗、正红旗、正蓝旗、镶黄旗、镶白旗、镶红旗、镶蓝旗。努尔哈赤将所有满人都编入八旗之内，每300人为一牛录；5牛录为一甲喇；5甲喇为一旗。八旗既是社会生产组织，又是军事组织。旗内男子平时牧猎，战时从伍。清军入关后，八旗兵成为职业兵。后清太宗又在满洲八旗的基础上建立蒙古八旗和汉军八旗。清中期后，汉军八旗逐渐式微，因此人们所说的八旗通常只指满洲八旗。八旗之中，由皇帝控制的镶黄、正黄、正白三旗，称为上三旗，负责禁卫皇宫；由诸王、贝勒等统辖的正红、镶红、正蓝、镶蓝、镶白五旗，称为下五旗，负责驻守京师及全国重镇。清中后期，八旗军丧失了战斗力（但一直存在至清亡），清朝的军事主力逐渐由汉人组成的绿营兵代替。

【罢】 "罢免"，指免去官职；"罢谢"，指辞官去职；"罢归"，指辞职或免官归里；"罢休"，指辞官休息。

【百乘】 古代四匹马拉一辆兵车叫一乘。百乘即百辆战车。《孟子·梁惠王上》："千乘之国，弑其君者，必百乘之家。"

【拜】 ①用一定的礼仪授予某种官职或名位；接受官职；上任。如文天祥《指南录后序》："于是辞相印不拜。" ②礼节。参见"礼仪风俗民俗"章节词条"拜"。

【榜眼】 科举考试中殿试一甲第二名的称呼。在北宋之前，第一名称"状元"，第二、三名都称为"榜眼"。

原因是填进士榜时，状元的姓名居上端榜首正中，第二、三名居下分列左右，在进士榜的位置好像人的双眼。于是将黄榜之上的一甲第二、三名统称为"金榜之眼"，简称"榜眼"。到北宋末、南宋初，"探花"的称谓专属第三名，而"榜眼"成为进士第二名的专用名称。

【辟除】 古代高级官员选用僚属的一种制度，亦称"辟署""辟举"。隋代前官员辟除的僚属经公府、州郡试用优秀者，可再荐举或察举到中央或地方任职。

【贬黜】 指降职或被罢免官职。

【贬谪】 指官吏降职后被派到远离京城的地方。

【兵部】 封建社会国家机构"六部"之一。主管武官选用及兵籍、武器、军令等事务，相当于现代的国防部。

【补】 指官员补缺任命，多指照例补缺。

【卜官】 ①古代掌管占卜定吉凶、主祭祀的官职。②古人出仕前有占卜的习惯，故称出仕做官叫卜官。

【部曲】 ①古代军队编制单位，汉代大将军领五部，部下有曲，曲下有屯。后代借指军队或士兵。②三国至南北朝时期将领或豪强的私人军队。

【采邑】 古代国君封赐给卿大夫作为世禄的田邑（包括土地上的劳动者），也叫"采地""封邑""食邑"。盛行于周朝。如：战国时齐国孟尝君的采邑是薛。

【参知政事】 中国古代官职名称，简称为"参政"，最初为唐朝初年宰相加衔。唐朝初年三省六部长官为宰相，但不轻易授人，常用其他官员加官衔为宰相，参知政事就是加衔之一。唐中叶以后废去。宋代沿用。因宰相经常空缺，因此参知政事往往是北宋事实上的宰相。至元、明时，参知政事只是一个中级官职，明朝洪武九年被废。

【察举制度】 流行于汉代的一种官吏选拔制度。由诸侯王、公卿、郡守等地方长官在辖区内随时考察、选取人才并推荐给上级或中央，经过试用考核后再任命官职。察举对象既可以是平民，也可以是官吏。具体分为两科，一为常科，由各地郡守每年向朝廷举荐孝者、廉者各一名，后来统一称为"孝廉"；二为特科，由皇帝根据需要下诏不定期举行。特科包括文学、明经、贤良方正等科。后世仍有沿用，具体制度不同，直到隋朝科举制度建立，察举制度被终结。

【常科】 唐代科举考试名目繁多，总体分为常科和制举。常科，即常设的、有固定日期的考试科目，具体包括秀才、进士、明经、明法、明书、明算等五十多种。其中明法（考法律知识）、明算（考数学知识）等科目不为人们所重视；秀才一科，难度极高，少有报名，逐渐废弃。常科中最为人们所重视的是明经、进士两科。其中，明经科是考察考生对于儒家经典的记忆和理解情况，至宋王安石任宰相时废除。进士科主要考诗赋和策论，对考生的文学才能和政治见识要求极高。进士科前途远大，为学子首选。至明清时常科只剩进士科。

【丞相】 古代官名。始于战国，为百官之长，基本职责是辅助皇帝治理国政。西汉初称"相国"，后与太尉、御史大夫合称"三公"，统称"宰相"。西汉末年改称"大司徒"，东汉称"司徒"。魏、晋、南北朝时，或分左、右丞相，或称"大丞相"。唐、宋后用于宰相的通称。

【除】 "除授""除拜"，授予官职。"除召"，召见并被授予官职。"除官"，授官，除去旧职以任新职。

【黜】 降职或免去官职。《说文解字》："黜，贬下也。"

【刺史】 古代官职。汉武帝时始置，将全国分为十三个州，每州设立一名刺史，正式建立刺史制度。到东汉时，刺史权力逐渐扩大，成为实际的地方长官。汉灵帝时将刺史改为"州牧"，实施州、郡、县三级。至隋文帝废郡，实行州、县两级，刺史相当于原来的太守。唐代中期，出于屯田与守边的需要设立新的地方军政长官节度使、观察使，逐渐削弱刺史之权。宋代郡守名为"知州"，刺史成为虚衔。元代后刺史一职名被废。

【大比】 ①周代户籍登记制度。每三年调查一次，并考核官吏。②古代选官制度。始于周，每三年一次。隋、唐后泛指科举考试，明、清时期专指乡试，三年一次，举行乡试的年份称"大比之年"。

【大夫】 ①中国古代官阶名。始于西周，国君之下分卿、大夫、士三级，大夫能够世袭且有自己的封地。②隋、唐后为高级阶官称号。③爵名。战国至秦汉分二十等爵，大夫为第五等。

【大宗】 古代宗法制度上有大宗、小宗之分，其核心是嫡长子继承制。嫡长子孙一系是大宗，其余的子孙是小宗。天子的王位由嫡长子世袭，这是天下的大宗；余子分封为诸侯，是小宗。诸侯的君位由嫡长子世袭，在本国是大宗；余子分封为卿大夫，是小宗。卿大夫在本族是大宗；余子为士，是小宗。士和庶人的关系也是这样。大宗比小宗为尊，嫡长子比其余诸子为尊。嫡长子是继承始祖的，称为"宗子"。只有宗子才有主祭始祖的特权，受到小宗的尊敬。

【道员】 明、清官职。明朝时，省级行政长官布政使下设佐官左右参政和左右参议，称作"分守道"。负责一省司法与监察事务的按察使也有自己的佐官副使、佥事，称作"分巡道"。清初袭明制,后乾隆废"参政""参议""副使""佥事"等官衔,专设分守道、分巡道。分守道和分巡道长官均称作"道员",俗称"道台",尊称"观察"。

【嫡长子制】 嫡长子制是商代末期确立的一种权力和财产继承制度。正妻所生之子为"嫡子",妾所生之子为"庶子"。"嫡子"中的长子为"嫡长子",只有嫡长子才有继承君位的资格,即所谓"传嫡不传庶,传长不传贤"。这种嫡长子继承制不仅适用于天子位的传递,也适用于诸侯、卿大夫位等。诸侯位由嫡长子继承,其余的嫡子和庶子封为卿大夫;卿大夫位由嫡长子继承,其他的儿子分封为士。以此类推。秦汉之后,嫡长子制更成为继承制度的基本原则。

【殿试】 殿试又称"御试""廷试",是古代科举考试的最高一级。殿试最早由唐代武则天设置,但未形成制度,至宋太祖赵匡胤确立。殿试由皇帝出题和主持。参加殿试的是会试后的贡士。只考策问,为期一天。殿试一般不淘汰,只排名。殿试的录取名单称为"甲榜",又称"金榜",分为三甲,一甲赐进士及第,只取三人,第一名为"状元",第二名为"榜眼",第三名为"探花"。二甲赐进士出身,第一名称"传胪";三甲赐同进士出身。

【丁忧】 旧称遭父母之丧,后多指古代官员因父母亡故暂时辞官回乡守孝三年,称作"丁忧""丁艰"。该制度始于汉代。官员若瞒报父母丧事,一经查出,惩罚十分严厉。

【鼎甲】 科举制度对状元、榜眼、探花的总称。元顺帝始取一甲三名,鼎有三足,故称一甲三名为"三鼎甲"。

【夺】 指免去官职。

【夺情】 古代担任中央朝廷要职的官员遇到丁忧时,如果朝廷因政治或军事等需要官员不得回乡丁忧,或者官员已经回乡丁忧但期限未满,朝廷强令召回出仕,叫作"夺情",即为国家夺去了孝亲之情。夺情时官员可不必去职,只以素服办公,不参加吉礼。

【恩科】 ①宋朝时,举人因年高而屡经省试或殿试不第者,在殿试时由礼部另立名册参加附试,称"特奏名",亦称"恩科"。②明清时,在常规科举考试之外,因皇家开恩而举行的考试。即在皇家遇到喜庆之事(皇帝娶妻、册封太子、过大寿等)时,特别加开一次考试,意思便是皇家开恩,多给读书人一次入仕的机会,故称"恩科"。

【妃嫔等级】 封建帝王的嫔妃众多,等级称呼明确。"昭仪",汉元帝时始置,为妃嫔中的第一级,仅次于皇后,魏晋至明代均沿置,但地位渐降。"贵妃",位次于皇后,从南朝开始直到清代均沿置。"贵人",东汉始置,地位仅次于皇后,后世地位渐降,清时位在妃嫔之下。"才人",三国时魏始置,爵视千石以下,唐后无明确品位。"婕妤",汉武帝始置,位次皇后,品同九卿,后世地位渐微。

【分封制】 中国古代分封诸侯的制度。帝王根据血缘关系的亲疏或功劳的大小,对亲族和功臣授予不同的爵位和封地。商周时期的封爵就是分封诸侯,爵称同时也是官称。诸侯在封邑内有世袭统治权,对天子有服从命令、定期朝贡、提供军赋等责任,称为"封建"。战国时,君侯在封邑内有征收赋税权,但无世袭统治权。西汉增设"诸侯王"一级,恢复统治权。后世制度不尽相同。

【告老】 旧时指官员年老辞官。《左传·襄公七年》:"晋韩献子告老。"

【工部】 中国封建时代国家机构"六部"之一。主管兴修水利、土木建筑等职能,起源于周代官制中的冬官,西魏时始置工部,隋唐沿置。清光绪三十二年(1906年),将工部并入商部,改为农工商部。

【贡生】 科举时代,在各府、州、县的生员(秀才)中成绩优异者入京师国子监读书,称为"贡生",意为"向皇帝贡献的人才"。明代贡生有四种,即"岁贡""选贡""恩贡""纳贡"。清代贡生有六种:"岁贡""恩贡""优贡""例贡""拔贡"和"副贡"。贡生可以像普通秀才一样参加科举考试,即使科举不中,通常也有官做,但官职一般不大。

【贡士】 古代地方向朝廷举荐的人才。隋唐科举后成为对举子的称谓。明清时会试考中者称为"贡士"。

【贡院】 ①唐、宋时科举考试的机构。始置于礼部,掌贡举事务。②科举时代的考场,外墙铺以荆棘,又称"棘闱",内有龙门、至公堂、号舍,号舍按照《千字文》编号,考生入内则封号栅,待交卷日方开。

【瓜代】 本指来年瓜熟时派人接替前人的戍守之责。后称任职期满,由他人继任称为"瓜代"。

【国】 古代诸侯王的封域,也是行政区。国的区域略大于郡,所以"郡国"连称。《说文解字》:"国,邦也。"

【翰林】 古代官名,唐玄宗初置文学侍从官"翰林待诏",撰拟机要文书,称作"翰林官",简称"翰林"。明清时选拔科举优秀者入翰林院为翰林;清代选部分进士为庶吉士,入院学习三年后,成绩优异者留位翰林,其他则派往六部分授官职。

【翰林院】 初置于唐代,为陪侍皇帝游学娱乐的非正式官署。宋代设学士院,也称"翰林学士院"。翰林学士充当皇帝顾问,宰相多从翰林学士中选。明清时期的状元、榜眼、探花可直接入翰林院。

【户部】 封建时代国家机构"六部"之一。主管国家户籍、田亩、货币、赋税等事务，大体相当于现代的财政部、民政部等。

【黄帝】 又称轩辕黄帝，中国远古时期姬姓部落首领，与炎帝并称为中华始祖。他与炎帝结盟打败蚩尤，后打败炎帝，成为部落联盟首领，各部落逐渐融合形成了华夏族。黄帝长居姬水之岸，故姓姬；居轩辕之丘，故号轩辕氏，建都于有熊（今新郑），故亦称有熊氏。其播百谷，种草木，制衣冠，建舟车，定算数，制音律，创医学，发明指南车，成为华夏始祖之一。黄帝在位期间有了文字。因有土德之瑞，故号黄帝，居五帝之首。

【皇帝】 秦王嬴政统一六国后，自以为"德兼三皇，功高五帝"，便取"三皇"中的"皇"和"五帝"中的"帝"，合称"皇帝"，自称"始皇帝"。从此，"皇帝"成为中国历代封建君主的称号。

【皇后】 ①"后"最初是君主的意思，如：禹之子启就被称为"夏后启"。②皇帝的正妻。皇后居中宫，故"中宫"也代指皇后。

【会试】 "会试"之称始于金代，因在春季由礼部主持，又称"春闱""礼闱"，是科举考试第二关。明清时期的会试每三年在京城举行一次，在乡试次年举行。如遇乡试开恩科，则会试同样随着在次年开恩科。会试只有各省举人和国子监监生才有资格参加，主、副考官均由皇帝钦点。考中者称"贡士"，第一名称为"会元"。

【会武宴】 明清时期，在科举考试的武科殿试发榜后，朝廷在兵部为新科武进士们举行的庆贺宴。

【监国】 中国古代的一种政治制度。君主外出时，太子留守代管国事称"监国"。君主尚在，欲传位嗣子，嗣子也先称"监国"，再正式称帝。也指君主未能亲政，由权臣或近亲摄政。《国语·晋语一》："君行，太子居，以监国也；君行，太子从，以抚军也。"

【荐】 下级向上级推荐授官。

【建储】 指定王位或皇位的继承人，即立皇太子。苏轼《范景仁墓志铭》："公在仁宗朝，首开建储之议。"

【谏官】 中国古代官职之一，指劝谏天子过失之官。谏官制度始于春秋时期，确立于汉代。唐代谏官最活跃，宋代后名存实亡。

【监生】 始于唐代，是对在国家最高级学府国子监读书者的称呼。明代的监生分为四类："举监""贡监""荫监""例监"。清代监生主要有"恩监""荫监""优监""例监"四种。

【践阼】 亦作"践祚""践胙"，即位、登基之意。古代庙、寝堂前两阶，主阶在东，称阼阶。阼阶上位置为主位。

践阼即走上阼阶主位，意为即位、登基。《史记·鲁周公世家》："周公乃践阼代成王摄行政当国。"

【将军】　春秋时为军队统帅泛称，西汉时渐为正式官名。因事设衔，事毕即罢。后多为散官、阶官荣誉虚衔。

【教授】　古代学官名。宋代始设，负责教导诸生学业、掌管学校课试、执行学规等。明朝以后，在府一级官学设立教授。

【阶官】　隋代时，称在政府中担任职务的官员为"职事官"，称有官名而无实际职务的官员为"散官"。唐代对散官的官号进行整理，重新确立品级，标志官员身份级别，称为"阶"，故散官亦称"阶官"。

【解官】　解免、辞去官职。韩愈《唐故河东节度观察使荥阳郑公神道碑文》："公解官，举五丧为三墓。"

【解褐】　"褐衣"是百姓穿的粗制衣服，"解褐"即脱去布衣，指担任官职。

【进】　官员升任，尤指高级官员的升任。

【进士】　中国古代科举考试最高一级的功名。宋代，科举的三级考试制度正式形成，乡试中榜者称"举人"，会试中榜者称"贡士"，殿试中榜者则称"进士"。但因殿试只排名不淘汰，参加礼部考试的均可称"进士"。明清时期始专称殿试合格之人

为进士。进士又分为三甲：一甲三人，赐"进士及第"，分别俗称"状元""榜眼""探花"；二甲赐"进士出身"；三甲赐"同进士出身"。每次科考进士录取人数，各朝不一。

【进士科】　古代科举考试的一个科目。隋炀帝时初设，到唐代时，在五十多种科举考试科目中，进士科最受重视，逐渐成为高级官吏的主要来源。其考试内容，刚开始为五道时务策和帖经，后加两篇诗赋。北宋时，王安石改革科举制度，只留进士科，其内容以经义为主，明、清沿之。

【九品中正制】　魏晋南北朝时期的一种官吏选拔制度，始于三国曹丕。政府在各州郡派驻名为"中正"的官员，从家世、道德、才能三个角度评议各州郡中人物，具体分为上上、上中、上下、中上、中中、中下、下上、下中、下下九等，中央按等选用任职。后由于门阀政治兴起，中正们评议人才逐渐忽略才德，而仅以家世为标准，所选人才基本为世家大族，以至于出现"上品无寒门，下品无士族"的局面。到隋朝科举制度建立，九品中正制废止。

【就国】　旧指诸侯前往受封的领地进行管理。

【举】　古时地方官向中央举荐品行端正的人担任官职。《后汉书·张衡传》："举孝廉不行。"

【举人】　"举人"一词最早

得名于汉代的察举制度，被举荐者称为"举人"。唐、宋时乡贡入京应试的考生均称"举人"，意为"应举之人"，俗称"举子"。明清时期，成为乡试考中者的称呼。唐宋时期的举人只具有了参加京城会试的资格，不授官职，且举人的资格是一次性的，如果在会试中不中，则要重新参加乡试，再次取得举人资格方可参加会试。明清时期，举人资格终身有效，且已具备做官的资格，所任官职大多是知县、候补知县，或者教谕、训导等县级教育长官等低级官职，也有个别任知府。举人是明、清两代低级官员的主要来源。

【举孝廉】 察举制度的一种。汉武帝采用董仲舒的建议，设置举孝廉制度，规定各地郡守每年要向朝廷推荐孝者、廉者各一人，统称为"孝廉"。孝廉举至中央后，并不立即授以实职，而是进入郎署为郎官，做皇帝的侍从，一是为考察其才能品德，二是为使其熟悉政务。西汉时较严格，所举孝廉若不合标准，举荐人要承担责任。东汉后期举孝廉制被阀门世家垄断，至魏晋时期被九品中正制代替。但明清时期的举人仍俗称"孝廉"。

【捐纳】 旧时因捐款而授予官职爵位的卖官制度，始于秦汉。秦始皇时因蝗灾缺粮，规定纳粟千石可拜爵一级；汉文帝采纳晁错的建议，准予入粟授官或拜爵，时称"纳粟"。清代之前，除东汉中后期外，一般都是为筹饷、赈灾、备边等，并不严重。清代捐纳分为两类：一类是因救荒、河工、军需等事开捐，事毕即停；一类为常行事例，平民可捐贡生、监生，官员可捐钱升职等。康熙为筹集军饷对三藩用兵，颁布捐纳制度。常行事例捐纳制度化始于乾隆时期。

【爵位】 周代始有封爵制度，共有公、侯、伯、子、男五等。汉代分王、侯二等。汉代皇子封王，通称"诸侯王"；异姓封王称"列侯"。汉武帝后，各诸侯王在封邑内封庶子为侯，叫"王子侯"。三国以后，同姓封王基本保持一致，对异姓只封为公、侯、伯、子、男等爵位，不再封王。

【军】 ①中国古代最大的军队编制单位，初为12500人，后世不一。②宋代因军事需要而建的地方行政单位，一般在边疆地带，分两种：一与府、州同级，直属于路；一与县同级，隶属府、州管辖。

【军机处】 又称"枢垣""枢廷"。清代雍正因西北用兵，在隆宗门内设"军机房"，选内阁中稳重者入内值班，随时处理紧急军务。后改称"办理军机处"，简称"军机处"，逐渐取代内阁成为清朝最高决策机构。宣统三年，责任内阁成立，军机处撤并，军机大臣改为总理大臣。

【郡守】 古代官职名称。始于战国，初为武职，后渐为地方最高行政长官，简称"守"。秦行郡县制，每郡最高长官为郡守，汉景帝将郡守更名为"太守"。魏晋时称"郡太守"，宋代后郡改为"府"，知府也称"郡守"。

【郡县制】 中国古代的地方行政制度。春秋战国时期，许多国家设立郡与县。秦统一全国后，实行郡县制，将全国分为三十六郡，郡下设县。郡守和县令都直接由中央政府任免，其职位不得世袭。

【科举四宴】 古代科举考试结束后，朝廷为中榜者进行庆祝的四个例行宴会。文、武科举各有两个宴会，鹿鸣宴、琼林宴是文科宴，会武宴、鹰扬宴为武科宴。

【科举制】 科举制度是隋唐到清代分科考选文武官吏及后备人员的制度。隋炀帝始置进士科。至唐代，分常举和制举两种，武则天时创殿试和武举。到宋代，形成三年一次、分三个等级（解试、省试、殿试）的考试制度，试卷实行糊名制、誊录制，元朝初废科举，后恢复。明、清是科举考试的鼎盛期，只有进士科，考试分为四个阶段，先是参加由府、州、县的长官监考的院试，通过后为秀才，取得科考资格；然后是省一级的乡试，于子、卯、午、酉年举行，考中为举人；再高一级的是会试，由礼部主持，于丑、辰、未、戌年举行，考取的叫贡士。最高一级的殿试又叫"廷试""御试"，由皇上亲自主持且只考时务策一道。科举制度于清末废止。

【孔门四科】 意为孔子所传授的四种学术门类，指的是"德行""言语"、"政事"和"文学"。

【酷吏】 以一种严酷的手段进行治理的官吏，代表人物有西汉的张汤、尹齐等。酷吏往往做事只按法律行事，不讲人情，既对百姓严苛，也敢于对豪门贵族实施惩罚，基本上结局比较悲惨。司马迁《史记》有《酷吏列传》。

【郎中】 古代官名。战国时期开始设立，最初为皇帝的随从官，主要具有保卫、建议等职能。隋唐以后，实行三省六部制，各部下设司，各司长官即为"郎中"，其职能与战国、秦、汉有很大区别。如明代工部下设"营缮、虞衡、都水、屯田"四司，各有郎中一人（正五品）、员外郎一人（从五品）、主事二人（正六品）。

【礼部】 封建时代国家机构"六部"之一。主管朝廷重要典礼（如祭天地、祭祖等）、接待外国来宾、学校事务及科举考试等。长官为礼部尚书。

【吏部】 封建时代国家机构"六部"之一。主管全国文职官吏的挑选、考查、任免、升降、调动、封勋。长官为吏部尚书。

【连中三元】 古代科举考试中，考生在乡试、会试、殿试三次考试中均考得第一名，即接连考得"解元""会元""状元"，称"连中三元"。这种说法大致出现在宋代。史料记载，历代总共出现过17次文科举和2次武科举的"连中三元"。

【两千石】 古人称郡守、刺史等俸禄两千石的官职为"两千石"。秦、汉时"三十斤为钧，四钧为石"。古代各级官员俸禄按"石"计，郡守、刺史类两千石，县令类六百石到一千石。

【令尹】 古代官名。①春秋、战国时楚国的最高官职。②县级行政长官别称。秦、汉以来，一县之长称"令"，元代称"尹"，合称"令尹"，指代县长。清代"令尹"为知县的别称。

【流外九品】 在一定官阶、品阶之外的官吏，也称"未入流"。指的是那些在政府服务、地位不高的胥吏的品阶，如儒学学正、教谕、训导长官、司吏目、府检校、县典吏等没什么实权、只做些杂事的边缘小官吏。

【六部】 隋、唐后，尚书省下属的吏部、户部、礼部、兵部、刑部、工部总称"六部"，掌管全国行政事务。元朝归为中书省，明代直属皇帝，清末废。各部的最高长官称"尚书"，副长官称"侍郎"，后偶有改名。

【路】 宋、金、元的地方行政单位。宋代地方行政区划为路、州、县三级。北宋至道三年（997年），将天下分为十五路，路的长官称"监司"。元时降为第二等地方行政区划，隶属于省。至明朝被废。

【鹿鸣宴】 鹿鸣宴兴起于唐朝，在省城举办乡试以后，由州县长官主持宴请中举的士子和考场工作人员。因为宴会上要唱《诗经·小雅·鹿鸣》："呦呦鹿鸣……" 因而取名为"鹿鸣宴"，有祝贺之意。

【茂才】 汉代察举的重要科目，始于西汉。西汉称秀才，东汉时为避光武帝刘秀讳，改为茂才。明清时入府州县学的生员叫秀才，也称茂才。

【明经科】 科举考试的一个科目。试题相对简单，主要考帖经，考察对儒家经典的记忆和理解能力，也有少量的策论。明经科录取率高，约为十分之一。至宋代王安石担任宰相后废止。

【南书房】 清代官署名。位于乾清宫西南，本为康熙读书处，俗称"南斋"。后"择词臣才品兼优者"入值，称"南书房行走"，逐渐成为权力机构。光绪二十四年（1898年），南书房被撤销。

【辟】 招聘授官。

【品阶】 品阶即品级，是官吏的级别，往往分为流内、流外各九品。三国魏始分，官员依其品享受禄秩和其他待遇。

【乞骸骨】 古代官员年老请求辞职退休的书面用语，意思是"使骸骨得以归葬故乡"。

【起】 指从民间征聘，也指罢官后再授官职。

【起居注】 古代记录帝王言行的记录。魏晋开始设官职专司起居注，宋代还成立起居院负责起居注，起居注为编撰皇帝实录与本纪的第一手材料。元、明以下，制度虽存，但记录日趋简单，史料价值减弱。顾炎武《日知录》："古之人君，左史记事，右史记言，所以防过失，而示后王。"

【迁】 调动官职，包括升级、降级、平级转调三种情况。为易于区分，人们常在"迁"字的前面或后面加一个字，升级叫"迁升""迁授""迁叙""升迁"；降级叫"迁削""迁谪""左迁"；平级转调叫"转迁""迁官""迁调"；离职后调复原职叫"迁复"。

【枪替】 "枪替"即替人考试的"枪手"。"枪替"在唐朝开始出现并流行，到宋、明、清时代，"枪替"现象更加严重。

【钦差大臣】 由皇帝专门派出办理某事的官员，简称"钦差"。一般事毕复命后，该官职便取消。皇帝派遣大臣外出办事在我国古代一直都有，但从明代开始，才有了"钦差大臣"的固定称谓。清代钦差又称"钦使"，统兵者则称"钦帅"，驻外使节称"钦差出使某国大臣"。

【琼林宴】 科举考试中朝廷为新科进士举行的祝贺宴会，也称"闻喜宴""恩荣宴"。因宋代在当时都城开封城西的皇家花园琼林苑里举行，故名。

【秋决】 古代执行死刑一般是在秋冬季节，这与自然神权观念有关，即顺应天意。从西周开始就有秋冬行刑的做法，到了汉朝成了制度。除了谋反等大罪可以立即处决外，一般死刑犯都要等到秋天霜降之后、冬至之前才能执行死刑。

【去职】 解除职务，有辞职、调离和免职三种情况。辞职和调离属于一般调整官职，而免职则是削职为民。

【三辅】 三辅本指西汉时治理京畿地区（国都及其附近地区）的三个官职，后指这三个官职所管辖的地区。汉景帝时，将首都长安城以及城郊地区大体分为三块，分别设置左内史、右内史、主爵中尉（后改为主爵都尉）管理。因共同管理京畿地区，故合称"三辅"。汉武帝时，此三个官职改名为"京兆尹""左冯翊""右扶风"，其管理区域大致是今天的陕西中部地区。后称京畿地区为"三辅"，简称"辅"。

【三公九卿制】 秦朝时确立的中央官制，三公是辅助帝王处理国务的三个最高级别官员，九卿是政府的九个高级官员。秦始皇统一六国后，设立以皇帝为尊、以三公九卿为中央官制的中央集权制。三公分别是丞相、太尉、御史大夫，其中，丞相主管全国行政，太尉负责总揽全国军政，御史大夫则负责皇帝与群臣的沟通并监察群臣。九卿分别是奉常（掌管宗庙礼仪，为九卿之首）、郎中令（领导宫廷侍卫）、卫尉（掌管宫门警卫）、太仆（掌管宫廷御马和国家马政）、廷尉（负责司法）、典客（负责民族与外交事务）、宗正（分管皇族事务）、治粟内史（掌管赋税徭役）、少府（负责宫廷财政与皇室手工业制造）。汉承秦制，丞相改名"大司徒"，太尉改名"大司马"，御史大夫改名"大司空"，合称"三司"；九卿中的"奉常"改名"太常"，"廷尉"改名"大理"，"典客"改名"大鸿胪"，"治粟内史"改名"大司农"等，其基本职责变化不大。三公九卿制的设立为封建专制主义中央集权国家制度的建立创造了雏形。

【三皇五帝】 远古三个帝王和上古五个帝王合称为"三皇五帝"。历史上关于三皇五帝说法不一。"三皇"的一种说法是指天皇、地皇、泰皇；一种说法是天皇、地皇、人皇。还有人认为是燧人、伏羲、神农，或伏羲、神农、女娲。"五帝"主要是指传说中原始社会里杰出的部落首领。有人认为"五帝"是指伏羲、神农、黄帝、尧、舜。另外，还有炎帝、帝喾等人也被列为"五帝"之中。现在多数人认可的观点是：燧人氏、伏羲氏、神农氏三人为三皇，黄帝、颛顼、帝喾、尧、舜为五帝。

【三晋】 古地区名。春秋末韩、赵、魏三家瓜分晋国后成为战国时的韩、赵、魏三国，史称"三晋"，其地理位置大约在当今山西地区。现在还称山西为"三晋大地"。

【三秦】 指潼关以西的关中地区，原为战国时秦国的疆域。秦朝灭亡之后，项羽曾将秦故地关中地区封给秦军三位降将章邯、司马欣、董翳，故得名。王勃《送杜少府之任蜀州》："城阙辅三秦，风烟望五津。"

【三省六部制】 三省六部制是中国古代继三公九卿制之后，隋朝文帝确立的一套中央政府机构组织形式。三省是中书省、门下省、尚书省。汉武帝时，设尚书台。三国时期，魏文帝曹丕又设另一个秘书机构中书省，以削弱尚书台权力。至晋，皇帝的侍从机构门下省也开始处理政务。至此，由皇帝近臣组成的"三省"开始成为全国政务中枢。到隋朝，确立三省制度，三省成为正式的政府机构，三省长官执宰相之职，共议国政。六部，是尚书省下设的六个具体部门。汉光武帝时，尚书台已开始分为三公曹、吏曹、民曹、客曹、二千石曹、中都官曹等六曹尚书，分曹办事。后六曹经魏晋南北朝发展演变，至隋唐时期形成吏、户、礼、兵、刑、工六部。

【散官制度】 散官是有官名而无对应职事的官员，宋代也称"寄禄官"。自汉代以后，官员品阶与职权逐渐分离，即虽有品阶，但并不担任相应官职，只享受品阶待遇，没有相应职权。后世历代沿用。

【禅让制】 上古时代的"天子"实际是部落联盟首领。先是由各部落的酋长召开会议推举下一任天子，现任天子再对其进行一定时间的考察，认可后，则让位于他。相传尧年老时，舜因为孝顺和有才德而被推举，尧对他考察了三年后，禅位于他。后舜禅位于禹，禹禅位于皋陶；然而皋陶早死，未能即位，禹又举伯夷为继承人。这种远古部落联盟推举首领的制度称为"禅让制"。

【尚书】 古代官名。始置于战国，或称"掌书"。"尚"是执掌的意思，秦代尚书是少府的属官，掌管文书，地位很低。汉武帝时设尚书四人，开始分曹治事。东汉时正式成为协助皇帝处理政务的官职，从此三公权力大为削弱。晋以后，尚书事务愈来愈繁杂。隋代设置尚书省，分为六部；唐代确定六部为吏、户、礼、兵、刑、工，以左右仆射分管六部。宋代以后，三省分立渐成空名，行政权归中书省。明代初期，尚存此制，后废去中书省，直接以六部尚书分管政务，六部尚书成为国务大臣。清代沿袭，末期改制合并六部，改"尚书"为"大臣"。

【尚书仆射】 古代官名。一度相当于宰相。"仆"意为主管，因古代重武，由主射者掌事，为诸官之长。

【十道】 唐代设置行政区划为十道：关内道（即古雍州，治所在凤翔）、河南道（即古豫、兖、青、徐四州，治所在洛阳）、河东道（即古冀州，治所在太原）、河北道（即古幽、冀二州，治所在河北大名）、山南道（即古荆、梁州，治所在襄阳）、陇右道（即古雍、梁二州，治所在鄯州。鄯州即今青海）、淮南道（即古扬州，治所在扬州）、江南道（即古扬州南部，今浙、赣、湘等地，治所在越州）、剑南道（即古梁州，剑阁以南，治所在成都）、岭南道（即古福建、广东、广西、云南，治所在广州）。

【士】 ①春秋战国时期形成的居于贵族与平民之间的一个阶层。国君和贵族公子把才德兼备或者有某方面特殊才能的人才招揽起来，养在自己身边，时机适合时，就从中挑选人才，选派官职。此为"养士"。②士也是古代官职，夏、商、周三代天子、诸侯皆有上士、中士、下士之官，是卿大夫以下的低级官员。秦以后也袭用古制。

【士大夫】 ①古代指受职居官的人，通指官僚阶层。《周礼·考工记序》："作而行之，谓之士大夫。"②古代社会上层人物的通称。《师说》："士大夫之族，曰师曰弟子云者，则群聚而笑之。"

【视事】 一般指旧时高级官吏到职治事办公。《左传·襄公二十五年》："崔子称疾，不视事。"

【试帖诗】 古代科举考试中的一种文体，因题目前常冠以"赋得"二字，故也叫"赋得体"。该诗体起源于唐代科举考试中，一般以古人诗句或成语为题，刚开始为五言六韵，后来发展为五言八韵。唐代对考生作诗的内容和用韵都比较宽泛。到宋代，仁宗规定必须于经史有据。明及清初，不考诗赋。到乾隆年间，又在科考中加入五言八韵诗，其格式比前代更严，题目必须出自经史子集或前人诗句、成语，在用韵上也更加严格。

【收考】 ①拘捕拷问。《三国志·吴志·陈表传》："明素壮悍，收考极毒。"②准许入场考试。汤显祖《牡丹亭·耽试》："这等姑准收考，一视同仁。"

【首相】 首席宰相的简称。《宋史·曾公亮传》："首相韩琦每咨访焉。"

【太傅】 ①古代三公之一。周代始置，地位次于太师（辅佐国君的官）。东汉时期皇帝即位，均设太傅，为众臣之首。②后世多以其他官职兼领，为优待大臣的荣誉衔，并无职事。明、清两代则以太傅、太师、太保作为赠官，作加衔之用，不是实职。③历代辅导太子的官也称"太傅"。

【探花】 唐代中进士者会游园庆祝，并举行"探花宴"。由进士中年龄最小者作为"探花使"，到各名园采摘鲜花，迎接状元。南宋以后，"探花"成为进士第三名的专门称呼。

【帖经】 唐代科举考试的一种方法。具体是在所考查的经书里随便抽出一句话，然后将其中某部分用纸贴盖，要求考生答出这句话缺失的部分是什么，主要考查的是考生对经文的记忆情况。帖经类试题在唐代不同的科举科目中所占分量不同，于考查文学才能和政治见识的进士科里，帖经只少量存在；于考查对经文的记忆和理解程度的明经科里，帖经则是主要试题。

【帖括】 考生针对帖经类考题所创的一种文体。为方便记忆，将偏僻的经文编成诗赋歌诀的形式，称之为"帖括"。

【童试】 取得参加科举考试资格的考试。在唐宋时称"县试"，明清时称"郡试"。清代的童试三年举行两次。童试总共分三个阶段，分别为县试、府试和院试。其中，县试一般由本县知县主持，合格者方可参加府试。府试由知府或知州主持，合格者参加院试。院试由主管一省教育的学政主持，院试合格，即是秀才，也叫"生员"，秀才便具有了到政府公立学校学习和参加科举考试的资格。

【巫】 古代"巫"是掌管占卜、祭祀的官，后来医师也称"巫"。古人认为，巫能以舞降神，调动鬼神之力为人消灾医病、祈雨降福，久而久之成为一种职业。

【五魁首】 "五经魁首"的简称。明清时期科举考试，以儒家《诗》《书》《礼》《易》《春秋》取士，每经的第一名叫"经魁"，同时取得各经第一名俗称"五魁首"。

【五刑】 古代官府对犯罪者所使用的五种主要刑罚。早期的五刑是黥刑（墨刑）、劓刑、剕刑、宫刑、大辟。自隋律起，改为笞刑、杖刑、徒刑、流放、死刑。

【下车】 古代官员初到任上称为"下车"。

【洗马】 古代官名。"洗"通"先"，也称为"先马"，在马前驱驰之意。秦汉时期，洗马为太子的侍从官，太子出行就由他来作为前导。晋代变为掌管图书的官职。南朝时洗马隶属于典经局。隋唐时设"司经局洗马"职务。延续到清代，为从五品官。

【县令】 县的行政长官。刚开始与郡守是平级关系，战国末期，正式成为郡守下属。秦、汉时，人口万户以上的大县长官称"县令"，人口万户以下的小县长官称"县长"。至南北朝时，不再区分户口多少，一县长官皆称"县令"。至宋代，县令称为"知某县事"。元代称"县尹"，明、清复称"知县"。

【乡举里选】 中国古代一种选拔人才的制度。《周礼》称作"大比"。大比每三年举行一次，在大比中，道德高尚、技艺了得的贤能者就会被选拔出来。

【乡试】 科举考试的第一关，在各省省城和京城举行，每三年举行一次，遇皇家有喜事则加恩科。考试通常在八月举行，因此又名"秋闱"。由皇帝钦命正副主考官主持，凡秀才、贡生、监生等均可参加，考试分三场，分别考"四书五经"、策问、诗赋，每场考三天。乡试考中，称为"举人"，第一名举人称为"解元"。明清时期，举人可参加会试，也具有了做官的资格。

【相】 官职名。春秋时，为君主或贵族行礼时的赞礼官。国君外出访问、定盟，相亦跟随左右主持外交礼仪。如，鲁定公和齐景公夹谷会盟时，即以孔子为相。

【相邦】 春秋、战国时对宰辅大臣的尊称，后变为官名。春秋时贵族的管家称"家相",主贵族家室之事,也称"相室"。战国时,有的卿大夫变为有国之君,其相室便成为邦国之相,"相邦"由此得名。至汉高祖刘邦即位,为避讳改为"相国",为百官之长。

【孝廉】 ①"孝",指孝悌者;"廉",指清廉之士。是古代选拔人才的科目。始于汉代,各郡每年推举孝、廉各一名,后往往合为一科。②亦指被推选的士人。③明清时期对举人也称"孝廉"。

【校尉】 古代武官名。汉武帝时置中垒、屯骑、步兵、越骑、长水、胡骑、射声、虎贲等八校尉,为专掌特种军队的将领,地位略次于将军,后统称将佐为"八校"。

【斜封官】 也称"墨敕斜封官",是唐朝时非正式任命的官员。这种官职的任命状是斜封着的,要从侧门交付中书省办理,而且它上面所书"敕"字是用墨笔,这与中书省黄纸朱笔正封的敕命不同,"斜封官"由此得名。是当时人们对由非正式程序任命的官员的一种蔑视性称呼。

【薪俸】 古代官员发的工资称为"俸禄""薪俸"。早期的"俸"是按照贤能程度、功劳大小的标准以粮食或折合成钱银的形式发放。"禄"最初是给有爵位的人分配土地、人口,后"俸禄"连用,泛指朝廷发给官吏的钱银或粮食。古代的官府除了给官员发"俸"外,也经常以各种名目发生活必需品,称为"薪"。有时是发柴草,有时也折合成钱银,这样,"薪俸"就成为一个词。直到现代发工资还叫"发薪水"。

【刑部】 封建时代国家机构"六部"之一。主管国家司法、刑罚政令及审核刑名诸事,大体相当于现代的司法部和公检法部门。

【行省制度】 古代地方行政制度。行省是行尚书省(后改为行中书省)的简称,本是尚书省派出的临时机构,后来演变成为地方最高行政机关。行省制始自元代,明、清沿袭。元朝除大都(今北京)为中书省直辖区外,另有十个行省。元代行省置丞相、平章等官总揽地区政务。明代改为十三承宣布政使司,简称"省"。清代增为十八至二十二行省。

【秀才】 "秀才"一词始见于《管子·小匡》。汉武帝时,"秀才"与"孝廉"是地方官员举荐的两种优秀人才。东汉时为避光武帝刘秀名讳,"秀才"改称"茂才",三国曹魏时又改回"秀才"。至隋朝科举制度开科取士,最初也称为"取秀才",这时的"秀才"是对考中功名者的称呼。唐初,科举考试中设秀才科,后废除,"秀才"一度成为读书人的统称。明清时期取得入学资格的生员才可称为

"秀才",有科举资格。秀才没有俸禄,但有一定的特权,比如免除赋税、徭役,可以直接找县官提建议等。

【胥吏】 古代各级官府中办理文书的小吏。没有官职,实际却掌有很大的权力。古代官有调任,而吏无变更,胥吏往往形成地方势力。明清时期地方官僚制度的弊端,核心就在于胥吏之害。

【轩辕】 黄帝之名。黄帝,姓公孙,名轩辕,中国古代五帝之一,远古时代华夏民族的共同祖先,被尊为中华"人文初祖"。

【学政】 古代学官名。"提督学政"的简称,是朝廷委派到各省主持院试。督察各地学官的官员。

【勋官】 官号、勋号主要是作为酬赏军功的标志,被加勋的官员,叫作"勋官"。唐代勋官一共分成十二级,有上柱国、柱国、上护军、护军、轻车都尉、骁骑尉等等。明代的勋号,分成文勋、武勋两种,武官的勋号沿袭前代,文官的勋号增加了正治卿、赞治尹等等。清废。

【巡抚】 明清时期的省级地方军政官员,以"巡行天下,抚军安民"而名,又称"抚台"。明代宣德、正统以后,三司之间不相统属,地方行政效率低下。于是,中央政府开始设置总督、巡抚这样的临时官员代表中央统一协调地方行政。巡抚刚开始为临时职务,后成为地方最高首脑。清袭明制,设立巡抚,成正式官职,具有全省民政、司法、监察及军事等各项大权。巡抚均兼右副都御史,官阶为从二品,加兵部右侍郎衔则为正二品。

【循吏】 奉职守法的官吏。循吏与酷吏一样遵守国家法律,但讲究人情,比较温和,对百姓抱有同情心。为官注重以德服人,并试图教化一方。但在对待豪强贵族时,则不像酷吏那样无所畏惧,而是比较谨慎,甚至明哲保身。司马迁《史记》中有《循吏列传》。

【逊位】 古代帝王、诸侯让位、退位。后也用于大臣退职。《史记·太史公自序》:"唐尧逊位,虞舜不台。"

【衙内】 五代及宋初,藩镇的亲卫官有牙内都指挥使、牙内都虞侯等,多由官员子弟充任。后称官府子弟为"衙内"。

【炎帝】 又称赤帝、神农氏、烈山氏、魁隗氏,中国远古时期姜姓部落首领,与黄帝并称为中华始祖。传说由于懂得用火,所以称为炎帝。活动范围在黄河中下游的姜水(一说是今宝鸡市渭滨区的清姜河,一说是今宝鸡市岐山县的岐水)。他与黄帝结盟打败蚩尤,后被黄帝打败,两个部落逐渐融合形成了华夏族主体,炎帝亲尝百草,发明草药治病;削木为弓,发明刀耕火种;种五谷,制陶器;治麻为布，民着衣裳，成为华夏始祖之一。炎帝被道教尊为神农大帝，也称五谷神农大帝。

【尹】 古代官职名。商代、西周时为百官之首。春秋、战国时，各国百官之首多称"相邦"，唯楚国的长官多称"尹""令尹"，且有"左尹""右尹"之称。汉代始把都城行政长官称"尹"，如"京兆尹""河南尹"。元代州、县长官亦称"尹"。

【荫生】 明清时期凭借上代余荫取得监生资格的人被称为"荫生"。按入监缘由的不同，荫生有各种不同的名目。明代按其先代的品级入监者称为"官生"，不按先代官品而因皇帝特恩入监者称为"恩生"。清代因皇家有喜事开恩得以入监者称为"恩荫"，由于先代殉职而入监者称为"难荫"。清代的一些荫生的科举试卷经常单独改卷，称之为"官卷"。

【鹰扬宴】 古代科举制度中，为武科乡试中榜的武举人举行的宴会。一般在发榜第二天举行，参加者为主考官和新科武举人。其名源于《诗经·大雅·大明》"维师尚父，时维鹰扬"，意为"威武如鹰击长空"。

【有司】 主管某部门的官吏。古代设官分职，各有专司，故称职官为"有司"。后成为官吏的泛称。《三国志·蜀志·诸葛亮传》："宜付有司，论其刑赏。"

【御史大夫】 古代官名。秦朝时与丞相、太尉合称为"三公"。主要有两个职能，一是作为丞相副手处理政事；二是作为监察机构御史台长官，负责监督百官，尤其是监督丞相。秦汉时期，丞相空缺后，一般由御史大夫补缺。汉成帝时，御史大夫更名为"大司空"，东汉时改为"司空"。大司空和司空仍为三公之一，但均已不再是最高的监察长官，最高的监察长官由御史中丞担任。隋、唐之后，除宋代为虚衔外，均为最高监察长官，但不再有秦、汉三公的权位。明代改御史台为都察院，御史大夫一职遂废。

【御史台】 官署名。古代国家的最高监察机构，其属官为言官。秦代建立御史制度，设众多监察御史监督政府，并以三公之一的御史大夫为众御史之长。汉代，御史大夫更名为"大司空"（后改为"司空"），不再负责监察事宜，其副手御史中丞成为御史之长。因御史中丞一直驻扎在禁中兰台办公，因此其官署便被称作"御史台"，也称"宪台""乌台""肃政台"等。御史台下设三院，一曰"台院"，其属官为侍御史，监督皇帝；二曰"殿院"，其属官为殿中侍御史，负责监督皇宫内礼仪等事；三曰"察院"，其属官为监察御史，主要是监督中央政府和地方官员。明代时，太祖朱元璋改御史台为都察院，"御史台"

之名遂废。

【员外】　"员外郎"的简称，有正额之外增设之意。三国时期魏末最早设置了员外散骑常侍，晋朝初年又设置员外散骑侍郎，都是皇帝的侍从官。南北朝时，新设了殿中员外将军、员外司马督等。隋代以后，员外成为尚书省二十四司中各司的次官。明代后逐渐成为闲职，地主和商人可以捐银获取，遂成为有钱人的称呼。

【赠】　对官员的先世或已故的官员追封爵位官职。

【诏令】　文体名。古代皇帝、皇太后等颁发的命令、文告的统称。包括册文、制、敕、诏、诰、令、玺书、教、谕等。唐代太上皇所发文告称"诰"，太子所发文告称"令"，诸王所发文告则称"教"。

【谪】　降职贬官调往边远地区。范仲淹《岳阳楼记》："庆历四年春，滕子京谪守巴陵郡。"

【征】　聘授官，尤指朝廷直接招聘授官。

【征辟制】　汉代一种自上而下的官员选拔制度。始于西汉，盛于东汉，至魏晋衰微，隋朝废止。"征"，是皇帝征聘社会知名人士到朝廷充任要职，也称"征君"，一般授予"博士"或"待诏"的称号，后多委以要职。"辟"，是三公九卿以及地方上的州牧、郡守等高级官员直接召集有才能的人充任幕僚，也称"辟除"，一般授为掾吏。征召之人往往要经过一段政治历练，方可担任职务。

【知府】　古代官名。唐代只称建都之地为府，宋代比较繁荣的州都升级为府。宋代不给州府长官刺史以实权，而是以中央朝臣充任各府长官，称作"权知某府事"。"权"是暂时之意，意即"暂时代理该府政事"，简称"知府"。元、明清时期，知府成为地方的正式行政长官。

【知州】　知州与知府的来源相同，是宋朝委派朝臣临时充任各州长官，称"权知某军州事"，简称"知州"，意即"暂行主持本军本州事务"。

【制科】　科举考试的一种科目。又称"大科""特科"，是皇帝根据特殊需要临时下诏安排的考试，具体科目和结束时间均不固定，其目的在于有针对性地选拔某一类特殊人才。应试人的资格，初无限制，后限制逐渐增多，需公卿推荐方可应考；布衣还要经过地方官审查。唐代盛行，宋代渐趋衰微，元明时期废弃，清代重启。

【致仕】　交还官职，即辞官，也称"致事"。东汉官员年满七十可以致仕。唐代官员只要年满七十必须致仕，致仕后五品以上官可得半禄，京官六品以下、地方官五品以下的可以得到土地，官员回乡做地主。宋代沿用唐制。元代规定三品以下官员年满七十便要致仕，三品以上则比较宽松。明、清两代，官员致仕年龄改为六十，并鼓励提前致仕，致仕官员一般可拿半俸。

【州县制】 州县制是古代郡县制的变式，郡县制并非一定是仅仅有郡、县两级地方政权，而是强调其中央集权的性质。汉代在郡之上设立了州，全国总共分十三个州，州长官称"刺史"，后改为"州牧"。魏晋之后，郡不断变小，州不断增多。至隋文帝时，撤郡建州，设为州、县两级，实行州县制。唐朝则为道、州、县三级；宋代为路、州、县三级；元代则设立行省制度；明、清基本继承元代行省制度，并稍作改变，形成了省、府、县三级行政制。

【状元】 科举考试中考得殿试第一名者，称为"状元"。唐代的状元没有太多的象征意义。到宋代，进士前三名均可称"状元"。元代以后，状元成为文、武科殿试第一名的专称。中状元也有了"独占鳌头""大魁天下"的说法。

【擢】 选拔、提升官职。《正字通》："擢，今俗凡迁官曰擢。擢，犹升也，进也。"《后汉书·公孙述传》："程乌、李育以有才干，皆擢用之。"

【总理衙门】 清朝的总理衙门相当于外交部。鸦片战争前，中国外交事务很少，一般由清政府设立的处理少数民族事务的理藩院处理。鸦片战争后，成立"总理各国事务衙门"，简称"总理衙门"。总理衙门长官称"首席大臣"，由亲王担任。凡外交及与外国有关的财政、军事、教育、矿务、交通等，全归其管辖，成为清政府的重要决策机构之一。光绪二十七年（1901年），清政府施行宪政改革，总理衙门改为"外务部"，居六部之首。

【左徒】 战国时楚国设置的官职，负责规劝君王、举荐人才、参政议政、颁布号令、兼管外事。屈原曾为楚怀王左徒。

国学常识观止 | 导读

史哲教育伦理

中国古代哲学大约萌芽于殷、周之际，成形于春秋末期，战国时代已出现百家争鸣的繁荣局面。它的发展大体可分为：奴隶制及其向封建制转变时期的哲学、封建制时期的哲学。封建制时期的哲学以儒家哲学为代表，但是不同的发展阶段，具有不同的特点。孔孟之道、两汉经学、魏晋玄学、隋唐佛学、宋明理学、清代朴学，各呈现不同的特征与风貌，标志着正宗哲学的历史演化。

中国古代有官学与私学之分。古代官学有中央官学教育和地方官学教育。春秋、战国时由"学在官府"变为"学在四夷"，私学出现，其中以孔子的教学影响最大。西周时以"礼、乐、射、御、书、数"六艺为教学内容。汉武帝"罢黜百家、独尊儒术"后，官学教学以经学为主要内容。

古代哲学中需要解决的重要课题之一就是"伦理"。"伦理"的"伦"即人伦，指人与人之间的关系；"理"即道理、规则。"伦理"就是人们处理相互关系时应遵循的道理和规则。社会生活派生出种种矛盾和问题，需要有一定的道理、规则或规范来约束人们的行为，调整人们相互之间的关系。道德就是调整人们相互关系的行为规范的总和。而伦理学就是研究道德的学问，因此，伦理学又称"道德哲学"或"人生哲学"。

【白鹿洞书院】 古代四大书院之一，位于江西庐山五老峰南麓的山谷中。唐代江州刺史李渤青年时在此读书，曾养过一只白鹿，故称"白鹿洞"。南唐升元四年（940年），白鹿洞建立学馆，称"庐山国学"。北宋初年，江州的乡贤在白鹿洞正式创办"白鹿洞书院"，不久即废。至著名学者朱熹重修书院并主持书院建设，白鹿洞书院始闻名四方。

【百家争鸣】 指战国时期学术界不同学派之间相互辩争的现象。社会变革、阶层变化、私人讲学和长期的文化积累共同作用，产生了诸子百家彼此诘难、相互争鸣的盛况。代表各阶层、群体的思想家纷纷著书立说，宣讲观点。主要有儒家、道家、墨家、法家、阴阳家、名家、杂家、农家、小说家、纵横家、兵家、医家等。参见"诸子百家"。

【编年体】 古代史书三大常用体例之一。按照年代顺序，以当时的皇帝年号，按年、月、日顺序记载史实。其优点是能以明晰的时间顺序，记载历史事件发生的时间、地点、人物及时代背景，缺点是不容易集中反映同一事件前后的联系。代表作有《春秋》"春秋三传"，现存影响最大的是宋代司马光的《资治通鉴》。

【兵家】 诸子百家之一。中国古代对战略家与军事家通称"兵家"，又特指先秦时期研究战略与军事的派别。兵家创始人为孙武，代表人物有春秋末的司马穰苴、战国时期的孙膑、吴起、尉缭、魏无忌等。代表作有《孙子兵法》《六韬》《三略》《司马法》《孙膑兵法》《吴子兵法》《尉缭子》等。兵家又分为兵权谋家、兵形势家、兵阴阳家和兵技巧家四类。

【博士】 初为战国时掌管文献档案的一种官职。古代的博士大体有三种职责：一是侍奉朝廷、参与朝政，以备皇帝顾问；二是负责保管朝廷的文献档案，从事编撰著述；三是传授学问，培养人才。汉武帝时设五经博士，博士成为专门传授儒家经典的学官。唐朝把精通于某一专门知识领域的学官称为"博士"，如"医学博士""算学博士"等。至宋代，在民间也称呼长于某一职业的人为"博士"，如"茶博士""酒博士"等。

【春秋】 编年体史书，儒家五经之一，由孔子编订而成。记载鲁隐公元年（公元前722年）的征伐、会盟、朝聘、祭祀、婚丧以及重要的自然现象等。全书16000余字，对史实不做评论，但又褒贬于文字中，微言大义，言简意深，晦涩难懂，故出现了对其做注释的"春秋三传"。

【春秋三传】 古代儒家对《春秋》进行解释的三部经典，包括《春秋左氏传》（又称《左氏春秋》《左传》）

《春秋公羊传》（又称《公羊传》）《春秋谷梁传》（又称《谷梁传》）。《左传》详于叙事，《公羊传》和《谷梁传》详于诂经。朱熹评论："左氏史学，事详而理差；公谷经学，理精而事误。"属于编年体史书。

【道家】 诸子百家之一。以"道"为核心理念而得名，也称"道德家"。后分为老庄派、黄老派、杨朱派等。其中，老庄派主张清虚自守、无为自化、道法自然，远离政治，逍遥自在，成为历代文人雅士远离残酷现实的精神家园。黄老派追求大一统，主张因俗简礼、宽刑简政、依法治国。两者都主张无为而治。道家代表人物：老子、庄子、列子、杨朱。代表作有《道德经》《庄子》等。

【断代史】 史书体例之一。是以某一两个朝代为断限的纪事方法，东汉班固的《汉书》始创。二十五史中，除《史记》为通史外，其余均为断代史。编年体和纪事本末体史书，以朝代为断限的也属于断代史。

【二十四史】 中国古代二十四本史书的总称。即《史记》《汉书》《后汉书》《三国志》《晋书》《宋书》《南齐书》《梁书》《陈书》《魏书》《北齐书》《周书》《隋书》《南史》《北史》《旧唐书》《新唐书》《旧五代史》《新五代史》《宋史》《辽史》《金史》《元史》《明史》。其中的《史记》《汉书》《后汉书》《三国志》成书时间最早，称作"前四史"。

【法家】 诸子百家之一。因主张以法治国，强调"不别亲疏，不殊贵贱，一断于法"，故称之为"法家"。法家提出了富国强兵、以法治国的思想。春秋时期的管仲、子产是法家先驱，战国初期的李悝、商鞅、申不害、慎到等开创了法家学派。至战国末期，韩非综合商鞅的"法"、慎到的"势"和申不害的"术"，集法家思想之大成。"法"是指健全法制；"势"是指君主独掌军政大权的权势；"术"是指驾御群臣、掌握政权、推行法令的策略和手段。法家反对保守的复古思想，主张锐意改革，认为历史是向前发展的，要"不法古，不循今"，为秦朝建立中央集权提供了有效的理论依据。

【佛学】 中国对佛教哲学的称呼。印度佛学于两汉之交（公元1世纪）传入中国，魏晋、南北朝时初盛，隋唐时鼎盛。其中，禅宗充分吸收中国本土学术，最具有中国特色，其思想重视现实人生、个体心性和直觉思维，修行方法简便，流传甚广。

【官学】 官学分为中央官学和地方官学，二者共同构成了中国古代最主要的官学教育。中央官学指中国封建朝廷直接举办和管辖的学校，地方官学指各级官府按照行政区划在地方所办的学校。官学教育内容以儒家经籍为主,以四书五经为主要教材。两汉时期建立了地方学校制度,并规定:郡国曰学,县、道、邑、侯国曰校,乡曰庠,聚曰序。

【国学】 ①中国传统学术的简称。旧时称研究我国古代的学问,包括哲学、历史学、考古学、文学、语言学等。名称始于民国初年,与"西学"相对。后成为以先秦经典及诸子百家学说为基础,涵盖各历史时期优秀的哲学、文学等学术经典的学科。②西周设于王城和诸侯国都的学校,后世为京师官学的通称。先秦时期,学校分为两类:国学和乡学。国学为天子或诸侯所设,包括大学和小学两种。教学内容为"六艺",小学以"书""数"为主,大学以"礼""乐""射""御"为主。

【国语】 中国第一部国别体史书,春秋战国时期晋国的史官编写。记载西周穆王至战国鲁悼公时期的周、鲁、齐、晋、郑、楚、吴、越等国约427年的历史。全书21卷,分为周语、鲁语、齐语、晋语、郑语、楚语、吴语、越语八个部分。又称"春秋外传"。

【国子监】 中国古代最高学府和教育管理机构。晋武帝司马炎始设国子学,至隋炀帝时,改为国子监。唐宋时期,国子监作为国家教育管理机构,统辖其下设的国子学、太学、四门学等,各学皆立博士,设祭酒一职负责管理。古代在国子监读书的学生称为"监生"。清光绪废国子监,设学部。

【祭酒】 原为祭祀或宴会时,由德高望重者举酒祭神,是一种荣誉。汉代设"博士祭酒",遂为学官名。西晋改为"国子祭酒",是国子学最高主管。隋唐以后称"国子监祭酒"。清末废除。

【稷下学宫】 战国时期齐国的最高学府,因设于都城临淄稷门附近而得名。各学派代表人物汇集在这里论辩时政、宣扬学说。慎到、荀子等曾在此讲学,稷下学宫成为百家争鸣的学术中心。后逐渐形成以黄老思想居于主导地位的"稷下学派"。齐襄王后逐渐衰落。

【纪传体】 古代史书三大常用体例之一。是以人物为中心,给人物立传,方法是围绕着人物的活动记述历史。代表作有《三国志》等。第一部纪传体通史是司马迁的《史记》。

【经学】 中国古代对《诗》《书》《礼》《易》《乐》《春秋》六经的研究。汉代经学分古文经学和今文经学,学者在研习的过程中形成了两种思想派别,后经相互争辩、互相渗透和整合,初步实现经学的统一。汉朝独尊儒术,经学得以盛行。

【孔孟之道】 指儒家的思想。

孔子的思想体系核心是"仁",即"爱人",要求君主爱民,施行"德治"。孟子继承发展了孔子的"仁"学,主张"仁政""王道",提出"民为贵,社稷次之,君为轻""仁者无敌"的观点。"孔曰成仁,孟曰取义",以孔孟思想为代表的儒家学说相辅相成,合称"孔孟之道"。

【老庄哲学】 "老庄"是道家代表人物老子和庄子的合称,借指道家的老庄学派。道家主张"清静无为""顺应天道""逍遥齐物"等思想。老子著有《道德经》,主张"无为而治",在道教中老子被尊为"道教始祖"。庄子继承发展了老子的思想,著有《庄子》(别名《南华经》),其核心思想是"人法地,地法天,天法道,道法自然"。二者的哲学思想体系被称为"老庄哲学"。

【礼】 古代六艺之一。即礼节礼仪,形式上有五礼:吉礼、凶礼、军礼、宾礼、嘉礼。既是古代社会礼制规范,又是古代学校教学内容之一。

【留学生】 正在国外学习的学生,也指已经学成归国的人员。在唐代,日本曾多次派遣唐使来中国。遣唐使是外交使节,在中国停留的时间有限,不便于系统而深入地学习中国文化。所以,后来日本政府派出遣唐使的同时也派遣"留学生"和"还学生"来中国。"留学生"是不随遣唐使一同回国而继续留在中国学习的学生,"还学生"则与遣唐使一同回国。后来,用"留学生"泛指留居外国学习或做研究的学生。

【六义】 诗经学术语。《毛诗序》:"故诗有六义焉:一曰风,二曰赋,三曰比,四曰兴,五曰雅,六曰颂。"一般认为风、雅、颂是诗歌的分类,赋、比、兴是诗歌的表现手法。

【六艺】 ①指"六经",即《礼经》《乐经》《诗经》《易经》《尚书》《春秋》六部经书。②西周时贵族学校的教学内容,起源于夏商。即"礼、乐、射、御、书、数"六种基本技能。《周礼·地官司徒·保氏》:"养国子以道,乃教之六艺:一曰五礼,二曰六乐,三曰五射,四曰五御,五曰六书,六曰九数。""礼",即礼仪制度、道德规范;"五礼"指吉礼、凶礼、军礼、宾礼和嘉礼。"乐",即音乐、诗歌、舞蹈;"六乐"指的是《云门大卷》《大咸》《大韶》《大夏》《大濩》和《大武》等古乐。"射",即射箭;"五射"指的是五种具体的箭法,分别为白矢、参连、剡注、襄尺和井仪。"御",即驾驭马车;"五御"指五种具体的驾车技艺,分别为鸣和鸾、逐水曲、过君表、舞交衢和逐禽左。"书",指文字读写;"六书"指的是象形、指事、会意、形声、转注和假借。"数",即算术;"九数"指的是方田、粟米、差分、少广、商功、均输、方程、赢不足、旁要。

【墨家】 战国时期诸子百家之一，创始人为墨翟。提出"兼爱"，主张爱不应有亲疏、上下、贵贱、等级的分别。政治上主张"尚贤""尚同""非攻"，提倡选任贤才，消除阶级观念，反对一切侵略战争。墨家是一个有领袖、有学说、有组织的学派，纪律严明，成员多来自社会下层。其成员到各国为官必须推行墨家主张，所得俸禄亦须向团体奉献。墨家从事谈辩者，称"墨辩"；从事武侠者，称"墨侠"。领袖称"巨（钜）子"。墨家学派前期思想主要涉及社会、政治、伦理及认识论问题，关注现世战乱；后期走向科学研究领域，在逻辑学方面有重要贡献。西汉之后，墨家学派渐趋衰微。

【农家】 诸子百家之一。从先秦开始，中国就出现农家学派和农书。农家奉神农氏为祖师，主张劝耕桑以足衣食。《汉书·艺文志》将其列为"九流"之一。农书流传至今的有《吕氏春秋》中《上农》《任地》《辩土》《审时》等篇。到汉代出现了《氾胜之书》和《四民月令》等农书。北魏贾思勰编著的《齐民要术》是我国现存最早最完整的农书，被称为"中国古代农业百科全书"。南宋陈旉的《农书》是第一部总结南方农业生产经验的农书。明朝徐光启的《农政全书》综合介绍了我国传统农学成就，建立起比较完整的农学体系。明朝宋应星的《天工开物》总结了中国古代农业、手工业的生产技术，是世界上第一部关于农业和手工业生产的综合性著作。

【朴学】 又称"考据学""乾嘉学派"，是清代儒学主流。主张"无征不信"，以汉儒经说为宗，从语言、文字、训诂入手，主要从事审订文献、辨别真伪、校勘谬误、注疏文字以及考证地理沿革等等，少有理论的阐述及发挥，也不注重文采，因而被称作"朴学"或"考据学"。清代朴学穷心于"天理""人欲"，不出"心、性、气、理"范畴，尊许（慎）郑（玄），薄程朱，以经世致用相标榜，以汉学相号召，以名物训诂为特色。朴学的成熟与鼎盛期在清乾隆、嘉庆年间，因而又被称为"乾嘉学派"。主要分为以惠栋为代表的"吴派"和以戴震为代表的"徽派（皖派）"。

【儒家】 儒家是推崇孔子学说的学派，主张"祖述尧舜，宪章文武"，崇尚"礼乐"和"仁义"，提倡"忠恕"和"中庸"，政治上主张"德治"和"仁政"。重视道德伦理教育和自身修养。认为重教化、轻刑罚是国家安定、人民富裕幸福的必由之路。主张"有教无类"，以礼治国，以德服人。呼吁恢复"周礼"，认为"周礼"是实现理想政治的理想法门。至战国时，儒家分八派，重要的有以孟子和荀子为代表的两派。孟子的思想主要是"民贵君轻"，提倡"仁政"，提出"性善论"；荀子则提出"性恶论"。儒家代表人物有孔子、孟子、荀子。代表作品有《论语》《孟子》《荀子》。自汉武帝罢黜百家、独尊儒术后，儒家学说逐渐成为中国封建社会的文化主流。

【三从四德】 中国古代封建社会用于约束妇女的行为准则与道德规范。"三从"指妇女"未嫁从父，既嫁从夫，夫死从子"；"四德"指"妇德、妇言、妇容、妇功"。

【三坟五典】 孔安国《尚书·序》："伏羲、神农、黄帝之书，谓之《三坟》……少昊、颛顼、高辛（帝喾）、唐（尧）、虞（舜）之书，谓之《五典》。""三坟"，指伏羲、神农、黄帝三皇之书，言大道也。"五典"，指少昊、颛顼、高辛、唐尧、虞舜五帝时代的档案典籍，言常道也。"八索"是指八卦之书，亦为上古档案。"九丘"即中原九州的方志。后来"三坟五典"也泛指我国最古老的文献典籍。

【三纲五常】 封建礼教所提倡的人与人之间的道德标准。汉代董仲舒提出。"三纲"指"君为臣纲，父为子纲，夫为妻纲"，要求臣要绝对服从君，子要绝对服从父，妻要绝对服从夫。"五常"即仁、义、礼、智、信，指人应该拥有的五种最基本的品格和德行。孔子最早提出"仁、义、礼"，孟子扩充提出"仁、义、礼、智"，董仲舒再次扩充为"仁、义、礼、智、信"，后统称"五常"。"三纲五常"贯穿于中华伦理的发展中，成为封建社会中国价值体系中最核心的因素。

【山长】 学官名。因五代时蒋维东不满朝政而隐居衡山讲学，其弟子皆尊蒋为"山长"。后称书院主管为"山长"。废除科举后，"山长"的称呼废止。

【尚书】 上古时代的史书，又称《书经》，为儒家"五经"之一，相传由孔子编著。包括《虞书》《夏书》《商书》《周书》四部分，记录从尧舜禹到春秋1300多年的君王言论和重要政治事件。

【射】 古代六艺之一，指军事射箭的五种技术。这五种射技为：白矢、参连、剡注、襄尺、井仪。"白矢"，箭穿靶子而箭头发白，表明发矢准确而有力；"参连"，前放一矢，后连发三矢，矢矢相连，若连珠之相衔；"剡注"，谓矢发之疾；"襄尺"，臣与君射时，臣不与君并立，让君一尺而退；"井仪"，四矢连贯，皆正中目标。

【诗经】 儒家"五经"之一，又称"诗三百"，成书于东周时期，中国最早的诗歌总集，包括公元前11世纪至公元前6世纪的古代诗歌305首，反映西周初期到春秋中期约500

年的社会面貌。内容上，按照音乐的不同，分为风（民谣，有十五国风，共160首）、雅（宫廷乐歌，分大雅、小雅，共105首）、颂（祭祀乐歌，40首）；艺术上使用赋、比、兴，推崇礼乐思想、祖先崇拜、讽刺思想，体现了爱情观、战争观等。以四言为主，兼有杂言。

【石鼓书院】 位于湖南衡阳城北面的石鼓山。唐宪宗时李宽始在此地建庐读书；宋太宗赐"石鼓书院"匾额，20年后正式建立书院。北宋景祐二年（1035年），宋仁宗御赐匾额，书院步入鼎盛时期。周敦颐、苏轼、朱熹、张载、茅坤等众多知名学者都曾在石鼓书院执教讲学。

【十义】 儒家提倡的伦理道德的十个原则。《三字经》中对十义的说法是"父子恩，夫妇从，兄则友，弟则恭，长幼序，友与朋，君则敬，臣则忠，此十义，人所同"，意思是：父亲与儿子之间要注重相互的恩情；夫妻之间的感情要和顺；哥哥对弟弟要友爱；弟弟对哥哥要尊敬；年长的和年幼的交往要注意长幼尊卑的次序；朋友相处应该互相讲信用；如果君主能尊重他的臣子，臣子就会对他忠心耿耿。

【史记】 中国第一部纪传体通史，又名《太史公书》《太史公传》，"二十四史"之首，西汉司马迁著。分为本纪（12篇）、表（10篇）、书（8篇）、世家（30篇）、列传（70篇）五部分共130篇，共约52万6千字。记载黄帝至汉武帝元狩元年（公元前122年）3000多年的历史。

【誓】 用语言相互约束表示决不违背信约。《礼记·曲礼》："约信曰誓。"

【书】 古代六艺之一。指书法（书写、识字、作文）、六书（象形、指事、会意、形声、转注、假借）。

【书院】 中国古代教育机构，由富商、学者自行筹款，于山林僻静之处建学舍，或置学田收租，以充经费。宋代，著名的书院有河南商丘的应天书院、湖南长沙的岳麓书院、江西庐山的白鹿洞书院、河南登封太室山的嵩阳书院、湖南衡阳石鼓山的石鼓书院、江西上饶的鹅湖书院。粤秀书院是康熙四十九年（1710年）清廷御批的官办学院，为清代广东四大书院之首。

【数】 古代六艺之一。又称"术数""算术"，是计算、数学的技术。

【硕士】 硕学之士。源于五代，指品节高尚、学问渊博的人。《五代史宦者传论》："前后左右者日益亲，则忠臣硕士日益疏。"

【私学】 与官学相对而言，是中国历代私人办理的学校。私学产生于春秋，兴盛于战国。以孔子私学规模最大、影响最深。私学打破了西周以来"学在官府"的垄断局面，打破了政教合一、官师合一的旧官学教育体制，使教育成为一种独立的活动。汉代后成为学校制度的重要组成部分。

【四库全书】 全称《钦定四库全书》，中国古代最大的一部官修书，也是中国古代最大的一部丛书。《四库全书》于清乾隆三十八年（1773年）开馆编纂，经十余年完成。分经、史、子、集四部，故名"四库"；基本上囊括了古代所有图书，故称"全书"。据文渊阁藏本，该书共收录古籍三千四百六十余种，七万九千三百余卷，装订成三万六千余册。

【四书五经】 "四书"与"五经"的合称，是儒家重要经典。"四书"指《论语》《孟子》《大学》《中庸》四部经典。"五经"指《诗经》《尚书》《礼记》《易经》《春秋》五部经典。四书五经是我国早期的政治、军事、外交、文化等方面的史书，反映了孔子、孟子等人的儒家思想。后泛指儒家经典或封建时期正统的文化，成为封建科举的主要考查内容。

【四维八德】 "四维"即礼、义、廉、耻四种道德规范的合称。"礼"是人与人交往时最合于道理的行为方式。"义"是公道正义、诚信重情、磊落正派。"廉"是高尚清廉、洁身自好、奉公为民。"耻"是羞耻心。"八德"即忠、孝、仁、爱、信、义、和、平八种传统美德的合称。"忠"，是忠于民族、忠于国家。"孝"是孝敬父母、尊敬老人。"仁"是宽厚仁慈。"爱"是敬兄爱弟、关爱他人。"信"是诚实守信。"义"是正义担当。"和"是和谐、协调。"平"是和平、公正公平。

【宋明理学】 理学是以儒家学说为中心，兼容佛、道两家的哲学理论，至元朝成为官方哲学。狭义理学专指程朱理学。广义理学是指宋明以来形成的占主导地位的儒家哲学思想体系，包括以朱熹为代表的"程朱理学"和以陆九渊、王守仁为代表的"心学"。

【太学】 "太学"是中国古代的国立最高学府。五帝时期的太学名为"成均"，在夏为"东序"，在商为"右学"，周代的太学名为"上庠"。到了汉代，在京师设太学，为中央官学，太学祭酒兼掌全国教育行政。西晋改称"国子学"，隋称"国子监"，国子监内同时也设太学。从此，国子监与太学互称，是国家最高学府，兼有教育行政机构的职能。最初，太学中只设五经博士，置博士弟子五十名，后科目及人数逐渐增多。

【魏晋玄学】 魏晋时期出现的一种崇尚老庄的思潮，是研究幽深玄远问题的学说。魏晋时人们注重《老子》《庄子》和《周易》，称之为"三玄"，《老子》《庄子》被视为"玄宗"。魏晋玄学是当时一批知识精英跳出"修齐治平"传统思维方式，对宇宙、社会、人生所做的哲学反思。它吸收道家精神形态，所讨论的问题是从《周易》《老子》《庄子》三本经典而来，以老庄思想为骨架，究极宇宙人生的哲理，即"本末有无"的问题，以讲究修辞与技巧的谈说论辩方式进行的一种学术社交活动。代表人物有何晏、王弼、阮籍、嵇康、向秀、郭象等。

【五伦】 古人把"君臣、父子、夫妇、兄弟、朋友"五种社会基本人伦关系称作"五伦"。孟子认为：君臣之间有礼义之道，父子之间有尊卑之序，夫妻之间挚爱而又内外有别，兄弟手足之间有骨肉之亲，朋友之间有诚信之德，这五种关系是处理人与人之间伦理关系的道理和行为准则。

【五行】 木、火、土、金、水五种物质。中国古代思想家认为宇宙万物由这五种元素组成，称之为"五行"，认为五行之间相生相克。"木"，日出东方，与木相似。树木的生长形态，为枝干曲直，向上向外周舒展，因而引申为具有生长、条达舒畅等作用或性质的事物，均归属于"木"。"火"，南方炎热，与火相似。火具有温热、上升的特性，因而引申为具有温热、升腾作用的事物，均归属于"火"。"土"，中原肥沃，与土相似。土有种植和收获农作物的作用，因而引申为具有生化、承载作用的事物，均归属于"土"。"金"，

日落于西，与金相似，引申为具有清洁、收敛等作用的事物，均归属于"金"。"水"，北方寒冷，与水相似。水具有滋润和向下的特性，引申为具有寒凉、滋润、向下运行的事物，均归属于"水"。

【五行相克】 五行学说中，两类属性不同的物质之间关系是相互克制的。即木克土、土克水、水克火、火克金、金克木。

【五行相生】 五行学说中，两类属性不同的物质之间存在资生助长、相互促进的关系。具体是：木生火，火生土，土生金，金生水，水生木。

【乡学】 古代地方学校，与"国学"相别。周代王城和诸侯国都的近郊为乡，乡里设乡学。后泛指乡村私塾。

【庠序】 中国古代的学校。周代的学校称"庠"，高一级的大学叫"上庠"，低一级的小学叫"下庠"。《孟子·滕文公上》："夏曰校，殷曰序，周曰庠，学则三代共之，皆所以明人伦也。"后世亦以概称学校或教育事业。

【杏坛】 孔子讲学之处。后泛指聚众讲学的场所，现亦指教育界。

【学士】 最早出现在周代，指在学校读书的人。魏晋以后，指以文字技艺供奉朝廷的官吏。南北朝后，指掌管文学撰述的官员。唐代翰林学士是文学侍从之臣。明朝设翰林院学士、翰林院侍读、侍讲学士，学士成为侍臣的荣衔。清朝末年设有典礼院，

亦置学士。现成为学位之一。

【阴阳家】 诸子百家之一，是战国时期的重要学派。相传最早是上古执掌天文、历数的官吏，因提倡阴阳五行学说，并用它解释社会人事而得名。代表人物为战国时齐人邹衍。

【应天府书院】 亦称"睢阳书院"，原址位于今河南商丘市，居于繁华的闹市，为后晋杨悫所创。宋真宗赐额为"应天府书院"。庆历三年（1043年）改为"南京国子监"，成为北宋的最高学府之一。晏殊和范仲淹都曾主持过书院的建设。北宋末年靖康之难中，应天府书院被毁。

【御】 古代六艺之一，指驾驭马车、战车的技术。"五御"即鸣和鸾、逐水曲、过君表、舞交衢、逐禽左，大意是行车时和鸾之声相应，车随曲岸疾驰而不坠水，经过天子的表位有礼仪，过街道而驱驰自如，行猎时追逐禽兽从左面射获。

【乐】 古代六艺之一。周代时保存完整的六套礼仪性乐舞，在重大的祭祀活动中使用，称为"六乐"。分别是黄帝时期用于祭祀天神的《云门大卷》、尧时用于祭祀地神的《大咸》、舜时用于祭祀四望的《大韶》、禹时用于祭祀山川的《大夏》、商时用于祭祀周始祖姜嫄的《大濩》、周时用于祭祀周代祖先的《大武》。六乐流传到汉代，只剩《大韶》《大武》二乐，其他散失。

【岳麓书院】 位于湖南长沙岳麓山东侧，紧邻湘江。北宋开宝九年（976年）由潭州太守朱洞创建，大中祥符八年（1016年）宋真宗赐额。周式出任首任山长，后朱熹参与书院建设，书院臻于鼎盛。

【杂家】 诸子百家之一。战国末期至汉初的综合学派。因"兼儒墨，合名法""于百家之道无不贯综"而得名。代表人物有吕不韦、刘安等。

【战国策】 西汉刘向编订。全书33卷，约12万3千余字，记载公元前490年至公元前221年，共245年的历史。按照国别分为东周、西周、秦、齐、楚、燕、赵、魏、韩、宋、卫、中山等十二国策，主要记载纵横家们政治主张和治国策略，反映了战国时期各国的政治、军事、外交活动和社会面貌。

【昭穆】 古代宗法制度下的宗庙排列次序。始祖庙居中，左昭右穆。即一世太祖居中；二世、四世、六世居左，称"三昭"，三世、五世、七世居右，称"三穆"。后推广到坟地和祭祀的排列顺序。也泛指宗族的辈分。

【诸子百家】 先秦至汉初各学术派别的总称。据《汉书·艺文志》记载有诸子一百八十九家，四千三百二十四篇著作。只有法家、道家、墨家、儒家、阴阳家、名家、杂家、农家、小说家、纵横家、兵家、医家等十二家发展成学派，尤以孔子、老子、墨子为代表的儒家、道家、墨家三大哲学体系影响最大。儒家主张"以德化民"；道家主张"无为而治"；墨家主张"兼爱非攻"。汉代以后，墨家和名家成为绝学，农家独立成一门技术性学科，阴阳家演化为神秘的方术。

【纵横家】 诸子百家之一。战国时以纵横捭阖之策游说诸侯、从事政治外交活动的谋士称为"纵横家"。创始人是鬼谷子，代表人物有苏秦、张仪等。主要言论传于《战国策》。

国学常识观止

导读

天文地理建筑

中国古代天文学和中国古代宗教有关。古代人们认为，世间万物都是由"天"主宰的，上天管理的世界称为"天下"。皇帝称"天子"，意即"天的儿子"，是上天派来管理百姓的。皇帝的重要政治活动之一就是"祭天"，以此形式向上天汇报政绩以及检讨自己的失误或错误。古人认为，上天会用各种非常规的天文或气象事件提示天子。东汉思想家王充在《论衡》中说："天有日月星辰谓之文，地有山川陵谷谓之理。"可见，中国古代的"天文地理"概念包含了大量的风水学内容。风水学相关的书籍也常常使用"天文地理"这一概念。古代较早描述天文地理的书籍有《甘石星经》《尚书·禹贡》《山海经》等。

中国传统建筑体系是以木结构为主的建筑体系，强调天人合一、以人为本，其组群布局、空间结构、建筑材料及装饰艺术等方面在世界建筑史上均处于领先地位，与欧洲建筑和伊斯兰建筑共同组成了世界三大建筑体系。中国古代建筑按建筑类型，可以分为宫殿建筑、寺庙建筑、园林建筑、陵墓建筑和民居建筑等几大类。主要特点是：注重群体组合，建筑群以中轴对称院落式布局为主；尊重自然，注重与周边自然环境的高度协调；重视人文色彩，追求中和平易、含蓄深沉的审美艺术；强调审美和政治伦理高度统一，突出皇权至上思想和宗法等级观念。

【八荒】 也称八方，即东、西、南、北、东南、东北、西南、西北八面方向，指离中原极远的地方，后来泛指周围、各地。梁启超《少年中国说》："纵有千古，横有八荒。"

【白虹贯日】 一种大气光学现象，即"假日环"或"日柱"。此现象呈现白虹横向或纵向贯日状，是天气将要变化的预兆。古人往往把这种自然现象视作人间将要发生异常事情的预兆。《唐雎不辱使命》："聂政之刺韩傀也，白虹贯日。"

【百越】 又作"百粤""诸越"。古代越族居住的中国南方沿海一带，统称"百越"，泛指南方沿海一带。《过秦论》："南取百越之地。"

【版筑】 一种筑墙技术。旧时在筑土墙时，把两块木板并列排在一起，左右相夹，在外用绳子或木柱固定，使木板中间的宽度等于墙的厚度，往里倒进泥土，用杵捣实后，把木板拆除，一段土墙就筑好了。《孟子·告子下》一文中有"傅说举于版筑之间"，以"版筑之间"泛指傅说出身低下。

【北斗七星】 星座名。指在北方天空排列成斗形的七颗亮星，形状很像古代舀酒的斗，故称"北斗"或"北斗七星"。北斗七星依次为天枢、天璇、天玑、天权、玉衡、开阳、瑶光（摇光）。北斗七星就是大熊座的 α、β、γ、δ、ε、ζ 和 η 星。前四颗组成斗身，古曰"魁"，称"斗魁"；后三颗组成斗柄，古曰"杓"，称"斗柄"或"斗杓"。把天璇、天枢连线并沿天枢方向五倍线延长，即可找到北极星，所以古人用它来辨别方向。古人也根据初昏时"斗柄"所指的方向判断季节：斗柄指东，天下皆春；斗柄指南，天下皆夏；斗柄指西，天下皆秋；斗柄指北，天下皆冬。

【北极星】 恒星名。亦称"勾陈一""北辰"，即"小熊座 α 星"，是北方天空的标志。把北斗七星中的天璇星、天枢星连线并沿天枢星方向五倍线延长，即可找到北极星。古代天文学家认为它固定不动，众星都绕着它转。但由于岁差，可作为北极星的恒星并非固定不变。公元前1000年的周代以紫薇星为北极星，隋唐至明代以天枢星为北极星，到公元14000年前后，织女星将会成为北极星。

【长廊】 有顶的通道。长廊通常布置在两个建筑物或观赏点之间，起遮风避雨、联系交通、拓展层次等作用。从横剖面的形状分为四种类型：双面空廊（两边通透）、单面空廊（一侧沿墙）、复廊（在双面空廊的中间加一道墙）、双层廊（复道廊，上下两层）。从整体造型及所处位置分，有直廊、曲廊、回廊、爬山廊和桥廊等。

【辰时】 十二时辰之一。又名"食时""早时"，早七时至九时。

是古人吃早饭的时间。

【城墙】 古代城防体系。从京都到一般府、县乃至乡、镇大都建有城墙，用来防御外敌入侵。城墙上一般有城门、城楼、角楼、墙台、敌楼、宇墙、垛口等防御工事。现在的古城墙已经失去防御功能，成为景观。如南京明城墙、西安古城墙等。

【丑时】 十二时辰之一。又名"鸡鸣""荒鸡"，十二时辰里的第二个时辰，即凌晨一时至三时。

【初阳】 约在农历十一月，冬至以后、立春以前的一段时间。此时阳气初动，故称"初阳"。《孔雀东南飞》："往昔初阳岁，谢家来贵门。"

【床】 ①即井床，指井台上的围栏。李白《静夜思》中"床前明月光，疑是地上霜"的"床"和《长干行》中"郎骑竹马来，绕床弄青梅"的"床"，多数学者认为是井床。②睡卧用具，古时也指坐榻，如胡床。《孔雀东南飞》："阿母得闻之，槌床便大怒。"

【大运河】 又名"京杭大运河"。世界上工程最大、里程最长的航行运河。北起北京，南到杭州，全长约1794千米，贯通海河、黄河、淮河、长江和钱塘江五大水系。春秋时开始开凿，经隋、元两代两次大规模扩展而成。是我国历代的漕运要道、南北的交通干线。

【殿】 古代泛指高大的堂屋。后来专指帝王所居或供奉神佛之所。

【东曦】 初升的太阳。古代神话传说中太阳神曦和驾着六龙车在天空驰骋。"东曦既驾"指太阳从东方出来了。《聊斋志异·促织》："东曦既驾，僵卧长愁。"

【斗拱】 也作"斗栱"，中国建筑特有的一种木结构。斗与拱，均为我国木结构建筑中的支承构件，在柱顶、额枋与屋顶之间。从枋上一层层探出成弓形的承重结构叫"拱"，拱与拱之间垫的方形木块叫"斗"，两者合称"斗拱"。斗拱在结构上用以承托伸出的屋檐，将屋顶的重量直接或间接转移到木柱上，同时还有装饰作用。

【都江堰】 中国古代著名水利工程，由战国时的蜀郡太守李冰和他的儿子一起主持建造，在今四川省都江堰市西北岷江中游。主体工程包括鱼嘴分水堤、飞沙堰溢洪道和宝瓶口进水口。都江堰将岷江水流分成两条，其中一条水流引入成都平原，可分洪减灾、引水灌田。

【短亭】 旧时指城外大道旁，为行人休憩或送行饯别之所。五里设短亭，十里设长亭。负责人叫亭长。李白《菩萨蛮·平林漠漠烟如织》："何处是归程？长亭更短亭。"

【阿房宫】 秦代宫殿建筑。位于陕西西安市，被誉为"天下第一宫"。

始建于秦始皇三十五年（公元前212年），至秦亡尚未完成，传为项羽焚毁。规模十分宏大，仅前殿就"东西五百步，南北五十丈，上可以坐万人，下可以建五丈旗"（《史记·秦始皇本纪》）。

【二十八宿】 即二十八星宿，也称"二十八舍""二十八星"。古人发现恒星间的相对位置固定不变，于是把在黄道、赤道附近能观测到的一周天的二十八个星宿称为"二十八宿"，即二十八个星空区域。是中国古代观测日、月、五星在星空中的运行及其他天象的相对标志。以北斗星的斗柄所指的角宿为起点，由西向东排列，分为四组，与四方和四种动物形象（四象）相配，即东方青龙、北方玄武、西方白虎、南方朱雀。每组各有七星。

【二十四节气】 一年中地球绕太阳运行到二十四个固定位置上的日期，源于中国黄河流域。古人把一年三百六十五又四分之一天分成二十四段，分列在十二个月中，以反映四季、气候、物候等情况，这就是二十四节气。二十四节气有：立春、雨水、惊蛰、春分、清明、谷雨、立夏、小满、芒种、夏至、小暑、大暑、立秋、处暑、白露、秋分、寒露、霜降、立冬、小雪、大雪、冬至、小寒、大寒。2016年，二十四节气被正式列入联合国教科文组织人类非物质文化遗产代表作名录。

【二十四节气歌】 为了便于记忆，人们把二十四节气编为歌谣：春雨惊春清谷天，夏满芒夏暑相连。秋处露秋寒霜降，冬雪雪冬小大寒。民间二十四节气的时间口诀是：每月两节不变更，最多相差一两天。上半年是六廿一，下半年是八廿三。

【二十四时辰】 宋代人们把十二时辰中每个时辰平分为初、正两部分：子初、子正、丑初、丑正……依次下去，恰为二十四时辰，同现在一天二十四小时时间一致。

【房】 古时汉族居民住宅以四合院为代表，其格局分为前后两院，宅院的正中间是"堂"，即正房，堂的后面是"室"，正室两侧朝向院内的为"房"。今为房屋的通称。

【飞檐】 中国传统建筑特有的檐部形式。屋檐上翘，形如飞鸟展翅，轻盈活泼，常用在亭、台、楼、阁、宫殿、庙宇的屋顶转角处，是中国建筑民族风格的重要表现之一。

【分野】 ①分封诸侯的境域，后代称"界限""分界"。②中国古代占星术认为，星空区域对应州郡邦国，星空发生的天象预示着地上对应区域的吉凶，这种对应关系称为"分野"。

【佛塔】 我国古代的佛教建筑。源于印度，在印度梵语中称为"浮屠"。有为向佛祖表达敬意而建造的，也有为供奉舍利而建造的。我国现存的佛塔中比较著名的有山西应县木塔、山西普救寺莺莺塔、安徽安庆振风塔等。

【干支】 天干、地支的合称。有十天干：甲、乙、丙、丁、戊、己、庚、辛、壬、癸。十二地支：子、丑、寅、卯、辰、巳、午、未、申、酉、戌、亥。

【阁】 古代宫室、庭院中，"堂"的东边和西边有墙，叫"序"。"序"外东边和西边，分别设置有一个小夹室，称作"阁"。东边的小夹室叫"东夹"，也称"东阁"；西边的小夹室叫"西夹"，也称"西阁"。

【更】 旧时夜间计时单位。古代把夜晚分成五个时段，用鼓打更报时，叫作"五更""五鼓"。一夜分为五更，每更约两小时。晚七时至九时为一更，晚九时至十一时为二更，晚十一时至凌晨一时为三更，凌晨一时至三时为四更，凌晨三时至五时为五更。如《孔雀东南飞》："仰头相向鸣，夜夜达五更。"

【鼓】 ①古时夜间击鼓报更，所以古人常以"鼓"代称"更"。②古代军队作战"三官"（即旗、鼓、金三种器物）之一，用以指挥进军。

【故宫】 一般指"北京故宫"，是中国明、清两代的皇家宫殿，旧称"紫禁城"，位于北京中轴线的中心，是世界上现存规模最大、保存最为完整的木质结构古建筑群之一。建筑主要分为外朝和内廷两部分。外朝的中心为太和殿、中和殿、保和殿，统称"三大殿"，是国家举行大典的地方。三大殿左右两翼辅以文华殿、武英殿两组建筑。内廷的中心是乾清宫、交泰殿、坤宁宫，统称"后三宫"，是皇帝和皇后居住的正宫。其后为御花园。后三宫两侧排列着东、西六宫，是嫔妃们居住休息的地方。东六宫东侧是天穹宝殿等佛堂建筑，西六宫西侧是中正殿等佛堂建筑。外朝、内廷之外还有外东路、外西路两部分建筑。

【关东】 古时指函谷关以东地区。自明代，"关东"泛指山海关以东的地区。

【关西】 古时指函谷关以西地区。

【关中】 指"四关"之内，"四关"即函谷关、散关、武关、萧关。有时也将函谷关以西地区称为"关中"。《鸿门宴》："沛公欲王关中，使子婴为相。"

【观】 原指宫门前的双阙。后来道教的庙宇、楼台之类也称"观"。

【海内】 古代人民认为我国疆土四面环海，故以"海内"代指国内。王勃《送杜少府之任蜀州》："海内存知己，天涯若比邻。"

【亥时】 十二时辰之一。又名"人定""定昏"等。在晚九时至晚十一时，此时夜色已深，人们已经停止活动，安歇睡眠。

【河东】 古代地域名。黄河在

山西西南部由北向南流,古称此段黄河以东的地区叫"河东"。战国、秦、汉时指山西省西南部的河东郡地,在今山西运城、临汾一带。唐代以后泛指山西全省。

【后九月】 汉代沿袭秦制,以十月为岁首,九月是年终,"后九月"则为年终后的"十三月"(闰月),闰月在九月后,所以《史记》中常常出现"九月"后又有"后九月"。如《史记·吕太后本纪》:"后九月晦日己酉,至长安,舍代邸。"

【户对】 中国传统建筑构造之一,是置于门楣上或门楣双侧的砖雕、木雕短柱。柱长一尺左右,与地面平行,与门楣垂直,且取双数,有的两个一对,有的四个两对,故名"户对"。"户对"多少与官品的高低成正比。皇宫有九个,取"九鼎至尊"之意。一品的八个,二品的六个,三品的四个,三品以下的两个。普通大户人家也可以有两个。它位于门户之上,且取双数,故名"户对"。

【华表】 ①古代用以表示君王纳谏或指示道路的木柱,也称"恒表"。②古代设在桥梁、宫殿、城垣或陵墓前作为标志或装饰的巨大石柱。柱身往往雕刻有蟠龙等纹饰。

【淮右】 古地区名。隋唐以前,从长江中下游前往中原地区一般需要在今安徽寿县附近渡过淮河,该段淮河由南向北流,故古人习称皖北豫东淮河北岸一带为"淮西",亦称"淮右"。

【淮左】 古地区名。与"淮右"相对,习称安徽淮河南岸一带为"淮东",亦称"淮左"。姜夔《扬州慢·淮左名都》"淮左名都,竹西佳处"中,"扬州"即在淮水东面。

【皇家园林】 专供帝王休憩享乐的园林。皇家园林的特点是规模宏大,真山真水较多,园中建筑色彩富丽堂皇,建筑体型高大。现存的著名皇家园林有北京颐和园、北京北海公园、河北承德避暑山庄。

【晦】 指农历每月的最后一天。《逍遥游》:"朝菌不知晦朔。"亦指日暮、夜晚。《国语·鲁语下》:"明而动,晦而休,无日以怠。"

【会馆】 旧时都市中由同乡或同业组成的互助性团体。始于明代初期,迄今所知最早的会馆是建于永乐年间的北京芜湖会馆。嘉靖、万历时期,会馆趋于兴盛,清代中期最多。

【彗星袭月】 一种天文现象。彗星俗称"扫帚星",古称"妖星"。彗星是一种进入太阳系以后绕太阳运行的天体,形状特别,远离太阳时,是一个发光的云雾状小斑点;接近太阳时,由彗核、彗发和彗尾三部分组成,形似扫帚。古人认为它的出现是灾祸的预兆,往往会发生兵乱。"彗星袭月"即彗星的光芒扫过月亮,按古人迷信的说法是重大灾难的征兆。《战国策·唐雎不辱使命》："夫专诸之刺王僚也，彗星袭月。"

【纪年法】 ①干支纪年法。十天干和十二地支依次相配，组成六十个基本单位，古人以此作为年、月、日、时的序号，叫"干支纪法"。②年号、干支兼用纪年法。纪年时，皇帝年号置前，干支列后。袁枚《祭妹文》："乾隆丁亥冬，葬三妹素文于上元之羊山。""乾隆"是清高宗爱新觉罗·弘历年号，"丁亥"是干支纪年。③年号纪年法。汉武帝起开始有年号，此后每个皇帝即位都要改元，并以年号纪年。如《岳阳楼记》"庆历四年春"、《琵琶行》"元和十年"、《石钟山记》"元丰七年"等。④十二生肖纪年法。这是给十二地支配上相应的十二兽名，以十二年为一循环的纪年方法。⑤王公即位年次纪年法。以王公在位年数来纪年。《廉颇蔺相如列传》："赵惠文王十六年，廉颇为赵将。"

【纪日法】 古代纪日方法主要有三种。①干支纪日法。使用干支记录日序的方法。"干支"是天干、地支的合称，它与干支纪年法一样，用干支相匹配的六十甲子来记录日序，从甲子开始到癸亥结束，六十天为一周期，循环记录。如《登泰山记》"是月丁未"，指这个月的十八日。古人还单用天干或地支来表示特定的日子。如《礼记·檀弓下》"子卯不乐"，"子卯"代指恶日或忌日。②序数纪日法。是我国用序数词来纪日的方法。《项脊轩志》："三五之夜，明月半墙。""三五"指农历十五日。③月相纪日法。用"朔、望、既望、晦"等表示月相的特称来纪日。农历每月第一天叫"朔"，月中叫"望"（小月十五日，大月十六日），"望"后这一天叫"既望"，每月最后一天叫"晦"。

【纪时法】 ①地支纪时法。以十二地支来表示一昼夜十二时辰的变化。②天色纪时法。古人最初是根据天色的变化将一昼夜划分为十二个时辰，它们的名称是：夜半、鸡鸣、平旦、日出、食时、隅中、日中、日昳、晡时、日入、黄昏、人定。

【纪月法】 ①地支纪月法。古人常以十二地支配称十二个月，每个地支前要加上特定的"建"字。杜甫《草堂即事》："荒村建子月，独树老夫家。""建子月"按周朝纪月法指农历十一月。庾信《哀江南赋》："粤以戊辰之年，建亥之月，大盗移国，金陵瓦解。""建亥"即农历十月。②时节纪月法。古代利用四季(古称四时)、节气物候的特点来给月份命名或代称月份的一种记录月份的方法。《古诗十九首》："孟冬寒气至，北风何惨栗。""孟冬"代指农历十月。③序数纪月法。自然序数纪月。

文天祥《指南录后序》："是年夏五，改元景炎。""五"是五月。

【既望】　农历"望日"后的一天称"既望"（小月十六日，大月十七日）。苏轼《赤壁赋》："壬戌之秋，七月既望。"

【江表】　古指长江以南地区。从中原地区看，该地区在长江以外，故称"江表"。司马光《资治通鉴·赤壁之战》："江表英豪，咸归附之。"

【江东】　古人因长江在芜湖和南京之间作西南南、东北北流向，而以此段长江为参照确定东西和左右。秦汉以后，习惯称长江此段下游的南岸地区为"江东"。三国时因孙吴统治江东，故也称东吴全境为"江东"。司马光《资治通鉴·赤壁之战》："兼仗父兄之烈，割据江东。"

【江南】　长江以南的总称，所指区域因时而异。白居易词云："江南好，风景旧曾谙。"王安石诗云："春风又绿江南岸，明月何时照我还？"

【江南三大名楼】　指江西南昌的滕王阁、湖北武汉的黄鹤楼、湖南岳阳的岳阳楼。

【江左】　即江东。古人以东为左，以西为右。参见"江东"。《三国演义·群英会蒋干中计》："即传令悉召江左英杰与子翼相见。"

【京畿】　指国都及其附近的地区。方苞《左忠毅公逸事》："先君子尝言，乡先辈左忠毅公视学京畿。"

【京口】　古城名。故址在今江苏镇江市。三国时期吴国都城。南朝宋时，又称"北京"，为长江中下游军事重镇。

【九州】　中国上古时期划分的九个行政区域。起于春秋、战国时代。分别为：冀、兖、青、徐、扬、荆、豫、梁、雍。所辖区域说法不一。后泛指中国。贾谊《过秦论》："序八州而朝同列，百有余年矣。"秦居雍州，加上"八州"即九州。

【坎儿井】　古称"井渠"，是干旱地区人民利用地面坡度引浅层地下水进行自流灌溉的一种地下暗渠。由竖井、暗渠、明渠和蓄水池组成。修建坎儿井时，先凿竖井探明水脉（含水层），然后沿水脉由下游向上游挖掘一长排竖井，在下面横挖暗渠连通，形成地下水道，使得上游地下水顺暗渠引到下游地面明渠，形成自流灌溉。

【刻】　时间单位。古人用漏壶计时，把一昼夜分为一百刻，实算九十六刻，每刻约十五分钟。"漏刻"指很短的时间。

【老人星】　又名"寿星"，是南天星座船底座中最亮的星，也是全天空第二亮的恒星。中国古人认为若能见到它，便是吉祥太平的事。

【两都】　东汉称都城洛阳为"东都"，称西汉旧都长安为"西都"，合称"两都",又称"两京",后用"两京"代指两汉。东汉班固作有《两都赋》。唐时称都城长安和东都洛阳为"两都"。五代时后梁称开封府和河南府为东、西两都。明代称京师(北京)顺天府和南京应天府为"两京"。

【陵寝】 古代帝王死后安葬的地方,包括坟墓及墓地的宫殿建筑。名号一般是根据其生前的功过和世系而命名。开国皇帝之陵一般称为"长陵"。《明史·太祖纪二》:"庚午,遣使祭历代帝王陵寝,并加修葺。"

【六合】 ①指上下和东西南北四方,泛指天下或宇宙。贾谊《过秦论》:"履至尊而制六合。"②阴阳家术语,指月与日的地支阴阳相合,视为吉日良辰。即子与丑合、寅与亥合、卯与戌合、辰与酉合、巳与申合、午与未合。

【漏】 即"漏壶",也称"漏刻"。古时用漏计时,夜间凭漏刻传更。

【卢沟桥】 亦作"芦沟桥",位于北京市丰台区永定河上,是北京市现存最古老的石造联拱桥。永定河旧称"卢沟河",桥亦以"卢沟"命名。卢沟桥全长266.5米,宽7.5米,由10座桥墩、11孔石拱组成,关键部位均以银锭铁榫连接。始建于金大定二十九年(1189年),后毁于洪水,康熙三十七年(1698年)重建。

【卯时】 十二时辰之一,又名"日出""日始""破晓""旭日"等。指太阳刚刚露脸,冉冉初升之时,为现代时间早上五时至七时。

【门当】 古代房屋建筑中的构件。院落大门的门枕石的门外部分称"门墩""门台""抱鼓石"等,也称"门当"。古代文官多用箱形门当,武将多用鼓形门当。

【年岁】 时间术语。在现代,"年"和"岁"是同义词;古代历法中的"年"与"岁"是不同的时间概念。农历正月初一到下一年的正月初一谓之一"年"。从冬至到下一个冬至谓之一"岁"。

【农历】 我国长期采用的一种传统历法。它以"朔""望"的周期来定月,用设置闰月的方法使年平均长度接近太阳回归年,因这种历法加入了二十四节气以指导农业生产活动,故称"农历",又叫"中历""夏历",俗称"阴历"。古人凡用序数纪月的,大多以农历为据。

【牌坊】旧时为表彰功勋、科第、德政以及忠孝节义所立的一种门架式的纪念建筑物。有的道观寺庙以牌坊作为山门。也是祠堂的附属建筑物,昭示家族先人的高尚美德和丰功伟绩,兼有祭祖功能。

【平遥古城】 位于山西省晋中市平遥县,是一座具有2800多年历史的文化名城,被收入《世界遗产名录》,

国家 5A 级旅游景区。始建于公元前 827~前 782 年间，明洪武三年（1370 年）扩建。民居建筑集中体现了 14 至 19 世纪前后汉民族的历史文化特色，是迄今汉民族地区保存最完整的古代居民群落。

【七庙】 《礼记·王制》："天子七庙，三昭三穆，与太祖之庙而七。"古代帝王为维护宗法制度，设立七庙供奉七代祖先。太祖庙（一世）居中，左三"昭"（二世、四世、六世），右三"穆"（三世、五世、七世）。后以"七庙"泛指帝王的宗庙或代称王朝。贾谊《过秦论》："一夫作难而七庙隳。"

【七十二地煞】 "地煞"是传说中的凶神恶鬼。道教称北斗丛星中有七十二位地煞星。《水浒传》中附会为梁山泊七十二个头领。

【七月流火】 《诗经·国风·豳风·七月》："七月流火，九月授衣。"农历七月相当于公历的八月，意为大火星的位置已逐渐西行，暑气已退，天气转凉。

【牵牛织女】 "牵牛"即牵牛星，又叫"牛郎星"，在银河东；"织女"即织女星，在银河西，与牵牛星相对。以此衍化而来的著名民间爱情故事"牛郎织女"，是我国四大民间传说之一。《古诗十九首》："迢迢牵牛星，皎皎河汉女。"

【闰日】 阳历有闰日，阴历有闰月。为了调整历法纪年与地球环绕太阳运行一周的时间差数，阳历用加闰日的办法调整，阴历则用加闰月的办法调整。阳历闰日加在二月的末一日，该年二月份由原来的二十八天增成二十九天，二月二十九日称为"闰日"。

【闰月】 在我国历法中，阴历以朔望月为单位，阳历以太阳年为单位。我国古代阴阳合历，平年十二个月，有大月六个月各三十天，小月六个月各二十九天，全年总共三百五十四天，但是每积三年就相差一个月以上。为了解决阴阳历的矛盾，每隔三年就要闰一个月，使农历年的平均长度大约等于一个太阳年。后来规定十九年共闰七个月，大约每三十二个月有一个闰月。

【三孔】 孔府、孔庙、孔林，统称"三孔"，位于山东省济宁曲阜市，是中国历代尊孔崇儒的圣地。现为国家 5A 级旅游景区。1994 年被联合国列入《世界遗产名录》。

【三山五岳】 "三山"说法不一，一说为古代传说中东海有蓬莱、方丈、瀛洲三座山居住神仙，称"三神山"或"三山"；一说华夏远古神话中的三条龙脉：喜马拉雅山脉、昆仑山脉、天山山脉；现多指黄山、庐山、雁荡山。"五岳"为中国传统五大名山：中岳嵩山（河南）、东岳泰山（山东）、西岳华山（陕西）、南岳衡山（湖南）、北岳恒山（山西）。后以"三山五岳"泛指华夏名山。

【三十六天罡】 天罡，星名，即北斗七星的斗柄。道教称北斗丛星中有三十六个天罡星，每个天罡星各有一神，合称"三十六天罡"。在民间传说中，三十六天罡常与七十二地煞并提。《水浒传》中附会为梁山泊三十六位头领。

【三元节】 中国传统节日。农历正月十五为上元节，七月十五为中元节，十月十五为下元节，合称"三元节"。

【山东】 古地域名。战国、秦、汉时称崤山、函谷关以东地区为"山东"，与当时"关东"同。司马迁《鸿门宴》："沛公居山东时，贪于财货。"也泛指战国时秦以外的六国，因在崤山函谷关以东，故称。贾谊《过秦论》："山东豪俊遂并起而亡秦族矣。"

【上元节】 亦称"元夜""元宵节"，时间为每年农历正月十五日。上元节习俗的形成有一个较长的过程，根源于民间开灯祈福古俗。东汉佛教文化的传入，也对其有重要推动作用。观灯习俗始于东汉明帝，盛于唐代。

【社日】 古代人们在立春、立秋后第五个戊日祭祀土地神的节日。辛弃疾《永遇乐·京口北固亭怀古》："可堪回首，佛狸祠下，一片神鸦社鼓。"社鼓，即指社日祭祀土地神的鼓声。

【申时】 十二时辰之一，又名"晡时""日晡""夕食"等。为现代时间下午三时至五时。

【十大古都】 西安、开封、洛阳、北京、南京、杭州、安阳、郑州、大同、成都被称为"中国十大古都"，在古代都是当时的政治中心、经济中心和文化中心。（2016届中国古都学会认定）

【十二时辰】 古人把一昼夜平分为十二时段，每段叫作一个时辰，相当于现代时间的两小时。一天分为十二时辰，汉代命名为"夜半""鸡鸣""平旦""日出""食时""隅中""日中""日昳""晡时""日入""黄昏""人定"。又用十二地支来表示：子时（23时至凌晨1时）、丑时（1时至3时）、寅时（3时至5时）、卯时（5时至7时）、辰时（7时至9时）、巳时（9时至11时）、午时（11时至13时）、未时（13时至15时）、申时（15时至17时）、酉时（17时至19时）、戌时（19时至21时）、亥时（21时至23时）。

【石窟】 古时在山崖陡壁上开凿的一种洞窟形的佛教建筑，又叫"石窟寺"，起源于印度，同佛教一起传入中国。我国著名四大石窟有：云冈石窟、龙门石窟、麦积山石窟、敦煌莫高窟。

【世界三大建筑体系】 中国建筑、欧洲建筑、伊斯兰建筑被称为世界三大建筑体系。

【朔】 农历的每月第一天称

"朔""朔日"。

【朔漠】 北方的沙漠，也可泛指北方。"朔风"指北风。"朔气"指北方的寒气。《木兰诗》："朔气传金柝，寒光照铁衣。"

【四大淡水湖】 指鄱阳湖、洞庭湖、太湖、洪泽湖。

【四大道教名山】 指湖北武当山、江西龙虎山、安徽齐云山、四川青城山。

【四大佛教名山】 指山西五台山、四川峨眉山、浙江普陀山、安徽九华山。

【四大高原】 指青藏高原、黄土高原、内蒙古高原、云贵高原。

【四大古代水利工程】 一般指灵渠、都江堰、郑国渠、它山堰。

【四大古典名园】 指北京颐和园、承德避暑山庄、苏州拙政园和留园。

【四大古都】 一般指北京、西安、南京、洛阳。

【四大古桥】 指河北赵县赵州桥、福建泉州洛阳桥、广东潮州广济桥、北京卢沟桥。

【四大名关】 指河北山海关、甘肃嘉峪关、陕西潼关、广西友谊关。

【四大名塔】 指河南登封嵩岳寺塔、山西洪洞飞虹塔、山西朔州释迦塔、云南大理千寻塔。

【四大名亭】 指安徽滁州醉翁亭，湖南长沙爱晚亭，北京陶然亭、浙江杭州湖心亭。

【四大名绣】 指中国民族传统刺绣工艺中的苏绣、湘绣、粤绣、蜀绣（川绣）。四大名绣已被列入《国家级非物质文化遗产名录》。

【四大盆地】 指新疆准噶尔盆地、新疆塔里木盆地、四川盆地、青海柴达木盆地。

【四大瀑布】 说法不一。一般指贵州黄果树瀑布、浙江雁荡大龙湫瀑布、晋陕交界处黄河壶口瀑布、黑龙江吊水楼瀑布。

【四大书院】 说法不一。一般指湖南长沙岳麓书院、江西九江白鹿洞书院、河南登封嵩阳书院、河南商丘应天书院。

【四大天池】 说法不一。一般指新疆天山天池、吉林长白山天池、青海孟达天池、浙江天目山天池。

【四渎】 古代对四条独流入海的江河的总称。即江（长江）、河（黄河）、淮（淮河）、济（济水，多次被黄河侵道，后湮没）。古代帝王祭天下名山大川，即是五岳与四渎。

【四海】 古人认为中国四周皆为海，遂称中国为"海内"，外国为"海外"。亦称九州之外为"四海"，泛指天下。《阿房宫赋》："六王毕，四海一。"

【四合院】 中国传统庭院式建筑，东、南、西、北四面的四座单体房屋围合成一个露天庭院，南向为主房，两边为厢房，北向为倒座。可以有一进、两进、三进结构。宫殿、庙宇、官衙、民居都广泛使用。以北京四合院最为典型。

【四时】 指春、夏、秋、冬四季。农历以正月、二月、三月为春季，分别称作"孟春""仲春""季春"；以四月、五月、六月为夏季，分别称作"孟夏""仲夏""季夏"；秋季、冬季以此类推。欧阳修《醉翁亭记》："风霜高洁，水落而石出者，山间之四时也。"

【巳时】 十二时辰之一，又名"隅中"，是临近中午的时候。为现代时间上午九时至十一时。

【台】 高而平的建筑物，以作登眺之用（如烽火台），秦、汉以后日渐式微。古典园林中在厅堂之前建"台"，与厅堂台基相平或略低，与厅堂同宽或稍窄，供纳凉赏月之用，称作"月台"。

【堂】 指正房，高大的房子。古代的住宅方位一般向南。住宅的内部，可以分为堂、室、房三部分。前部分是堂，堂一般不住人，是用来行吉凶大礼的处所。堂的后面是室，室用来住人。室的东侧和西侧，是东房和西房。整所住宅，通常建筑在一个高出地面的台基上，由于台基较高，堂前要有台阶，人进入堂房必须先登上台阶，故称"升堂"或"登堂"。

【天狼星】 属于中国"二十八星宿"井宿，是"主侵略之兆"的恶星。苏轼《江城子·密州出猎》："会挽雕弓如满月，西北望，射天狼。"

【天坛】 天坛位于北京市东城区。在明、清两代是帝王祭祀皇天、祈五谷丰登的场所。天坛主要的古建筑集中于内坛，内坛由圜丘坛、祈谷坛、斋宫三组古建筑群组成。其中圜丘坛在南，祈谷坛在北，有两重坛墙，形成内外坛，坛墙南方北圆，象征"天圆地方"。天坛始建于明永乐十八年（1420年），清乾隆、光绪时曾重修改建。被收入《世界文化遗产名录》。

【亭】 一种源于周代的中国传统建筑。多建于路旁或园林中，供人休息、乘凉或观景。一般为开敞性结构，有顶无墙，顶部可分为六角、八角、圆形等多种形状。

【万里长城】 中国古代以城墙为主体的军事防御工事。春秋战国时期，各国为了防御外敌，在险要边塞修筑长城。秦统一六国后，将秦长城和原来赵、燕两国北部长城相连，西起临洮，东至辽东，绵延万里，故称"万里长城"。明代修缮长城，东起山海关老龙头，西至嘉峪关。据文献记载，历史上有20多个诸侯国或封建王朝修筑过长城，各个时代修筑的长城加起来有10万里以上。

【望】 农历每月的月中，地球运行到月亮和太阳的中间，太阳与月亮此升彼落，一东一西，遥遥相望，故称"望"。望日在小月十五日，大月十六日。《尔雅·释名·释天》："望，月满之名也。月大十六日，小十五日，日在东，月在西，遥相望也。"

【未时】 十二时辰之一，又名"日昳""日央"，意为太阳开始偏西。为现代时间下午一时至三时。

【文房四宝】 笔、墨、纸、砚四种书画工具的统称。文房四宝之名源于南北朝时期。

【文曲星】 星宿名，道教北斗七星之一。文曲星是主管文运的星宿，文章写得好而被朝廷录用为官的人被视为文曲星下凡。吴敬梓《范进中举》："这些中老爷的都是天上的'文曲星'。"

【五湖】 说法不一，近代一般指太湖、鄱阳湖、巢湖、洪泽湖、洞庭湖。王勃《滕王阁序》："襟三江而带五湖。"

【五岳】 中国传统五大名山的总称。分别为中岳嵩山、东岳泰山、西岳华山、南岳衡山、北岳恒山。参见"三山五岳"。

【午时】 十二时辰之一，又名"日中""日正""中午"等。为现代时间上午十一时至下午一时。

【西域】 汉以后对玉门关、阳关以西地区的总称，狭义专指葱岭（帕米尔高原）以东，广义则指凡通过葱岭以东所能到达的地区，包括亚洲中、西部，印度半岛，欧洲东部和非洲北部在内。自19世纪末以来，"西域"一名逐渐废弃。

【戏楼】 又叫"戏台"，是中国传统戏曲演出的场所。最原始的演出场所是广场、厅堂、露台，宋代出现了三面观戏，隔出一面当作后台的勾栏，金代把演出场所称为"舞厅"或"舞亭"，元朝时期有了"戏台"的叫法，至明清时期则发展成了戏楼、戏园。

【下九】 农历每月十九日为"下九"，二十九日为"上九"，初九日为"中九"。下九在汉代是妇女欢聚的日子。

【向】 室内朝北开的窗子，叫作"向"。

【榭】 园林建筑中一种借助周围景色而见长的有休憩功能的建筑物。在水面或高土台上架一平台，上建木结构建筑物称"榭"，四周柱间设栏杆或美人靠，临水一面特别开敞。

【戌时】 十二时辰之一，又名"黄昏""日夕""日暮""日晚"等，此时太阳已落山，天色将黑未黑。为现代时间晚上七时至九时。

【序】 古代房屋建筑中，堂的东边和西边，有两根楹柱，东西两壁的墙，叫作"序"，堂内靠近序的地方，分别叫作东序、西序。

【轩】 古典园林中起点景作用

的小型建筑物，与亭相似。本指有窗户的长廊或小屋。多居高临下，于下处仰望，似有升腾飞动之感。

【轩轾】 古代的车子前高后低称作"轩"，前低后高叫作"轾"，引申为高低、轻重、优劣。

【阳关】 古关名，位于今甘肃省敦煌市西南的古董滩附近。古代陆路对外交通咽喉之地，丝绸之路南路必经的关隘。西汉置关，因在玉门关之南，故而得名。

【样式雷】 清代二百多年间，雷氏家族数代人负责主持北京故宫、圆明园、颐和园、静宜园、承德避暑山庄、清东陵和西陵等皇家建筑设计，同行称赞该家族为"样式雷"。

【颐和园】 清朝时期皇家园林，中国四大名园之一，位于北京海淀区。原为帝王行宫花园，清乾隆改建为清漪园，1860 年毁于英法联军，1888 年慈禧太后重建，改名颐和园。颐和园主要由万寿山和昆明湖组成，占地面积约 3 平方千米，水面面积约占四分之三。园内建筑以佛香阁为中心，共有亭、台、楼、阁、廊、榭等不同形式的建筑 3000 多间。为全国重点文物保护单位，被列入《世界文化遗产名录》。

【阴阳】 本指日光的向背，向日为阳，背日为阴。后引申出一系列中国古代哲学思想，古代思想家用"阴""阳"表述相互对立、相互消长的自然界性质。姚鼐《登泰山记》："泰山之阳，汶水西流；其阴，济水东流。"

【银河】 古称"天河""银汉""星汉""云汉"，是横跨星空的一条乳白色亮带，由银河系主体部分投影在天球上而形成，是银河系的一部分，银河系也因此而得名。曹操《观沧海》："星汉灿烂，若出其里。"

【寅时】 十二时辰之一，又名"平旦""黎明""早晨""日旦"等，是夜与日的交替之际，为现代时间凌晨三时至五时。

【营造法式】 北宋李诫编写的一部记录中国古代建筑营造规范的书，是中国古籍中最完整的一部建筑技术专著。共 357 篇，计 3555 条，总结了历代工匠相传、久经考验的可行之法。这部书也揭示了北宋的宫殿、寺庙、官署、府第等木结构建筑建造时所使用的方法，集中反映了我国传统建筑技术和艺术水平，对以后的建筑科学产生了巨大的影响。

【影壁】 建筑群前面的屏障墙。影壁往往把宫殿、王府或寺庙大门前围成一个广场或庭院，便于停歇、活动及车轿回转。同时能区分内外，并增加威严和肃静的气氛，有装饰意义。

【酉时】 十二时辰之一，又名"日入""日落""日沉""傍晚"，是太阳落山的时候。为现代时间下午五时至七时。

【牖】 古人所说的户，通常指的是室的户。室户偏东，在户的西边相应的位置上，有一个窗口，叫作牖。室还有一个朝北的窗口，叫作向。东房的后部，有阶通往后庭。

【圆明园】 清代大型皇家园林，位于北京海淀区，被誉为"万园之园"。清代康熙始建，后赐给胤禛（后为雍正皇帝）时，取意雍正的法号"圆明"命名，并亲题园名为"圆明园"。"圆"指个人品质，标榜明君贤相的理想标准。1860年被英法联军纵火焚毁。1983年北京市政府重修，定名为"圆明园遗址公园"。

【月份别称】 一月为正月、端月、初阳；二月为杏月、花月、桃月、仲春；三月为桐月、佳月、季春；四月为槐月、阴月、清和月；五月为榴月、蒲月；六月为荷月、伏月；七月为瓜月、巧月、霜月；八为叫桂月、壮月；九月为菊月、玄月；十月为阳月、良月、坤月；十一月为葭月、辜月、德月；十二月为腊月、涂月。

【月亮】 在中国古诗文中，月亮有多种称呼。因初月如钩，故称"银钩""玉钩"。因弦月如弓，故称"玉弓""弓月"。因满月如轮、如盘、如镜，故称"金轮""玉轮""银盘""玉盘""金镜""玉镜"。因传说月中有兔和蟾蜍，故称"银兔""玉兔""金蟾""银蟾""蟾

宫"。因传说月中有桂树，故称"桂月""桂轮""桂宫""桂魄"。因传说月中有广寒、清虚两座宫殿，故称"广寒""清虚"。因传说为月亮驾车之神名望舒，故称月亮为"望舒"。因传说嫦娥住在月中，故称月亮为"嫦娥"。因"婵娟"指美女，人们常把美女比作月亮，故称月亮为"婵娟"。

【云龙风虎】①语出《易·乾·文言》："云从龙，风从虎，圣人作而万物睹。"古代认为龙起生云，虎啸生风，同类事物相互感应，即所谓"云龙风虎"，比喻明君得到贤臣，臣子遇到明君。②古人认为真龙天子所产生的地方，天空有异样云气，占卜测望的人能够看出。司马迁《鸿门宴》："吾令人望其气，皆为龙虎，成五采，此天子气也。"

【运交华盖】 华盖，星座名，属紫微垣，共十六星，在五帝座上，今属仙后座。古人认为人的命运中犯了华盖星，运气就不好。鲁迅《自嘲》："运交华盖欲何求，未敢翻身已碰头。"

【藻井】 在中国古代宫殿、坛庙建筑中，藻井是室内顶棚的独特装饰，多用在宝座、佛坛上方。一般成向上隆起的井状，有方形、多边形或圆形凹面，周围饰以各种花纹、雕刻和彩绘。

【赵州桥】 又名"安济桥"，当地人称"大石桥"，由隋代工匠李

春设计建造。位于河北省石家庄市赵县洨河之上，距今 1400 多年。是世界上现存最早、保存最好的石拱桥，被誉为"华北四宝"之一。

【至日】 中国古代常用二十四节气来纪日，夏至白天最长，冬至白天最短，因而古人称夏至、冬至为"至日"。

【中国宫殿建筑】 古代皇帝为了巩固统治，满足精神和物质生活的享受而建造的大型建筑物。典型特征：建筑华丽；体现皇权至高无上的思想；体现礼制思想。古代宫殿建筑物自身也被分为两部分，即"前朝后寝"。"前朝"是帝王上朝治政、举行大典之处，"后寝"是皇帝与后妃们居住生活的所在。

【中国民居】 先秦时期，"帝居""民舍"等都称"宫室"；汉代规定食禄不满万户的称"舍"。近代把除宫殿、官署以外的居住建筑统称为"民居"。早在新石器时代后期，我国木构架体系的房屋已经萌芽。西周及春秋时期，瓦的出现使民居变得更为结实。战国时期，出现了砖和彩画，民居变得较为美观。

【中国十大历史文化名楼】 一般指湖北武汉黄鹤楼、湖南岳阳楼、江西南昌滕王阁、云南昆明大观楼、山东蓬莱阁、山西永济鹳雀楼、湖南长沙天心阁、江苏南京阅江楼、陕西西安钟鼓楼、浙江宁波天一阁。（2007 年由中国文物古迹学会评选确认）

【中国十大名胜古迹】 一般指北京故宫、万里长城、河北承德避暑山庄、陕西西安秦兵马俑、长江三峡、桂林山水、苏州园林、安徽黄山、杭州西湖、台湾日月潭。

【中华】 古代华夏族、汉族多建都于黄河南北，以其位居四方之中，故称"中华"。

【中原】 又称"中土""中州"。狭义指今河南省一带，广义指黄河中、下游地区或整个黄河流域，亦可泛指中国。诸葛亮《出师表》："当奖率三军，北定中原。"

【子时】 十二时辰之一，又名"夜半""子夜"，十二时辰中的第一个时辰。为现代时间晚上十一时至凌晨一时。

【左祖右社】 中国古代的一套都城建造制度。在中国宫殿建筑中，由于中国的礼制思想里包含着崇敬祖先、提倡孝道和重五谷、崇拜土地的内容，中国宫殿的左前方通常设祖庙以供帝王祭拜祖先，右前方则设社稷坛以供帝王祭祀土地神和粮食神，这种格局被称为"左祖右社"。

国学常识观止

导读

礼仪风俗民俗

中国古代的"礼"和"仪"是两个不同的概念。"礼"是制度、规则和社会观念；"仪"是"礼"的具体呈现，大致分为政务礼仪、商务礼仪、服务礼仪、社交礼仪、涉外礼仪等五大分支。致福曰礼，成义曰仪。古人讲"礼者敬人也"，礼仪是一种待人接物的行为规范，也是与人交往的艺术。它是人们在社会交往中受历史传统、风俗习惯、宗教信仰、时代潮流等多种因素影响而形成，为人们所认同、所遵守的以建立和谐人际关系为目的的各种交往要求的行为准则和规范的总和。传统文明礼仪，如尊老敬贤、仪尚适宜、礼貌待人、容仪有整等，在今天仍有积极的意义。称谓也是礼仪的一种体现，是宗法、习俗、等级、地位、声望等的反映，体现了中国人对宗法礼制、尊卑长幼等礼法习俗的重视。尊长、后辈、上级、下属各有各的一套称呼，在中国人的交际中不能逾越。

风俗是礼仪的一种表现形式，是社会长期形成的风尚、礼节、习惯等的总和。广大的地域、多样性的民族构成，使得中国的风俗非常复杂。有节日性风俗，如春节、中秋节；有地域性风俗，如庙会；

有民族性风俗，如蒙古族的那达慕大会、傣族的泼水节；有女性的乞巧，男性的祭祖；有娶妻、纳聘等喜事风俗，有丧葬、殡送等白事风俗……

节日、服饰、饮食文化都是风俗、民俗的集中体现。中国多数传统节日形成于原始信仰与祭祀文化。古人祭祀择吉日，于是慢慢形成了节日。每个传统节日都有其活动载体，诸如庙会、灯会、舞狮、年例、赛龙舟、拜神、祭祀等，并因此影响形成一些风俗。汉代南北方的经济文化交流使风俗习惯互相融合传播，使主要的传统节日习俗普及到全国。到唐代，很多礼仪风俗已经从庄重型原始祭拜转变为娱乐型礼仪活动。

古代的服装标志着贵贱尊卑，带有明显的阶级色彩。每个朝代都有自己的服饰制度，服饰的款式、颜色、图案等都有严格的规定和限制，也都有其特定的礼仪要求。商的"威严庄重"，周的"秩序井然"，战国的"清新"，汉的"凝重"，六朝的"清瘦"，唐的"丰满华丽"，宋的"理性美"，元的"粗犷豪放"，明的"敦厚繁丽"，清的"纤巧"都体现出中国古人的审美设计倾向和思想内涵。

中国饮食文化讲究"色、香、味"俱全，具有五味调和的境界说、奇正互变的烹调法、畅神怡情的美食观等属性。它是中华民族的个性与传统，更是中华民族传统礼仪的重要表现方式。

【案】 即食案，指运送食物用的托盘。有长方形（四足）的，有圆形（三足）的。食案形体不大，腿很矮。《后汉书·梁鸿传》："每归，妻为具食，不敢于鸿前仰视，举案齐眉。"

【白丁】 古代指没有功名的人，泛指平民百姓。刘禹锡《陋室铭》："谈笑有鸿儒，往来无白丁。"

【白寿】 民间雅称九十九岁为"白寿"，因为"白"字是"百"字去掉"一"。

【百年】 亦称"百岁"。古人认为人生不过百岁，故以"百岁""百年"称有生之年，用"百岁后""百年后"讳称去世。

【百朋】 亦作"百冯"，形容很多货币。一说五贝为一串，两串为一朋。《诗经·小雅·菁菁者莪》："既见君子，锡我百朋。"

【拜】 古人常用的行礼方式。古时下跪叩头、打躬作揖统称为"拜"。《周礼·春官·大祝》："辨九拜，一曰稽首，二曰顿首，三曰空首，四曰振动，五曰吉拜，六曰凶拜，七曰奇拜，八曰褒拜，九曰肃拜。"拜礼中礼节最隆重的是稽首，稽首一般是臣子拜君王所用；顿首是地位相等者互拜之礼；空首是国君回礼臣下的礼节；手持符节行的礼叫褒拜；先作顿首后作稽颡，叫吉拜；先顿首后空首，叫凶拜。

【拜倒】 恭敬地跪下行礼，比喻崇拜或屈服。

【拜伏】 表示恭敬的一种礼节，跪拜并俯伏在地上。亦指敬佩、钦佩。

【拜手】 亦称"拜首""空手"，古代跪拜礼的一种。跪下后，两手拱合，俯头至手与心平，而不至地。顾炎武《日知录·拜稽首》："古人席地而坐，引身而起，则为长跪。首至手则为拜手，手至地则为拜。首至地则为稽首，此礼之等也。"

【避讳】 封建时代为避免写出或说出君主或长辈的名字而改用他字代替，以示尊重，叫"避讳"。"春秋为尊者讳，为亲者讳，为贤者讳"，是古代避讳的总原则。主要分三大类：一是"国讳"或"公讳"。指诗文中不直书君主及其亲属的名。《吕氏春秋》中因讳庄襄王"子楚"名，称"楚"为"荆"；二是"家讳"或"私讳"。即说话行文中，避免提到自己的父母名、祖父母名。司马迁祖父名"僖"，所以《史记》中"僖"字皆写作"釐"。如《信陵君窃符救赵》："昭王薨，安釐王即位。"三是避"圣讳"。主要避讳孔子、孟子、老子的名讳，也有的避周公之名。圣讳相对不严格，一般是读书人自觉避讳以示尊重。避讳方法主要有三种，即改字法、缺笔法、空字法。如秦代因避秦始皇嬴政的讳，阴历正月称为"端月"；清代因避康熙玄烨的讳，把玄孙写作"元孙"。

【陛下】 对帝王的尊称。"陛"是帝王宫殿的台阶。皇帝的近臣拿着兵器站在宫殿的台阶下，以防不测。臣子不能直接向皇帝进言，只能让台阶下的近臣代为转告，所以最初"陛下"叫的不是皇帝，而是站在台阶下的人，后演变为对皇帝的尊称。

【弁】 古代贵族戴的一种帽子，分"爵弁""皮弁"。"爵弁"是没有疏的红黑色的冕，"皮弁"用白鹿皮制作，形似后世的瓜皮帽。"爵弁"是文冠，"皮弁"是武冠。

【殡】 丧葬礼仪的第四阶段。入殓后，停丧待葬叫"殡"。后世的出殡是指把灵柩送到埋葬的地方去。出殡送葬要白衣执绋（在棺材前面系上绳带，服丧者手握绳带引路前行），出殡时还唱挽歌，挽歌最初是挽柩人唱的。陶渊明《拟挽歌辞三首》其三："亲戚或余悲，他人亦已歌。死去何所道，托体同山阿。"

【帛】 绫、罗、绸、缎、锦、纨、绡、绢、素、缟、缣、练等丝织品的总称。

【卜筮】 古代民间占问吉凶的两种方法，用龟甲占卜叫"卜"，用蓍草占卜叫"筮"。《礼记·曲礼上》："龟为卜，策为筮。""策"即蓍草。

【步】 古代称行走时跨出一足为"跬"，左右足各跨出一跬为"步"。荀子《劝学》："不积跬步，无以至千里。"

《孟子》："以五十步笑百步，则何如？"

【不谷】 又称"不穀"，古代诸侯自称的谦辞。《老子》："故贵以贱为本，高以下为基，是以侯王自谓孤、寡、不穀。"

【布衣】 借指平民百姓。中国在棉花传入之前，衣料只有丝织品和麻葛织品。丝织品只有贵族才能穿，百姓只能穿麻布和葛布衣，所以"布衣"成了平民的代称。诸葛亮《出师表》："臣本布衣，躬耕于南阳。"

【参谒】 拜见上级官员、长辈或尊敬的人。

【裳】 《毛传》："上曰衣，下曰裳。"古时称下衣为"裳"，即裙，男女都穿。唐宋以后，女以裙为常服，男则以袍为常服。

【长跪】 古代的一种礼节坐姿，指挺直上身而跪。与跪接近，只是长跪时直腰挺身的动作更为明显。《战国策·魏策·唐雎不辱使命》："秦王色挠，长跪而谢之。"

【长揖】 古时一种不分尊卑的见面礼。行礼时立正，身略俯折，双手合抱高举，自上而下，引至胸前为止。

【朝】 古代诸侯见天子、臣见君、子见父母的通称。周代各国的诸侯按规定的时间带着玉帛、兽皮、珍玩和土产等贡品，觐见周天子，称"朝"。

【朝聘之礼】 指"五礼"中的宾礼。原指古代诸侯亲自或派使者定期觐见天子的礼仪,后来也用于藩属国使节觐见。"朝"是诸侯亲自觐见天子,"聘"是诸侯派使者觐见天子。《礼记·王制》记载,诸侯每年都要派大夫前往王都拜见天子,称"小聘";诸侯每三年要派卿拜见天子,称"大聘";诸侯每五年须亲自前往王都拜见天子,称作"朝"。朝聘礼仪为六个程序:"郊劳"(天子派人迎接并慰问来宾)、"赐舍"(安排来宾下榻)、"朝觐"(来宾正式拜见天子并献礼)、"请罪"(来宾向天子谦称自己做得不好,求天子宽恕)、"赐礼"(天子赏赐来宾礼物)。朝聘之礼本来只有天子才有资格享受,至东周时,周王室衰微,各诸侯国开始纷纷采用。

【车驾】 马驾的车。古时专指帝王所乘的车,借指帝王。《汉书·高帝纪下》:"是日,车驾西都长安。"颜师古注:"凡言车驾者,谓天子乘车而行,不敢指斥也。"

【臣妾】 西周、春秋时期对奴隶的称谓。男奴称"臣",女奴称"妾"。后演化为仕官之女对他人的谦称。

【称谓】 称呼;名称。①称姓名。多用于自称、蔑称或一般性介绍。如"庐陵文天祥自序其诗"是自称,"不幸吕师孟构恶于前,贾余庆献谄于后"是蔑称,"柳敬亭者,扬之泰州人"是一般介绍。②称名字。名与字连说时,上古先称字后称名,如孟明(字)视(名)。汉代以后,则往往先名后字,如"庐陵萧君圭(名)君玉(字)"。一般对平辈或长辈称字不称名,以示尊敬。长辈对晚辈或者尊对卑,称名不称字。③称官爵。如司马迁曾任太史令,故称"太史公"。④称籍贯。如柳宗元是河东(今山西永济)人,故称"柳河东"。⑤称斋号。如蒲松龄称"聊斋先生"。⑥称谥号。如称左光斗"左忠毅公"。⑦称庙号。是对已死去的皇帝的称呼。⑧称年号。如称朱元璋为"洪武皇帝"。⑨几项兼称。一般先称官名,次称地名,后称名、字、号。如全祖望《梅花岭记》:"任太守民育及诸将刘都督肇基等皆死。"⑩加字称谓。称谓前加"先",表示已死,用于敬称地位高或年长的逝者。如先帝、先父。加"太""大"表示再长一辈。如太后(帝王的母亲)、太君(官吏的母亲的封号,后也用来尊称他人之母)、大父(祖父、外祖父)、大母(祖母)。同一家族,次于最亲的亲属前加"从",意为堂房亲属。从祖父(伯祖父、叔祖父);堂兄弟称昆弟或从兄弟;侄子、侄女为"从子""从女"。如沈括《活板》:"其印为予群从所得。"

【重阳节】 节令名,中国民间传统节日,在每年农历九月初九。两"九"相逢,故称"重九";古人认为最大的阳数是"九",故又称"重阳"。

一因双阳相合，喻示刚阳之盛；二因"九九"与"久久"同音，合乎人们期盼长寿的心理，所以重阳节被视为吉祥的节日。民间有插茱萸、饮菊花酒、举行庙会、登高等习俗。孟浩然《过故人庄》："待到重阳日，还来就菊花。"

【除夕】 农历年的最后一天叫"岁除"，这天晚上称为"除夕"，也称"大年夜"。"除"是除旧布新之意。这一天要贴门神、春联、年画，要洒扫庭院，全家团聚，包饺子、吃年夜饭，共同守岁（守夜），表示辞旧迎新。

【床榻】 古人的一种家具，坐具，高出地面，有足，可坐可卧。《孔雀东南飞》："阿母得闻之，槌床便大怒。"

【春节】 古代称为"元旦""元日""端日""元辰"，指农历新年的第一天。辛亥革命后，本着"行夏历，所以顺农时；从西历，所以便统计"的宗旨，实施公历纪年。此后公历新年称为"元旦"，农历新年称为"春节"。

【赐胙】 古代在祭祀结束之后，天子或诸侯将祭肉分赐臣下，以示恩宠，称为"赐胙"。

【大父】 祖父、外祖父。《韩非子·五蠹》："大父未死而有二十五孙。"

【大妇】 ①旧时称正妻为"大妇"，妾为"小妇"。刘敬叔《异苑》卷五："世有紫姑神，古来相传，云是人家妾，为大妇所嫉。" ②妯娌中排行最大的，即长子之妻。萧纲《长安有狭斜行》："大妇舒绮绸，中妇拂罗巾。小妇最容冶，映镜学娇矉。"

【大归】 旧称妇女被休，永归娘家。《左传·文公十八年》："夫人姜氏归于齐，大归也。"亦指最后的归宿，讳指死亡。顾况《祭李员外文》："先生大归，赴哭无由。"

【诞生礼】 中国传统的诞生礼俗之一，不同地区、民族形式多有不同。一般是在孩子出生后先报喜，通知亲朋好友。《礼记·内则》："子生，男子设弧于门左，女子设帨于门右。"意思是如果生的是男孩，就在门左挂一副弓；如果是女孩，则在门右挂一幅佩巾。一般由孩子的父亲赴亲友家，主要是岳父母家报喜。所持喜物主要有红鸡蛋、喜饼等。别人祝贺时称生男孩为"弄璋之喜"，生女孩为"弄瓦之喜"。参见"典籍掌故传说"之"弄璋之喜""弄瓦之喜"。

【嫡】 宗法社会正妻为"嫡"，正妻所生的长子即"嫡长子"。自周代始，王位规定由嫡长子世袭，直至清末。

【鼎】 本为炊具，多由青铜铸成，或圆形三足两耳，或方形四足，盛行于商、周和汉代，被视为传国重器。古代贵族往往在鼎的外面铸上自己祖先的功绩，然后藏之于宗庙。天子九鼎，饰以黄金；诸侯七鼎，饰以白金；卿大夫五鼎，饰以铜。后来，鼎成为立国的标志。相传禹用天下诸侯贡献之铜铸造九鼎，象征九州。此后，九鼎成为天下的象征，王都所在，即九鼎之所在。

【东床】 指女婿。典出东晋王羲之。东晋时，太傅郗鉴让人到丞相王导家去物色女婿。王家少年都正襟危坐，衣冠楚楚，只有王羲之在东床上袒胸露腹，就像没听说这件事。郗鉴说："此人正合我意。"故后称女婿为"东床"或"令袒"。

【冬至】 二十四节气之一，又称"冬节"，于每年公历12月21日～23日交节。古人认为冬至日是阴极而阳始至，故有"冬至一阳生""冬至大如年"之说。朝廷常在这一天举行盛大朝会，进行祭祀，祈求太平祥和。冬至日标志北半球冬季开始，民间自冬至开始"数九"。

【端午节】 中国民间传统节日，又称"端五节""重五节""端阳节""蒲节"，指农历五月初五。起源说法不一，一说源于纪念战国时楚国爱国诗人屈原；一说源于古越人龙图腾祭祀；一说由夏令节演变而来。主要有插艾蒲、赛龙舟、吃粽子、饮雄黄酒、系香袋等习俗。

【顿首】 一种用于下对上及平辈间的比较庄重的跪拜礼。拜跪于地，引头至地，但时间短暂，头触地即起，所以叫作"顿首"。古人也常常在书信的头或尾书以"顿首"二字以表敬意。

【蛾眉】 本指女子长而美的眉毛，代指美貌，进而代指美女。白居易《长恨歌》："六军不发无奈何，宛转蛾眉马前死。"

【伐柯】 语出《诗经·豳风·伐柯》："伐柯如何？匪斧不克。取妻如何？匪媒不得。"后称作媒为"伐柯"，媒人为"伐柯人"。

【分茅】 古代帝王用茅土分封诸侯的仪式。帝王的大社，用五色土筑坛，一方一色，东青、西白、南赤、北黑、中间黄。分封某方面的诸侯时，就用白茅包取某方的土授予，称"分茅"，也称"授茅土"或"分茅裂土"。

【坟墓】 埋葬死者的地方。古时高出地面的葬人土堆叫"坟"，与地面相平的葬人场所叫"墓"。后世"坟"和"墓"并称。放在墓中刻有死者传记的石刻叫"墓志"；立在墓旁，刻载死者生平、表扬其功德的石碑，叫"墓表"。

【粉黛】 本指涂面用的香粉和描眉用的黛墨，是富贵人家女子的化妆用品。后代指美女。

【封禅】 古代帝王祭天地最隆重的典礼。祭天叫"封"，祭地叫"禅"。《礼记·王制》："天子祭天地，诸侯祭社稷。"古时认为泰山是五岳之长，称为"岱宗"，离天最近，所以先在泰山筑坛祭天，以报答上天之功，叫作"封"。然后再到泰山南的梁父山上辟基祭地，以报后土之功，叫作"禅"。后世在京城设天坛、地坛祭祀天地以代替到泰山封禅活动。司马迁《史记·秦始皇本纪》："立石，与鲁诸儒生议，刻石颂秦德，议封禅望祭山川之事。乃遂上泰山，立石，封，祠祀。"

【凤冠】 古代贵族妇女戴有凤饰的礼帽。汉制：太皇太后、皇太后、皇后祭服之冠饰，上有凤凰饰。明制：皇后礼服冠饰九龙四凤。明、清时一般女子婚礼时戴的彩冠也称"凤冠"。

【服色】 古时指车马、祭牲、服饰等的颜色。中国阴阳五行认为，黄色代表着土地的颜色，着黄衣意味着占有土地，是天下的统治者，所以只有帝王才可以着黄衣。如皇帝的龙袍叫"黄袍"，皇帝颁发的文告叫"黄榜"。官吏的服色以品而定。一般三品以上着紫衣，四品深红色，五品浅红，六品深绿，七品浅绿，八品深青，九品浅青。白居易任江州司马，本是六品，但因是散官，地位等同于九品，只能着浅青服。《琵琶行》："座中泣下谁最多？江州司马青衫湿。"

【稿葬】 指用草苫子裹住尸体草草埋葬。古代庶人死后至多用"稿葬"。蒲松龄《聊斋志异·促织》："日将暮，取儿稿葬。"

【寡君】 谦辞。古代臣子对其他国家称呼自己君主为"寡君"。

【寡人】 古代君主、诸侯对自己的谦称，即"寡德之人"。有时诸侯的妻子也自称"寡人"。

【冠】 古代男子束发插簪固定头发的器具，像现在的帽子。古代将士打仗时戴的冠称"胄"，秦汉后称"兜鍪"，再后称"盔"。冠圈两旁有缨，即两根小丝带，可以在颔下打结固定。秦汉时平民不能戴冠，只能戴黑色或青色的头巾，故称平民为"黔首"，称仆役为"苍头"。

【冠礼】 古代男子二十岁时举行的成年礼，属于嘉礼的一种。成年礼仪式源自原始社会，至先秦时形成冠礼的形式，并成为六礼（冠、婚、丧、祭、乡、相见）之首。其大致流程是：在加冠礼之前，通过卜筮的方式选定加冠的日期，并联系好加冠的大宾和协助加冠的"赞冠"。冠礼时，主人（一般是受冠者之父）、大宾及受冠者都穿礼服。授冠后，大宾要读祝辞，还要给受礼者取字。之后，除父母与老师可以称呼其名外，其他人都要称呼其字。古代未成年的男子束发，不戴冠，加冠礼后可以成亲。后世冠礼虽废，但仍保留"加冠""已冠""弱冠""未冠"等说法。

【归】 一般认为古代女子出嫁称"归""于归"。《诗经·周南·桃夭》："之子于归，宜其室家。"

【归宁】 女子出嫁后回娘家看望父母。归有光《项脊轩志》："吾妻归宁。"古代有时也指男子回家看望父母。

【跪】 坐礼的一种。两膝着地，腰股伸直，两股离开脚跟，表示对长者的尊敬。往往是在有急事或者表示谢罪之时行跪礼。"跪"与"坐"二者的区别是"跪危而坐安"。与跪拜礼不同，跪拜礼重在动作，坐礼中的"跪"重在姿势。

【跪拜礼】 中国古代一种交际礼仪，跪下并以两手扶地叩头，是一种臣服的表示。即使是平辈跪拜，也有彼此恭敬的意思。"跪拜礼"形式主要有：稽首、顿首、空首、再拜等。

【衮】 古代天子和最高级的官吏的礼服，上面绣有龙。龙袍又称"龙衮"，是中国皇帝专用的袍。

【寒食节】 农历冬至后第105天为寒食节，在清明节的前一天（一说前两天）。据史料记载，春秋时晋文公流亡他国十九年后回国即位，封赏追随者。唯独大臣介子推不愿受赏，携母隐居绵山。晋文公本意用烧山的办法想迫使他出山，介子推坚决不出，与其母抱木焚死。晋文公遂定于每年的这一天禁火寒食以示悼念。到了清代，不再提倡寒食，寒食节并入清明节。习俗主要有吃冷食、扫墓、踏青、插柳等。

【豪右】 豪门大族。古代以右为尊，故称豪门望族为"豪右"。《明史·毛吉传》："痛抑豪右，民大悦。"

【号】 指名字以外另起的固定称谓，又称"别号"。"号"不一定和名、字相联系。文天祥号"文山"，体现了立志要做中流砥柱的伟大抱负；东坡居士（苏轼）、青莲居士（李白）、少陵野老（杜甫）、白石道人（姜夔）等号，则体现了淡泊功名、鄙视利禄的志趣。

【合卺】 古代结婚仪式之一。古时把一瓠（苦葫芦）破为两半（两瓢）称为"卺"。举行婚礼时，一对新人各执一瓢而酳（用酒漱口），称为"合卺"，表示同甘共苦、和睦相爱。后演变为喝交杯酒。亦称夫妻成婚为"合卺"。

【合葬】 古时风俗，夫妇死后安葬在一起，称为"合葬"。起源于西周，盛行于西汉中期以后。合葬不是夫妇同葬在一个墓地，而是葬在同一个墓穴、同一个椁里（一椁两棺）。《孔雀东南飞》："两家求合葬，合葬华山傍。"

【褐夫】 古代统治阶级对贫苦百姓的称呼。"褐"是用粗劣的毛或麻制成的最劣等的衣服，因贫贱人多穿此衣，故代称贫贱之人。

【薨】 周朝时，诸侯死叫"薨"；后世有封爵的官员死了也叫"薨"。司马迁《史记·魏公子列传》："昭王薨，安釐王即位，封公子为信陵君。"

【鸿儒】 "鸿"，大；"儒"，

读书人。古代对知识渊博的学者称"鸿儒"。刘禹锡《陋室铭》:"谈笑有鸿儒,往来无白丁。"

【红袖】 本指红色衣袖,引申为艳丽服饰,又由穿着此衣饰者借指艳丽女子。杜牧《书情》:"摘莲红袖湿,窥渌翠蛾频。"

【花甲】 古人称六十岁为"花甲"之年。中国古代历法以天干地支相配来纪元,从甲子开始,至癸亥为止,共六十个组合,每六十年为一个轮回,周而复始,所以六十年为一甲子,称"六十甲子"。又因为天干的单数和地支的单数搭配,天干的双数和地支的双数搭配,交叉组合,依次错综相配,故又称为"花甲"或"花甲子"。

【花朝】 旧俗以农历二月十五日为"百花生日",故称"花朝"。一说为十二日,又说为初二日。此日,人们游春踏青,扑蝶簪花,酿百花酒。也泛指百花盛开的时节。白居易《琵琶行》:"春江花朝秋月夜,往往取酒还独倾。"

【华夏】 汉族先民或中国(中原)的古称。早期"华""夏"分称。孔颖达《春秋左传正义》:"中国有礼仪之大,故称'夏';有服章之美谓之'华'。""华夏"连称谓"中国"。

【皇天后土】 指天地之神,是对天地的敬称。在中国人的传统意识里,诸神中最重要的是天神、地神。天神称"天帝""天",地神称"社神""后土""土地神"。

【黄冠】 道士的代称,旧时道士以黄色金属或木冠束发,故以此代称。

【黄衣】 本指黄色的衣服。古代多为皇家专用,还有两种情况特殊:一是道教的道士称"黄衣"。因为道教崇尚黄老之学,道士的冠服尚黄,故用"黄衣"代指道士;二是唐朝的宦官称"黄衣"。因为唐朝规定宫廷里品位高的宦官也可穿黄衣,故用"黄衣"代指宦官。白居易《卖炭翁》:"翩翩两骑来是谁?黄衣使者白衫儿。"

【徽号】 一般指尊号。旧时专用于称颂帝王或皇后的美好称号,具有标志的作用。徽号可在帝王和皇后死后留作谥号。

【荤】 ①葱、蒜、韭等有辛辣气味的蔬菜,佛家禁食,斋戒时不吃,是防止在祭祀或会客时口里发出难闻的气味,造成对神灵、祖先或宾客的不敬。②指鸡、鸭、鱼肉等类食物。

【婚礼】 广义的婚礼是古人关于结婚的整套礼仪,属于嘉礼的一种。在周代,形成了一整套完备的婚礼制度,即"三书六礼"。狭义的婚礼是指婚礼过程中的两个很重要的仪式:拜堂、合卺。拜堂有三拜:一拜天地、二拜高堂(父母)、夫妻对拜。拜过堂就算正式结婚了。

【婚姻】 古时亦写为"昏姻"。

①嫁娶。《礼记·经解》："昏姻之礼，所以明男女之别也。"②亲家、亲戚。司马迁《史记·项羽本纪》："沛公奉卮酒为寿，约为婚姻。"现在指男女正式结为夫妻。

【藿】 豆叶，季节性蔬菜，初夏时其嫩叶可食。在古代，藿是粗劣的菜品，多为平民食用，所以古代常称平民为"藿食者"，称贵族为"肉食者"。

【几】 古代器具，用于凭倚或搁置物件的小矮桌，类似今天北方的炕几。

【箕踞】 亦作"箕倨"。臀部着地，两腿前伸成簸箕状，是一种轻慢无礼带有不敬的动作，《国策·燕策三》："轲自知事不就，倚柱而笑，箕踞以骂曰……"

【笄礼】 古代汉族女子举行的盘发插笄（即簪子）的成年礼，古代嘉礼的一种。古人认为女子到十五岁时成年，要举行笄礼，表示成人可以结婚。故称女孩十五岁为"及笄之年""及笄""笄年"。

【吉礼】 古代五礼之一，居五礼之冠。吉礼是有关祭祀的典礼。其主要的祭祀对象可大体分为三类：天神、地祇、人鬼。其中，天神包括昊天上帝、日月星辰、司中、司命、雨师等；地祇包括社稷、五帝、五岳、山林川泽等；人鬼包括先王、先祖、宗庙、圣人等。举行吉礼往往是国家政治行为，由统治者主持。其中，统治者最重视祭祀宗庙、社稷、天地、孔子。祭祀天地，又称为"封禅"，一般是比较有作为的皇帝才会举行；祭祀孔子也是国家礼制的一部分，一般由大臣主持，有时皇帝亲自前往。

【跽】 直身而跪，双膝着地，也叫"长跪"。古时人们席地而坐，坐时两膝着地，以臀部着足跟。"跪"则伸直腰股，以示尊敬。"跽"一般表示因受惊吓而耸身。

【稷】 中国古老的粮食作物，说法不一，一般指谷子，脱皮后叫小米。古人以稷为谷神，与土地神合称为"社稷"。

【祭品】 祭品是古人祭祀时献上的礼品，一般都是比较贵重和美味的物品。牛、羊、猪三牲齐备叫"太牢"或"大牢"，只有帝王、诸侯祭祀社稷时才有资格用；只有羊和猪叫"少牢"，供诸侯或大夫用；只有猪，则称为"特豕"，供低级贵族用。天子或诸侯祭祀时，一般用毛色纯正的牲畜，称为"牺牲"。

【祭灶节】 中国传统节日，也称"小年"。一般认为农历腊月二十三（北方）或二十四日（南方）为小年。这天要祭祀灶神，故称"祭灶节"。每家都在灶间设一神位，供奉瓜果、糕点，旁书"上天言好事，下界降吉祥"之类内容的对联，祈求灶王爷到了天界后向玉皇大帝美言几句，以求来年全家平安吉祥。

【祭祖】 传统习俗，指祭祀先祖。古代从天子到臣民都祭祖先。古人认为君权神授，是依靠祖先庇护得来的，所以天子、诸侯都建庙以供祭祀并求庇佑。皇帝在宗庙祭祀祖先，庶民主要在家庙祭祀祖先。清明节、中元节、重阳节等都是重要的祭祀节日。

【家父】 谦辞，对人称自己的父亲。古人在别人面前称自己的亲人时，前面加一个"家"字，以此表示谦虚。谦敬词一般遵循"家大舍小令他人"的说法，如称自己的父母为"家父""家母"，兄长为"家兄"；称弟弟妹妹为"舍弟""舍妹"；称对方的亲人为"令尊""令堂"等。

【家讳】 在古代，祖先和尊长的名字家人不得再用，说话、书写时要避讳，不能直接使用这些字，叫"家讳"。苏洵的父亲名"序"，所以苏洵将文体"序"改为"引"。《红楼梦》中，林黛玉每读至"敏"字都改读为"密"，是因为她的母亲名"敏"。

【郊迎】 古代到郊外等候迎接，以表敬重、隆重。《战国策·秦策一》："父母闻之，清宫除道，张乐施饮，郊迎三十里。"

【结发】 古代男女结为夫妻叫"结发"。《孔雀东南飞》："结发同枕席，黄泉共为友。"

【节气】 用以表示一年里天时和气候变化的二十四个时期，也表示地球围绕太阳公转的轨道上的二十四个不同的位置。天文学家用太阳的黄经（经度）来计算，分黄道为三百六十度，取"春分点"为零度，由此算起，每十五度为一个节气，六个节气为一季，四季共二十四个节气。春秋时期已定出春分、夏至、秋分、冬至四大节气；秦汉时期二十四节气的概念已完全确立，成为农业活动的主要依据。

【巾帼】 "巾""帼"是古代妇女的头巾和发饰，后用"巾帼"借称妇女。女英雄称为"巾帼英雄"。

【金甲】 古代战士的护身衣，一般用金属小片连缀而成。后用"金甲""银甲"借指兵事。

【金兰】 原指朋友间相交契合。后称结拜兄弟姐妹为"义结金兰"。《周易·系辞上》："二人同心，其利断金；同心之言，其臭如兰。"谓志趣相投，友情深厚。

【缙绅】 旧时官宦的装束。把上朝时所执的笏板插在大带与革带之间，亦作"搢绅""荐绅"。后逐渐代指"官宦"。

【觐】 诸侯朝拜天子之称。古代诸侯朝见天子，春见曰"朝"，秋见曰"觐"。诸侯朝见天子的仪式称"觐礼"。觐礼规定，天子不得下堂见诸侯，下堂则天子失礼。后成为晋见君主的通称。梁启超《谭嗣同传》："至七月，乃扶病入觐，奏对称旨。"

【京师】 首都的旧称，亦称"京""都""京都"。古时指王室居住地及中央政府所在地，即都城。

【敬称】 ①称字、号、籍贯。（见"称谓"）②称对方的亲属用"令"（美好、善之意）。如令尊（对父）、令堂（对方母）、令阃（对方妻）、令郎（对方儿子）、令爱（对方女儿）。③称与对方有关的人或物用"尊"。如尊公（对方父亲）、尊上（对方父母）、尊堂（对方母亲）、尊亲（对方亲戚）、尊驾（对方）。④称平辈或晚辈用"贤"。如贤郎（对方的儿子）、贤弟（对方）。⑤称"仁"表示尊重，范围广，如仁兄、仁弟、仁公（地位高的人）。⑥敬称品格高尚、智慧超群的人为"圣"。如称孔子为"圣人"，孟子为"亚圣"。⑦称呼皇帝、皇亲。称呼皇帝用"万岁、圣上、圣驾、天子、陛下"等，称呼皇太子、亲王用"殿下"。⑧称呼官员。称呼将军用"麾下"，称呼三公及郡守用"阁下"（唐、宋以后一般官员乃至布衣百姓都用阁下尊称）。⑨称呼成年男子。"公"用于敬称长辈或平辈。"子"用来美称成年男子。敬称"夫子"，语意重于"子"。⑩"吾子"是对人的一种亲热称呼，相当于"您"，也用于第二人称的泛称，相当于"你们"。

【九宾之礼】 也称"九仪"，古代外交上最隆重的一种礼仪。由九名傧相（迎宾赞礼人员）立于殿廷，接引宾客上殿。司马迁《史记·廉颇蔺相如列传》："秦王斋五日后，乃设九宾礼于廷，引赵使者蔺相如。"

【九族】 族,表示亲属关系。"九族"的说法不一。一说为本姓亲族。高祖、曾祖、祖、父、自己、子、孙、曾孙、玄孙为九族。旧时立宗法、定丧服皆以此为准。一说异性亲属。指父族四、母族三、妻族二。父族四是姑之子、姊妹之子（外甥）、女儿之子（外孙）、自己之同族（包括父母、兄弟、姐妹、儿女）；母族三是母亲之父（外祖父）、母亲之母（外祖母）、外祖母子（娘舅）；妻族二是岳父、岳母。

【酒】 传说酒是大禹时代的仪狄或周代的杜康所发明。宋代前一般都是以黍为糜（煮烂的黍），加上曲蘖（酒母）酿成的,度数低,属于甜酒。烧酒是宋元以后才流行的。酿造一宿的酒叫"醴"，味甜，类似于今天的糯米酒；经过多次酿制叫"酎"，最烈性的酒叫"醇"。酒酿好后过滤叫"醅"，或叫"漉"。过滤后的酒是清酒,不过滤而带有浮渣的叫浊酒。

【君子】 西周、春秋之时对贵族的通称。《国语·鲁语上》："君子务治而小人务力。"君子指当时的统治者，小人指被统治者。春秋末年以后，"君子"与"小人"逐渐成为"有德者"与"无德者"的称谓。《礼记·曲礼上》："博闻强识而让，敦善行而不怠，谓之君子。"亦指古时妻子对丈夫的敬称。《诗经·召南·草虫》："未见君子，忧心忡忡。"

【郡望】 魏晋隋唐时郡中显贵的世族称"郡望""地望"，意思是世居某郡为当地人所仰望。后来就用望族所在地的郡名来代替其姓氏，所以《百家姓》上每一姓的后面往往注上郡名。唐代人常以其郡望代替自己的名字，如韩愈自称"昌黎韩愈"，他的学生称他为"昌黎先生"。

【考妣】 已去世的父亲为"考"、母亲为"妣"。古人有时也称在世的父亲为考，去世的父亲为"先考"；称在世的母亲为"妣"，去世的母亲为"先妣"。现"考妣"只用于指已故的父亲、母亲。

【空首】 跪拜礼的一种。屈膝跪地，先将两手拱至胸前与心相平，后举手至地，再俯头至手，因其头不至地，所以叫作空首。

【腊日】 中国民间传统节日，古代进行腊祭的日子。汉代以冬至日后第三个戌日为腊日，后改为阴历十二月初八日，用猎获的禽兽作为供品来祭祀祖先百神。习俗是吃腊八粥、祭祀、击鼓驱疫。

【老公】 古代民间对太监的俗称。尊称太监时称"中官""中贵""内宦""内臣"；卑称时称"阉人""内竖""阉宦"。现为妻子对丈夫的称呼。

【黎庶】 古代称平民百姓为"黎民""庶人"，后合称为"黎庶"，仍是平民的称谓。

【礼器】 古代贵族在举行祭祀、丧葬、庆祝等礼仪活动时所使用的器物，象征着使用者的身份、地位和权力。大体可分为五类，一类是食器，包括鼎、簋、鬲、盂、俎等；一类是酒器，包括爵、角、觚、尊、壶、觥等；一类是盥洗器具，如盘等；一类是乐器，如钟、铙等；一类是玉帛，即玉器和束帛的合称。其中，玉器包括璧、璋、琮、璜等；束帛是扎成捆的丝织品。因玉帛在古代被广泛用于各种典礼，故亦代指礼器。

【殓】 古代丧葬礼仪的第三阶段。有小殓、大殓。小殓是给死者裹上衣衾，大殓则是把死者装进棺材。殓时口里须"饭含"（"饭"是把米放在死者口里，"含"是把玉放在死者口里，"含"又写作"琀"）。《战国策·赵策》："邹鲁之臣，生则不得事养，死则不得饭含。"

【六畜】 牛、羊、马、猪、鸡、狗为六畜。在农业社会为人们生活提供了基本保障。

【六合】 阴阳家所指吉利日辰的说法，古人结婚讲究六合相应。六合相应是年月日的干支都相合,即年、月、日的天干相连,地支相连,如甲子年、乙丑月、丙寅日。《孔雀东南飞》:"视历复开书,便利此月内,六合正相应。"

【六礼】 古代婚姻从议婚到结婚的六道礼节程序。第一道是"纳采",男家向女家送一点小礼物,表示求亲;第二道是"问名",男家问清楚女子的姓氏和生辰八字,回家占卜吉凶;第三道是"纳吉",在祖庙卜得吉兆后,到女方家报喜;第四道是"纳征",即宣告订婚,此时要送较贵重的礼物做聘礼;第五道是"请期",即择定完婚吉日,向女家征求同意;第六道是"亲迎",即迎亲。新郎亲至女方家迎娶。六礼之中,纳征、亲迎最为重要。六礼是为贵族士大夫制定的,一般庶民对此往往精简合并。

【六亲】 六种亲属,泛指亲属。说法不一,代表性的有三种:《左传》以"父子、兄弟、姑姊、甥舅、婚媾、姻亚"为六亲;《老子》王弼注,以"父、子、兄、弟、夫、妇"为六亲;《汉书·贾谊传》唐颜师古注引应劭注,以"父、母、兄、弟、妻、子"为六亲。

【六一居士】 宋代欧阳修晚年的号。是以一万卷书、一千卷金石遗文、一张琴、一局棋、一壶酒、本人一老翁,共六个"一"而取的号。

【庐冢】 也作"庐墓"。古礼父母或老师去世后,为表示孝顺或尊敬,为其服丧守墓在墓旁搭建的小屋称"庐冢"。王安石《游褒禅山记》:"今所谓慧空禅院者,褒之庐冢也。"

【麻衣】 一种用粗麻制成的衣服,也用作孝衣。旧时赴试举子多着麻衣,故以此代指举子。

【盟】 国家或政治集团之间相互宣誓约定协同办事叫"盟"。《礼记·曲礼》:"莅牲曰盟。"古代会盟时要杀牲、歃血,并且宣读盟书,誓于神,叫作"盟礼"。遇有急难,诸侯之间会见,举行盟礼,共同约定,相互援助,叫"会盟"。贾谊《过秦论》:"诸侯恐惧,会盟而谋弱秦。"

【米寿】 中国传统寿称之一:八十八岁的雅称。因"米"字拆开正好是"八十八"三个字,故名。

【免胄】 胄,盔。古代礼法,诸侯的军队过天子门,战车上的左右卫士必须脱胄卷甲,收好兵器,下车步行而过,以示对天子的尊敬。《左传·秦晋殽之战》:"左右免胄而下。"

【冕】 冕是天子、诸侯、卿大夫祭祀时戴的帽子,是最尊贵的礼冠。其顶上是一块长方形板,叫延,延的前沿垂挂着串串玉珠,叫旒。天子冕的前后有旒十二串,诸侯九串,上大夫七串,下大夫五串。南北朝以后臣不能戴冕,"冕旒"成了帝王的代称。

【庙号】 皇帝死后,在太庙

立室奉祀时所称的名号。凡带有"祖""宗"的都是庙号。从汉代起，每个朝代的第一个皇帝称太祖、高祖、世祖，以后的嗣君则称为太宗、世宗。个别嗣君也有称太祖、世祖的。汉代比较正规，有功有德才能被称为"祖""宗"，至南北朝称宗已滥，唐代已无帝不宗。有时古书仅书庙号或谥号，如"高祖隋文帝"，全号应为"高祖文皇帝"，其中"高祖"是庙号，"文帝"是谥号，庙号在前，谥号在后。

【庙见】 皇帝即位时，在宗庙内拜祖先、会群臣、受印玺称为"庙见"，表明正式掌握国家政权。

【蔑称】 又叫厌称，是用来表示轻蔑的词。竖子、小子、贱人、鲰生等都是表示轻蔑的称呼。

【名】 古代婴儿出生三天由父亲取名。《国语·周语》："司商协民姓。"司商是掌赐族授姓的官。古代命名是为了传代，古代有表示世系的世本，后世有表示承继的家谱、族谱。

【明器】 古代人死后的随葬物称为明器或冥器。

【内子】 古代称卿大夫的嫡妻为内子，后成为丈夫在别人面前对妻子的谦辞。《左传·僖公二十四年》："（赵姬）以叔隗为内子，而己下之。"杜预注："卿之嫡妻为内子。"

【年号】 是封建皇帝用以纪年的名号。始于汉武帝刘彻，其年号"建元"，是中国历史上第一个年号。历代皇帝有的只用一个年号，有的多次更换年号。年号初起时，多取自祥瑞之事，后渐与国家大事、社会生活发生联系。如明成祖朱棣夺位后，希望长治久安、永远安乐，故定年号为"永乐"；清代咸丰驾崩，同治帝年龄尚幼，由慈安、慈禧两宫太后垂帘听政，共同治理，故定年号为"同治"。

【年龄称谓】 古代对不同年龄的人有不同的称谓。婴儿满百日叫"日晬"；满一岁叫"周晬"；不满周岁叫"襁褓"；两三岁叫"孩提"。儿童七八岁要换牙，叫"童龀"或"髫龀（少女）"。幼年时期的孩子头发梳成两个发髻，叫"总角"。童年时期的孩子尚未束发，短发自然下垂，叫"垂发"。十岁以下的孩子叫"黄口"。女孩十三岁时称"豆蔻年华"；十五岁称"及笄之年"（也称"桃李年华"）；十六岁称"破瓜之年"（"瓜"字拆开乃为两个"八"字，相加刚好为十六）；到出嫁年龄称"摽梅之年"。男孩十五岁成年时束发为髻称"束发"；二十岁要行冠礼叫"弱冠"；人到三十岁叫"而立"；四十岁称"不惑"；五十岁称"知命""知非""艾年"（头发苍白如"艾"）；六十岁称"花甲"；七十岁称"古稀"；八十岁到九十岁叫"耄耋"（"耄"，七八十岁；"耋"，八九十岁）；九十岁叫"鲐背"；一百岁叫"期颐"。

【年兄】 科举制度中，同榜登科者互称"同年"，故同辈互称"年兄"，也称为"年长兄"，科举主试人对所取中的门生有时亦用此称呼。后为同学的互称。李端《晚夏闻蝉寄广文》："因垂数行泪，书报十年兄。"

【袍】 装旧丝绵或棉絮的长衣。汉代后有绛纱袍、皂纱袍。

【朋友称谓】 古人云："同门曰朋，同志曰友。"在古代，朋友的称谓有：君子之交、金兰之交、金石之交、刎颈之交、莫逆之交、患难之交、肺腑之交、忘形之交、贫贱之交、杵臼之交等。

【聘】 ①天子派卿大夫见诸侯叫"聘"。诸侯德风方面有突出成就的，天子往往也派人去聘问。《左传·隐公七年》："冬，天王使凡伯来聘。"②国君即位，强大的诸侯国派人来祝贺，也叫"聘"。《左传·襄公元年》："九月，邾（即邹）子来朝，礼也。""冬，卫子叔、晋知武子来聘，礼也。"邾是小国，所以叫"朝"；卫、晋是大国，就叫"聘"。③诸侯派大夫见别国诸侯也叫"聘"。这是诸侯之间邦交的礼节。《礼记·王制》："比年一小聘，三年一大聘。"《左传·隐公七年》："齐侯使其弟年来聘。"诸侯相聘，使者还带着玉帛，以示尊重，所以《左传》注曰："诸聘皆使卿执玉帛以相存问。"④相互来往朝聘，叫法不同。此国往彼国的聘叫"如"。《左传·襄公二十年》："冬，季武子如宋，报向戌之聘也。"季武子自鲁去宋，叫作"如"。反之，襄公十五年时，宋派向戌来鲁国，就说成"宋向戌来聘"。也就是由彼国来此国，叫作"聘"。

【七出】 我国古代法律和礼制规定的男子休妻的七种条件。妻子只要触犯其中任何一种，丈夫或夫家便可以提出休妻。一是不顺，即不孝顺公婆。二是无子，即妻子不能生儿子。三是淫逸，即妻子红杏出墙。四是嫉妒，因为古代实行一妻多妾，所以妻子嫉妒会造成家庭不和。五是恶疾，指妻子患严重疾病。六是多言，指妻子太多话搬弄是非。七是窃盗。"七出"的内容在汉代已基本形成，当时叫作"七去"，只是民间约定俗成的规矩。至唐代则形成法律制度，但并不严格执行。自宋代起，其执行才逐渐严格。"七出"几乎贯穿于整个封建时代，直到20世纪30年代才被完全废除。

【乞巧】 中国传统节日，又名"七夕节"。农历七月初七的晚上谓之"七夕"。传说这天晚上牛郎和织女在天河鹊桥相会，妇女在月光下对着织女星用彩线穿针，向织女祈求能够心灵手巧，谓之"乞巧"。《孔雀东南飞》："初七及下九，嬉戏莫相忘。"

【稽首】 拜跪并拱手至地，头也至地，多时方起。因为头叩地多时，有所稽留，因此叫作"稽首"，是古时一种隆重的跪拜礼。一般是臣拜君时所用。

【千金小姐】 古代对富贵人家的未婚女儿的尊称，含有金贵之意。"千金小姐"来源说法不一，相传伍子胥父兄被楚平王杀害，伍子胥逃离楚国，投奔吴国。途中饥困交加，见到一位浣纱姑娘竹筐里有饭，于是上前行乞。姑娘慨然相赠。伍子胥饱餐之后，出于安全原因，要求对方为他的行踪保密。姑娘感觉人格受到污辱，随即抱石投水而死以明志。伍子胥羞愤之下，咬破手指，在石上血书："尔浣纱，我行乞；我腹饱，尔身溺。十年之后，千金报德！"后来，伍子胥在吴国当了国相，吴王调遣劲旅攻入楚国，"掘楚平王墓，出其尸鞭之三百"。伍子胥报仇之后，又想到要报恩，但苦于不知姑娘家地址，于是就把千金投入她当时跳水的地方。后"千金小姐"成为对别人女儿的敬称。

【迁】 指官员被贬谪或放逐。被贬谪或流放去外地为官者称为迁客。范仲淹《岳阳楼记》："迁客骚人，多会于此，览物之情，得无异乎？"

【谦称】 表示谦虚的自称。古人除了自称姓名表示自谦外，还有许多形式。"愚"是谦称自己不聪明；"鄙"是谦称自己学识浅薄；"敝"是谦称自己或自己的事物不好；"卑"是表示身份低微；"窃"有私下（私自）之意，使用它常有冒失、唐突的含义；"仆"是谦称自己是对方的仆从，使用它有为对方效劳之意；"不才"（不佞）是谦称自己没有才能；"不肖"是谦称自己没有本事，不能继承祖辈德行；"不敏"是谦称自己才思不敏捷，比较愚钝。用"寒舍""敝舍"谦称自己的家。帝王常用谦辞"孤"（小国之君）、"寡"（少德之人）、"不谷"（不能像谷物一样供养人们）等自称。

【黔首】 战国时秦国及后来秦王朝对平民的称谓。黔，黑色。黔首，犹如黑头。据说秦国平民皆用黑布包头，故名。贾谊《过秦论》："于是废先王之道，焚百家之言，以愚黔首。"

【秦晋之好】 指结为婚姻关系。春秋时，秦晋世代联姻，后称两姓联姻关系为"秦晋之好"。

【青庐】 用青布搭成的帐篷。东汉至唐代举行婚礼时，北方有在住宅西南角搭建青庐，新娘经过毡席进入青庐举行结婚仪式的风俗。《孔雀东南飞》："其日牛马嘶，新妇入青庐。"

【青衣】 ①即黑色衣服，古时地位低下者所穿，婢女多穿，故也称婢女为"青衣"。②戏曲中的角色，大多穿青衣，属于旦行，主要扮演端正、严肃、正派的人物，一般是由青中年演员扮演，京剧中也称"正旦"。

【裘】 指皮大衣，毛向外，否

则不易看见毛的色泽。古代接见宾客时，裘衣上要加一件罩衣，叫"裼"，否则被认为不敬。裼衣和裘颜色要相配。《论语·乡党》："缁衣，羔裘；素衣，麑裘；黄衣，狐裘。"庶人穿犬羊之裘，不加裼衣。

【趋】 小步快走，表示恭敬。臣见君时的礼节。刘向《战国策·赵策》："入而徐趋。"

【人日】 即每年农历正月初七，又称"人节""人胜日""人庆节"。传说女娲创世之初按顺序造物，一日为鸡，二日为狗，三日为猪，四日为羊，五日为牛，六日为马，七日为人。所以这一天是人类的生日，故有"七日不行刑"的说法。唐宋以前，这一天家家吃"七元"，即用蔬菜谷料等七种东西混煮而成的七宝羹祈福；戴"人胜"，即用彩纸或金箔、银箔剪成的人形或花样发饰"纳吉"。高适《人日寄杜二拾遗》："人日题诗寄草堂，遥怜故人思故乡。"

【人殉】 即古代葬礼中以活人陪葬的陋习。出现于原始社会末期，盛行于奴隶制时代，春秋末期和战国初期式微，汉代以后基本绝迹。一般是为死去的氏族首领、家长、封建主殉葬。被殉葬者多是死者的近亲、近臣、近侍，以及战争中的俘虏等。司马迁《史记·秦本纪》载，秦武公葬时，从死者六十六人；秦穆公葬时，从死者一百七十七人。司马迁《史记·秦始皇本纪》载，秦始皇葬时，秦二世令后宫妃嫔等，无子者一律"从死"，而且把工匠都关在陵墓里。后世改人殉以俑代替，有木俑、土俑。

【三书六礼】 古人结婚的整套礼仪。"三书"是结婚过程中所用的聘书、礼书、迎书三种文书，是古时保障婚姻的有效文字记录。"聘书"是订亲之文书，在纳吉（男女订立婚约）时，男家交予女家之书柬。"礼书"是在过大礼时所用的文书，列明过大礼的物品和数量。"迎书"是迎娶新娘之文书，是迎接新娘过门时，男方送给女方的文书。"六礼"是从议婚至完婚过程中的六种礼节。参见"礼仪风俗民俗"之"六礼"。

【山陵崩】 古时对帝王或诸侯死亡的委婉说法。刘向《战国策·赵策四》："一旦山陵崩，长安君何以自托于赵？"

【上巳】 中国传统节日，亦称"三月三"。魏晋以后，上巳节固定在三月三日。旧俗是"修禊"，即在水边洗濯污垢，祭祀祖先。后来演变为水边饮宴、郊外游春。杜甫《丽人行》："三月三日天气新，长安水边多丽人。"

【少牢】 古代祭品，指猪、羊各一头。欧阳修《伶官传序》："其后用兵，则遣从事以一少牢告庙。"参见"礼仪风俗民俗"之"祭品"。

【舍弟】 古代在别人面前说到比自己小的家人时，要在前面用"舍"字，表示谦虚。如称弟弟、妹妹为"舍弟""舍妹"。

【社稷】 古代帝王、诸侯祭祀的土地神和谷神，土地神叫"社"，五谷之神叫"稷"。在古代，帝王祭祀土地神和谷神是国家大事，十分隆重，故以"社稷"代称国家。古代礼制规定，"左宗庙，右社稷"，社稷坛一般建在王宫前的右侧，与太庙对称。司马迁《史记·陈涉世家》："将军身被坚执锐，伐无道，诛暴秦，复立楚国之社稷，功宜为王。"

【社日】 我国古代专门祭祀土地神的节日，一般在立春、立秋后的第五个戊日（春分、秋分前后），分别叫春社、秋社。此日人们相聚欢饮，祭神酬恩，迎神赛会。王驾《社日》："桑柘影斜春社散，家家扶得醉人归。"

【绅】 古代士大夫束在衣外的丝织大带（或皮做的小带），用来悬玉饰，后借指束绅的人，如乡绅、绅士等。

【十恶不赦】 西汉有"大逆不道不敬"罪，北齐法典《齐律》在此基础上总结出"重罪十条"，犯此十罪者，不在赦免之列。隋朝又引入佛教"十恶业"的说法，形成"十恶不赦"罪。具体是：一曰谋反，为十恶之首；二曰谋大逆，指毁坏皇家宗庙、陵墓和宫殿等；三曰谋叛，指背叛朝廷；四曰恶逆，指殴打甚至谋杀尊长；五曰不道，指杀别人一家三口以上或肢解人，以及用巫蛊害人；六曰大不敬，指冒犯帝室尊严，通常为偷盗皇家祭祀的器具和皇帝日用品等；七曰不孝，指对祖父母、父母不孝，或守制期间作乐等；八曰不睦，指谋杀亲属，或女子殴打、控告丈夫等；九曰不义，指官吏之间互相杀害，士兵杀将领，学生杀老师，女子在丈夫死后立即改嫁等；十曰内乱，指亲属之间通奸等。现形容罪大恶极，不可饶恕。

【士】 指春秋以前最低级的贵族阶层。周代诸侯受封国于天子，卿、大夫受采邑于诸侯，士受禄田于卿、大夫。天子有天下，诸侯有国，卿、大夫有家。家是卿、大夫领管的区域，担任家的官职的通常是士，称为家臣。春秋以后"士"又成了武士、文士的称谓，再后通称统治阶级中的知识分子。

【筮仕】 古人迷信做法，出仕做官前往往先占卦卜问吉凶，后称初次做官为"筮仕"。杨炯《薛振行状》："遂乃弹冠筮仕。"

【谥号】 是帝王、诸侯、卿大夫、高官重臣死后，朝廷根据死者生前的品德事迹给予的带有褒贬倾向的称号。始于周代，止于清末，秦代曾一度废除。帝王的谥号由礼官议定，经继位皇帝认可；臣下的谥号，由朝廷赐予。主要分为：①表扬类。褒扬天下治理得好称"文"，如汉文帝。褒扬武功显赫称"武"，如周武王。褒扬睿智圣明称"昭"，如孝昭帝。褒扬本性柔和仁爱称"惠"，如汉惠帝。褒扬开辟疆土、使远方归附称"桓"，如齐桓公。褒扬广施德义称"景"，如齐景公、汉景帝。褒扬政通人和称"成"，如汉成帝。褒扬才德照临四方称"明"，如晋明帝。②批评类。批评行为不轨称"灵"，如晋灵公。批评杀戮无辜称"厉"，如周厉王。批评贪色、不守礼法称"炀"，如隋炀帝。③同情类。表示恭仁短寿称"哀"，如汉哀帝。表示和善可亲称"怀"，如晋怀帝。表示在位而遇祸称"愍"，如晋愍帝。后世谥号除帝号外，大多用两个字。如诸葛亮为"忠武"，岳飞为"武穆"，萧统为"昭明"，张良为"文成"，范仲淹为"文正"。④私谥类。私谥是有名望的学者、文人死后由其亲友所加。如陶渊明死后，颜延年为他作诔（叙述死者生前事迹，表示哀悼），谥为"靖节"。

【室名斋号】 古代文人雅士常常自取或由他人代取其居室、书斋的名号。通常也成为书斋主人的代称。

【世子】 古称天子、诸侯的嫡长子为世子。后称继承王位、爵位者为世子。到明清两代，亲王的嫡长子，才能封为世子。

【守制】 古人去世后，其后人需要遵循的守丧制度，是礼制中孝道的体现，期限为三年。《论语·阳货篇》："子生三年，然后免于父母之怀。"婴幼儿出生三年后，可以脱离父母怀抱，因此也守丧三年作为回报。守丧期间，守丧者不得嫁娶，不得有任何庆祝活动，不得在节日拜访亲友。在汉代察举中，守丧者不得被举荐；在科举考试中，守丧者不得应考。官员必须告假回家守制，称为丁忧。有的孝子在父（母）墓前搭建简陋草庐独居三年。

【寿】 以酒或物向别人祝寿。司马迁《史记·项羽本纪》："沛公奉卮酒为寿。"

【菽】 豆类的总称。秦汉以后称大豆。《诗经·小雅·小宛》："中原有菽，庶民采之。"

【黍】 北方称"黍子"，去皮后又叫"黄米"。《论语·微子》："止子路宿，杀鸡为黍而食之。"

【数九寒天】 "数九"又称"冬九九"，是中国民间一种计算寒天与春暖花开日期的方法。从冬至（阳历12月的21日或22日）当天开始计算，每九天为一"九"。通常是"三九""四九"时段最冷。数九寒天，意思是指冬天最寒冷的日子。

【束脩】 又称肉脯。《论语·述而》："自行束脩以上，吾未尝无诲焉。""脩"即细薄的长条肉干，类似腊肉，一束为十条。古时私塾的学生拜师时，奉赠的礼物叫"束脩"，即"十条腊肉"，这是孔子规定的拜师礼。后世出现"束脩六礼"，包括"肉干、芹菜、龙眼干、莲子、红枣、红豆"六礼，代表"谢师恩、业精于勤、启窍生智、苦心教学、早日高中、大展宏图"的特殊寓意。送束脩表示学生对老师的尊敬，后代指拜师费、学费。

【庶子】 古代指妾所生的儿子，也称"庶孽""庶男"，一般不能承奉祖庙的祭祀和承袭父祖的封爵。

【"死"的称谓】 ①按等级分类："天子死曰崩，诸侯死曰薨，大夫死曰卒，士曰不禄，庶人曰死。"（《礼记·曲礼下》）②按死因分类：古代男主人死后，其妻妾、奴隶随同埋葬称为"殉葬"；人们生病而死叫"病故""病亡"；自杀而死称"短见"；为国家利益而死叫"殉国"；为公务牺牲叫"殉职"。③按不同年龄分类：未成年而病死叫"夭折""夭亡"；年老病死在家中，叫"寿终正寝"。④委婉地表达：把死叫作"归西""归天""百年""长眠""老了"等；对尊敬的学者大师的死称为"巨星陨落"；对尊敬的伟人的死称"逝"。

【肃拜】 中国古代拜礼中礼节最轻的一种。《周礼·春官·大祝》："九曰肃拜。"郑玄注："肃拜，但俯下手，今时揖是也。"只是拱手行礼，即现在的作揖。肃拜常见于军队之中。妇人行礼，主要也是肃拜。

【泰斗】 "泰山北斗"的简称，指有名望、有影响、为众人敬仰的杰出人物。最初指的是唐代文学家韩愈。《新唐书·韩愈传》："自愈没（死后），其言大行，学者仰之如泰山北斗云。"此处用"泰山北斗"比喻人们对韩愈的推崇和敬仰之情。后来，人们习惯用"泰山北斗"的简称"泰斗"指称文学界的领袖人物。

【太牢】 古代祭品，指祭祀时牛、羊、猪全备。

【泰山】 岳父的别称。源于唐代段成式《酉阳杂俎》，唐玄宗李隆基要封禅泰山，封禅使由丞相张说担任，他的女婿郑镒随行。按照旧例，随皇帝参加封禅后，丞相以下的官吏可以升一级。郑镒本是九品官，张说把他直接提成五品官。唐玄宗觉得很奇怪，问其原由，郑镒吞吞吐吐回答不上来。这时宫廷艺人黄幡绰代他回答："此泰山之力也！""泰山"一语双关，既指封禅一事，又指岳父，故名。

【袒臂礼】 又叫"左右袒"，是一种古代特定场合下的特殊礼节。大约产生于春秋战国。是指露出左手臂或右手臂，以表示拥护哪一方面的意思。一般用于事态严重的场合，通过"袒臂"表示拥护谁，借以解决争端。

【汤婆子】 "汤",古代指滚水;"婆子"则戏指其陪伴人睡眠的功用。"汤婆子"是一种家庭取暖用具,形状为扁扁的圆壶,一般为南瓜形状,防止渗漏,上方开有一个带螺帽的口子,以灌热水,盖子内有屉子。有铜质、锡质、陶瓷等多种材质,灌足水的"汤婆子"旋好螺帽,再塞到一个相似大小的布袋中放在被窝里,晚上睡觉便十分暖和。宋时已有。因多数用锡制成,又称"锡夫人""汤媪""脚婆"。黄庭坚《戏咏暖足瓶二首·其一》:"千钱买脚婆,夜夜睡到明。"

【投刺】 古代礼节。"刺"指名刺或名帖,拜访上级或有名望的人时,要投刺以求相见或表示祝贺。

【外子】 古时妻子对丈夫的谦辞。钱大昕《恒言录》卷三:"梁,徐悱有《赠内诗》,又有《对房前桃树咏佳期赠内诗》,其妻刘氏有《答外诗》。内外之称,起于是矣。"

【纨绔】 本意是古代一种用细绢织成的裤子,价格昂贵,富人才能穿,故把富家子弟称为"纨绔子弟"。

【挽联】 是办理丧事或祭祀先人时专用的对联,用以哀悼逝去之人,表达对逝去之人的一种敬意与怀念。是从"挽词"演变而来。

【万福】 唐宋元明时妇女相见行礼,双手重叠于胸前右下侧上下移动,同时微微鞠躬,嘴里说着"万福"。后来用"万福"作为妇女行礼的代称。

【文定】 古代订婚的代称。相传周文王卜得吉兆纳征订婚后,亲迎太姒于渭滨。《诗经·大雅·大明》:"文定厥祥,亲迎于渭。"

【五菜】 指中国古代最主要的五种蔬菜作物。春秋、战国、秦汉时期,中国蔬菜品种较少,当时最主要的蔬菜有五种:葵、韭、藿、薤、葱。后泛指各种蔬菜。

【五服】 古人用丧服的五个等级表示血统亲疏,简称五服。五服之内为亲,五服之外为疏。五服的名称是:斩衰、齐衰、大功、小功、缌麻。"斩衰"是用最粗的生麻布做成,衣旁和下边不缝边,所以叫斩(即不缝缉),为三年丧服,在五服中最重。"齐衰"是熟麻布做成,因缝边整齐,所以叫"齐衰",一般是一年丧服。"大功"比"齐衰"精细,为九个月的丧服。"小功"比"大功"精细,是五个月的丧服。"缌麻"比"小功"更精细,为三个月的丧服,是五服中最轻的一种。为父母服丧是三年,庶子为嫡母服丧也是三年,穿斩衰;但嫡子为庶母服丧只有一年,穿齐衰。丧服涵盖范围之外,就是"五服"之外(即民间说的"出了五服"),就是远亲。俗语"远亲不如近邻",说的就是出了宗族五服之外的亲戚不如邻居关系亲近。

【五更】 旧时自黄昏至拂晓一

夜之间分成五个时间段,有甲、乙、丙、丁、戊五个关键时间点,用鼓打更报时,谓之"五更",又称"五鼓""五夜"。一更鼓关闭城门、二更鼓上床睡觉、三更鼓半夜换日期、四更鼓睡得最沉、五更鼓天光开城门。

【五谷】 是古代对粮食作物的称谓。说法不一,一般指稷、黍、麦、菽、麻。

【五礼】 是始于西周的五大类礼仪,即以祭祀事为吉礼,冠婚事为嘉礼,宾客事为宾礼,军旅事为军礼,丧葬事为凶礼。其中,吉礼是五礼之冠,主要是对天神、地祇、人鬼的祭祀典礼;凶礼是哀悯吊唁忧患之礼,用以礼哀死亡、灾祸、寇乱等;军礼是与军事有关的礼仪,用以战前动员,鼓舞士气;宾礼是对来访宾客的礼仪,以示尊重;嘉礼用于国家或人民日常生活中对于比较高兴的事情的庆祝。五礼在西周形成之后,春秋战国时期曾一度遭到破坏,即所谓"礼崩乐坏"。孔子所创立的儒家学派对周代礼制进行了继承和发扬。汉代时,儒士叔孙通以五礼为参考设计的"礼仪"被汉高祖采纳为宫廷礼仪。自此,五礼成为后世历代帝王乃至民间礼仪的基本骨架,在国家政治和人们日常生活中影响深远,很大程度上促使了中国被称为"礼仪之邦"。

【五爪龙袍】 中国古代皇帝、皇后的龙袍上绣的龙是"五爪", 皇太子、皇子、亲王、世子、郡王穿的蟒袍上绣的也是"五爪",清代贝子、贝勒的蟒袍上的蟒都是"四爪"。可以通过辨别颜色来区分五爪龙袍与五爪蟒袍。皇帝、皇后的龙袍是明黄色,皇太子的蟒袍只能用杏黄色,皇子的蟒袍只能用金黄色,亲王、世子、郡王则只能用蓝色或石青色。

【牺牲】 也称"三牲",古代天子或诸侯祭祀时把宰杀的牛、羊、猪等牲畜叫作"牺牲"。做祭祀用的毛色纯一的动物叫"牺";体全的动物叫"牲"。后来也有指鸡、鱼、猪为"三牲"。《左传·庄公十年·曹刿论战》:"牺牲玉帛,弗敢加也,必以信。"

【西席】 即"西宾",古称家塾教师或幕友为西席。梁章钜《称谓录》卷八:"汉明帝尊桓荣以师礼,上幸太常府,令荣坐,东面(座位面向东),设几。故师曰西席。"

【先】 称谓前面加"先",表示已死,用于敬称地位高的人或年长的人。如称已死的皇帝为"先帝",称已经死去的父亲为"先考"或"先父"。

【消寒】 是古代文人雅士之间进行聚会、宴饮的一种习俗。北方天寒,冬至"入九"之后,同僚和挚友们每逢"九"日便相互邀请,举办规模不一的雅聚,人数必取"明九"或"暗九"（即 9 的倍数，如 18、27 等），大家坐在火炉旁用餐和饮酒，吟诗作画，而酒令、餐品和诗画也都要与"九"有关，消解寒气的同时遣性娱情。

【小人】 ①西周、春秋时代对劳动人民的称呼。②指道德低下的人。前者与"大人"相对，后者与"君子"相对。诸葛亮《出师表》："亲贤臣，远小人，此先汉所以兴隆也；亲小人，远贤臣，此后汉所以倾颓也。" ③旧时地位低的人对上自称的谦词。施耐庵《水浒传·林教头风雪山神庙》："自从得恩人救济，赍发小人，一地里投奔人不着。"

【"笑"的说法】 微笑称"莞尔""粲然""嫣然"；欢笑、大笑称"捧腹""喷饭""发噱""绝倒""解颐""解颜""拊掌大笑""哄堂大笑"；笑话别人称"哂笑""嗤笑""讥笑"；勉强装笑称"讪笑"；装着笑脸巴结人称"谄笑"；暗笑、窃笑称"掩口胡卢"。

【谢公屐】 古代人们穿木屐，晋代诗人谢灵运发明了登山木屐，即在鞋子下面再加一个木底，前后都装有木齿。在上山时去掉前面的鞋齿，下山时去掉后面的鞋齿，就可以保持上下山时身体的平衡，后人把这种活齿木屐叫作"谢公屐"。

【衅】 用牲血涂器物祭祀。古时新制成器物，必杀牲口取血涂在其孔隙上，并举行祭祀仪式。后成为一种礼制，凡重要器物（钟、鼓等）制成，定杀牲取血涂在上面。《左传·秦晋殽之战》："不以累臣衅鼓。"

【姓氏】 上古时期有姓有氏。姓是一种族号，氏是姓的分支。姓和氏既有区别又有联系。夏商周以前，以母系为中心，妇女才称姓，不少古姓加"女"，如姜、姬、姚、嬴、姒等。其后，子孙繁衍，一族分为若干分支，分居各地，每支又各有称号，就是"氏"。上古贵族有姓，平民无姓。当时的"百姓"，指的是贵族。贵族中女子称姓，男子称氏不称姓。女子称姓是因为姓是用来区别婚姻的。上古有同姓不婚的规定。女子姓比名重要，所以待嫁的女子如果要加以区别，则在姓前冠以孟、伯、仲、叔、季，表示排行。如孟姜、伯姬、仲子、叔姬、季芈等。男子称氏，是因为姓是用来表明贵贱的，如远古传说的氏族，黄帝、姬姓；炎帝、姜姓；少昊、嬴姓。春秋末年以后，由于礼崩乐坏和战乱影响，姓与氏的界线慢慢模糊不清，人们有时称姓，有时称氏，姓氏逐渐合而为一。到汉代，通称为姓，此时上至天子下至平民都可以有姓。

【姓氏种类】 中国历史上出现过五千多个姓氏。①以国名为姓氏。如"齐""鲁"等。②以爵位、官名为姓氏。周朝乐正管音乐，其后代便姓"乐正""乐";贾正掌管商业,其后代便姓"贾"。③以居住地为姓氏。如"东方""西门""东郭"。④以职业、技艺为姓氏。如"巫""祝""屠"等。⑤以祖先的字、谥号或族号、庙号为姓氏。如周朝有文王、武王,其子孙分别姓"文""武"。⑥以排行、数字为姓氏。如"孟""仲""叔""季""陆""伍""万"等。⑦以植物名和崇拜的兽名为姓氏。如"杨""桑""牛""马"等。⑧因赐姓、避讳等原因改姓的。如赐姓"李"。⑨以少数民族的音译为姓氏。如"狄""苗""拓跋"等。

【凶礼】 古代五礼之一,指跟凶丧、灾难有关的礼节。具体包括丧葬礼、荒礼、吊礼、恤礼。丧葬礼是为死者举行的表达哀思的礼仪;荒礼是遇到旱涝灾害或瘟疫流行时,君王举行的一种表达自己体察灾情,为民分忧的礼仪;吊礼是在别的友邦国家遭受自然灾害或友好人士去世后,国家派人前往慰问的礼仪;恤礼是当邻国遭受政治动乱时,国家派人前往慰问的礼仪。后来,凶礼一般指丧葬、持服(即守孝)、封谥号等与死亡有关的礼仪。

【休沐】 古代官员工作五天或十天休假一天,休息沐浴,叫"休沐"。

【修禊】 古代到水边嬉戏游戏用来去除不祥的习俗。农历三月上旬的巳日(魏以后定于三月三日)的修禊活动叫"春禊",七月十四日的叫"秋禊"。

【虚左】 古人乘坐车辆时,车骑以"左"为尊位,空着左边的位置以待宾客称"虚左"。司马迁《史记·魏公子列传》:"公子从车骑,虚左,自迎夷门侯生。"后经过演变,"虚左"就表示对人的尊敬。在"待客"或"给某人留下官位"时,常谦称"虚左以待"。"虚左以待"成为尊重人的一种礼节。

【筵席】 "筵"和"席",都是古人的坐具。"筵"一般用蒲苇等粗料编成,较长大。"席"一般用竹篾等细料编成,四边用帛围缀,做工较精致。"筵""席"常合在一起用,"筵"先铺放于地,"席"则放在"筵"上面。到隋唐时期,椅凳出现,人们进食时不再铺"筵""席"而坐,于是"筵席"意义改变,不再指坐垫,而是指宴饮的酒席。

【衣】 古时候上衣称"衣"。短上衣叫"襦",只达腰部,长襦可达膝盖。一般人平时穿襦,诸侯、士大夫平时穿上下衣相连的"深衣"。

【揖】 古代拱手为礼。《仪礼·乡饮酒礼》:"推手曰揖。"根据施礼对象的不同,推手时有高、平、下之别。《周礼·秋官》:"土揖庶姓,时揖异姓,天揖同姓。"对没有亲属关系的异姓,用土揖,推手时稍微往下。对有姻亲关系的异姓，则用时揖，平推手。对同姓，是同一个族的，就用天揖，推手时稍微举高齐额。

【揖让礼】 古代宾主相见时的礼节。"揖"是作揖，双手抱拳打拱，身体向前微倾；"让"表示谦让。这是一种大众化的礼节，一般用于宾主相见时，或平辈间比较随便的场合。"打拱作揖"既是一种引见，也表示一种寒暄问候。

【姻亲】 由婚姻关系形成的亲属，亦称"亲戚"。《左传·襄公二十五年》："今陈忘周之大德，蔑我大惠，弃我姻亲。"

【媵】 春秋时代诸侯嫁女，以侄娣从嫁，称"媵"。《公羊传·庄公十九年》："媵者何？诸侯娶一国，则二国往媵之，以侄、娣从。侄者何？兄之子也。娣者何？弟也。"诸侯娶一国之女为妻（嫡夫人），女方以兄弟之女、妹妹等人随嫁，此外还有两个和女方同姓的女子陪嫁，亦各以侄娣相从，统称为"媵"。嫡夫人是正妻，媵是非正妻，但身份比较尊贵，与妾不同。秦以后"媵"制度消亡。

【右衽】 汉服衣襟向右掩，用布条系结，然后在腰间束带，叫"右衽"。

【羽扇纶巾】 汉朝末年，贵族士人用头巾包裹头发，头巾的飘带下垂，称为纶巾。三国时期，戴头巾、握羽扇是当时士人的普遍装束。因诸葛亮名声显赫，后人又把"纶巾"称为"诸葛巾"。"羽扇纶巾"也成为儒雅智慧的象征。

【遇】 古代诸侯不在规定的时间或地点忽然相见，就叫"遇"。诸侯途中相遇，依据各自的都城远近来划分主宾，地近的一方为主，双方用主宾之礼接待。《左传·隐公八年》："春，宋公、卫候遇于垂。"

【月老】 媒神。传说月下老人为主管婚姻之神，故以之代称成人之美的媒人。亦称"伐柯人"。

【再拜】 古代礼节，先后拜两次，表示隆重。后在书信末尾常用"再拜"表示敬意。

【葬礼】 是安葬并悼念死者的礼仪，属于"五礼"之中的凶礼。古代葬礼分复、殓、殡、葬、服等几个阶段。"复"是人死后活人上屋顶面向北方为死者招魂。"殓"是给尸体裹上衣衾装进棺材。"殡"是入殓后停丧待葬。"葬"是将棺椁埋入地下。"服"是为死者守孝服丧。

【帻】 又称巾帻。古代一种头部装饰，有压发定冠的作用，贵族是帻上再加冠。

【斋戒】 古人在祭祀或行大礼前，沐浴更衣，不喝酒，不吃荤，表示诚心致敬，称为"斋戒"，简称"斋"。司马迁《史记·廉颇蔺相如列传》："赵王送璧时斋戒五日，今大王亦宜斋戒五日，设九宾于廷，臣乃敢上璧。"

【占卜】 古代预测吉凶或气象的活动。"占"是观察，"卜"是以火灼龟壳，观察其裂纹形状以预测吉凶福祸。

【丈夫】 古代成年男子称"丈夫"。谷梁赤《谷梁传·文公十二年》："男子二十而冠，冠而列丈夫。"当作为女子的配偶意时，古代称呼较多：宋代宫廷中称"丈夫"为"官家"；平民称"丈夫"为"官人"；官宦人家称"丈夫"为"老爷"；雅称、爱称丈夫为"郎君"。

【昭穆】 周代贵族用"昭""穆"区别父子两代，隔代的字辈相同。古公亶父的下一代王季是"昭"辈，王季的下一代文王是"穆"辈。文王的下一代武王又是"昭"辈，武王的下一代成王又是"穆"辈。以后各代依此类推。在宗庙、墓地和祭祀上，始祖居中，昭的位次在左，穆的位次在右。

【执手】 表示亲昵的行礼方式，和现在的握手相似。最先见于《诗经·邶风·击鼓》："执子之手，与子偕老。"

【贽】 古人初次拜见时带的礼物。宋濂《送东阳马生序》："撰长书以为贽，辞甚畅达。"

【中秋节】 中国传统节日，阴历八月十五日在秋季的中间，故名"中秋节"，又称"团圆节""女儿节"。古代姑娘们有在这天晚上用月饼或切成花篮状的西瓜等圆形食品祭月的习俗，寓意合家团圆。祭月后全家喝桂花酒、赏月、吃月饼。后祭月习俗逐渐消失，主要成为全家团圆的节日。

【中元节】 中国传统节日。农历七月十五日是"中元节"（道教名称），或称"盂兰盆节"（佛教名称），民间称"鬼节"，旧俗有祭祀亡故亲人的活动。

【属纩】 人之将死时叫"属纩"。"属"是放置的意思，"纩"是新絮。据说古人把很轻的新絮放在临终的人的口鼻上，试看是否断气。后世以"属纩"为人临死的代称。

【字】 古人"字"与"名"互为表里，因而也称"表字"。旧时男子二十岁举行冠礼、女子十五岁举行笄礼时取字，表示成人。古代平民无字。一般字和名有意义上的联系。①名与字意义相关。孟轲，字子舆，"轲"指接轴车，"舆"指车厢。②名与字意义相同。曹操，字孟德，"德"与"操"同义。③名与字意义相反。韩愈，字退之，"愈"为加，"退"为减。④其他原因。孔子，字仲尼，因其父求拜于尼丘山得孔子，故名丘。周代时男子在字前加"孟(伯)""仲""叔""季"表示排行，如曹操，字孟德；高启，字季迪。有的在"字"后加"甫""父"（对男子的美称）表示性别。如仲尼父、伯禽父。

【宗法】 中国古代以家族为中心、根据血缘远近区分嫡庶亲疏的一种等级制度。在封建社会，许多家事、族事、纠纷都通过宗法来解决。

【宗庙】 秦汉起称"太庙"，是天子或诸侯祭祀祖先的场所。宗庙的数量和建立有严格的规定：天子七庙（供奉七代祖先）、诸侯五庙、大夫三庙、士一庙。古代宗庙里祖先的牌位上不直书其名，另起庙号以示尊敬，常用"祖""宗"二字，如汉高祖、唐太宗等。如果宗庙被毁，则表明国家灭亡。

【宗子】 宗子即嫡长子，依据古代宗法，嫡长子继承大宗，为兄弟族人所共尊，故称宗子。因宗子为一宗之主，故又称"宗主"。

【足下】 最初指木头鞋子，后常用于平辈或是朋友之间的敬称。春秋时代，晋国公子重耳逃亡十八年，期间介子推曾割掉自己的大腿肉给他充饥。回国就位后，重耳忘记封赏介子推。介子推带着母亲隐退山林，晋文公知道后，派人寻访，但介子推始终不来，后来晋文公命人放火烧山，想逼他出山相见。介子推淡泊名利，最后抱着母亲在一棵树下被烧死。为了纪念他，晋文公派人将这棵树砍回来做了一双木屐，穿在脚上，每每俯看木屐，就手拍双膝长叹："悲乎，足下！"此后，便以"足下"尊称好友。

【祖饯】 指举行筵饮送别、祭祀路神的仪式。"祖"，祭祀路神。亲朋好友祭祀路神、祷告路神保佑外出亲人路途平安，又称"祖道""祖行"。行人自行祷祝,然后洒酒于地，叫"爵"。"饯"指亲友在郊外岔道口设亭帐，用酒食飨饮行人，祝行人路途平安。后来，"祖""饯"合而为一，表离别送行之意。

【尊号】 封建时代皇帝、皇后、皇太后在世时的称号，一般用于外交、礼仪、祭祀等。尊号和徽号一样，是用美好的词语称颂帝王和皇后的，表示尊敬和褒美的意思。在秦末汉初时，尊号就已经出现了，唐代起广泛使用。有的尊号是帝王生前就奉上的，如唐玄宗为"开元圣文神武皇帝"，宋太祖为"应天广运仁圣文武至德皇帝"；有的是帝王死后追尊的，如唐高宗为"神尧大圣大光孝皇帝"。尊号可在帝王死后留作谥号。臣子可以不断奉上尊号，多次加号或用新号，有时逢庆典时累加，这样尊号随着年代而累加，以至称号越来越长，多者可达二十多字。因尊号称呼不便，明清时多改用年号称之。皇帝的尊号不需避讳，上至王公贵族，下至平民百姓都可以叫。

【坐】 坐礼的一种。在古代，两膝着地，臀部压在脚后跟上是"坐"。两膝着地，直身，股不着脚跟，是"跪"。

跪而挺腰耸身，是"跽"。古代最初尚无椅凳，人们都坐于席（草垫、竹垫）上，因而称"席地而坐"。坐时，人们要"虚坐尽后，食坐尽前"，即非宴饮之时，要求尽量靠后坐，以便与别人拉开距离，表示谦恭；宴饮之时，要尽量靠前坐，以免食物玷污座席。坐时要保持谦恭之态，往往挺直腰身、端坐，谓之"正襟危坐"。

【座次尊卑】 ①"堂"中坐次。室的户牖之间，朝向南面，即坐北朝南为尊位，故古人常说"南面""南向"。坐东朝西次之，坐西朝东再次之，坐南朝北最次。②"室"内坐位。坐西向东为尊，其次为坐北向南，再次为坐南向北，最末是坐东向西。司马迁《史记·项羽本纪》："项王、项伯东向坐，亚父南向坐……沛公北向坐，张良西向侍。"③屋舍方位。建筑多坐北朝南，以北为尊。北房为正房，东次之，西再次之。如帝住北房（正宫），后、太子住东宫，妃子住西宫。④朝堂尊卑。以东（右）为尊，以西（左）为卑。封建社会重文轻武，文臣列于东（右），武臣排在西（左）。⑤车座尊卑。客车，尊在左，御居中，陪乘在右。司马迁《史记·魏公子列传》："公子从车骑，虚左，自迎夷门侯生。"兵车，弓在左，御在中，矛在右。帅车，尊在中(主帅自掌旗鼓)，驾车人在左，警卫在右。《左传·僖公三十三年》："子墨衰绖，梁弘御戎，莱驹为右。"⑥区域方位。旧称豪门望族为右族或闾右、豪右；称平民百姓为闾左。⑦官位尊卑。古代官位多以右为尊，左表示卑下。贬官称"左迁"。司马迁《史记·陈丞相世家》："孝文帝乃以绛侯勃为右丞相，位次第一；平徙为左丞相，位次第二。"

国学常识观止

导读

科技艺体中医

中国古代科学技术对世界文明做出了巨大的贡献。从远古时代开始积累,春秋、战国奠定基础,两汉、宋元出现两次高潮,中间经魏晋南北朝的充实提高和隋唐五代的持续发展,在四千多年漫长的历史长河中,春秋、战国、两汉(尤其是东汉)与宋元(尤其是北宋)时期,中国古代科学技术呈现出阶段性的发展高潮。纵观整个发展历程,我国古代科学技术的发展世代相传、连续积累,使得16世纪以前的中国科学技术一直处于世界领先地位。明万历以后,中国科技的发展虽比同时期的西方而言已经大为落后,但仍有缓慢进展,也出现了一系列集大成的著作,传统科学思想从高峰走向总结。

琴、棋、书、画、武术等是中华优秀传统文化的组成部分。中国书法起于先秦,以实用为主,当时主要是甲骨文、金文、石鼓文;至秦汉"书同文",汉字定型,书法逐渐成为艺术,出现篆书、隶书、草书;三国、两晋出现楷书、行书;魏晋、南北朝成为书法的第一个高峰;至唐代,各种书体全面发展,达到了第二个高峰;宋元时期崇尚写意;明初科举"台阁体"盛行,阻碍了书法的个性发展;清代分为帖学派和碑学派,主张复古。

中国美术中可考的最早绘画是象形文字,故称"书画同源"。随着文明的发展,绘画和文字分离,除了简单记录真实生活,也成为装饰的主要手段。东周时以人物为绘画的主要题材;春秋时开创写实画风;两汉至西晋,毛笔成为中国画的主要工具,字、画相互影响,使得中国画始终更重视线条;至唐代,宫廷画成为主流,山水画成为中国画的重要主题;五代画家发明"皴"的技法;两宋至元代,中国山水画被推向顶峰;明清时期则侧重市井题材。

中国古代体育项目可归结为五类:第一类是从生产实践活动和军事战斗技能中转化出来的活动项目,包括射箭、田径以及水上与冰雪运动项目;第二类是具有技击和保健特色的武术与养生活动;第三类是蹴鞠、马球等娱乐特色活动;第四类是在春秋时期已经相当普及的、具有益智特点的棋类游戏;第五类是龙舟竞渡等具有地域和民俗时令特点的民俗活动。古代艺术、体育等在各个不同历史阶段的表现形式和发展方向,均呈现出鲜明的时代色彩。

中医伴随着五千年的文明史,源远流长。远古的"神农氏尝百草之味,一日遇七十毒""伏羲尝味百药而制九针以拯夭枉"为中医药之源。古代巫、医同源,使得中医具有鲜明的人文特色。春秋、战国时期,医学逐渐从巫术中分离,中国古代哲学思想成为中医的灵魂,中医具有了辨证论治的宏观思想治疗体系。从第一部医学典籍《黄帝内经》起,出现了汉代张仲景的《伤寒杂病论》、明代孙思邈的《千金方》、李时珍的《本草纲目》等医学巨著,涌现出了许多医学名家。

【八大山人】 朱耷（1626年~约1705年），中国清代画家和书法家，僧人，清初"四大画僧"之一。江西南昌人，明太祖朱元璋第十六子宁王朱权的后裔，明亡后出家。一生字、号、别号极多。"八大山人"是他晚年弃僧还俗后的文号，直至80岁去世，以前的字号均弃而不用。他在署款时，常把"八大山人"四个字连缀起来，写成"哭之""笑之"的字样。八大山人以水墨写意画著称，尤以花鸟画见长。他的绘画取法自然，又独创新意；师法古人，又不拘泥于古法；笔墨简练，以少胜多，笔简形具，形神兼备。

【拔罐】 中医常用的一种治疗手段。以杯、罐做工具，借助热力，排去罐中的空气，产生负压，使罐在一定时间内持续吸着于皮肤。早期的拔罐是一种吸脓的方法，后根据经络腧穴理论，成为理疗保健的一种手段。

【拔河】 源于春秋时期楚国的一种传统运动项目。楚国水军曾发明兵器"钩拒"，专用于水上作战。当敌人败退时，军士以钩拒将敌船钩住，使劲往后拉，使之逃脱不了。后来钩拒从军中流传至民间，演变为拔河比赛。

【白描】 指中国画中单用墨色线条勾描形象而不施彩色的画法。白描可分为单勾和复勾两种。单勾即用线一次勾成，或用一色墨，或根据不同对象用浓淡两种墨；复勾则先以淡墨勾成，再根据情况进行复勾，其线条并非依原路刻板地复迭，要求流畅自然，以达到加强画面质感和浓淡变化的效果。白描画法具有朴素简洁、概括明确的特点，因而常用于人物画和花鸟画。

【百戏】 源于汉代，是各种民间表演艺术的泛称。原本涵盖广泛，包括各种乐舞、说唱、戏耍等，宋代之后仅用于称呼杂技一类的表演。

【笔法】 指写字作画用笔的方法。中国书画主要以线条表现，所用工具都是尖锋毛笔，要使书画富有变化，必须讲究执笔。在运笔时的轻重、快慢、偏正、曲直等方法，称为"笔法"。

【编钟】 钟的一种，又叫"歌钟"，是中国古代一种重要的打击乐器。由若干个大小不一的钟按照音阶有序排列悬挂在木架上而构成，每个钟的音高各不相同。古代的编钟是帝王和贵族专用的乐器，多用于宫廷演奏。每逢重大事件如征战、朝见或祭祀等活动时进行演奏。

【扁鹊】 战国时著名医学家，反对巫医，倡导脉学。姓秦，名越人，渤海群郑(今河北任丘北)人；一说为今山东济南市长清区一带人。扁鹊总结出望（看气色）、闻（听声音）、问（问病情）、切（按脉搏）的诊断方法。他周游列国行医，为民解除痛苦，后因为秦武王治病,被太医令李醯嫉妒杀害。

【变脸】 传统戏剧表演特技之一。起于明代,最先用于神怪角色,当时的变脸是演员进入后台改扮,后逐渐演变为当场变脸,以川剧变脸最为著名。变脸主要用于表现剧中人物惊恐、绝望、愤怒等情绪的突然变化。变脸有大变脸、小变脸之分。大变脸系全脸都变,有三变、五变乃至九变;小变脸则为局部变脸。变脸的主要手法有三种:抹暴眼、吹粉、扯脸。"抹暴眼"是演员用手指抹预存于眉头或鬓角的墨青,一抹即变;"吹粉"是演员吹起色粉,改变脸色;"扯脸",是把面具一层一层套在脸上,变时一个个扯下来。

【辨证施治】 中医理论,即运用"四诊"所获症候,用中医的方法(三因、四诊、六经、八纲等)进行辨证分析,得出病因,同时注意人体总体状况和病情的发展趋势,根据不同症状,采用与之相应的治疗方法和药物。辨证是施治的依据,施治是治疗的目的。辨证的主要方法有:辨病位、辨病因、辨病机。

【冰戏】 亦称"冰嬉",是各种冰上体育活动的泛称,包括跑冰、花样滑冰、冰上执球与踢球以及冰上杂戏等,是北方人在寒冷的冬季中的娱乐活动。冰戏在宋代的时候已经流行,到明代成为宫廷的体育活动,在清代最盛,同时成为一项重要的军事训练项目。

【伯远帖】 东晋书法家王珣写的信札,共5行,47字。此帖曾先后由宋宣和内府、明董其昌、清安岐、清内务府收藏。乾隆把此帖与王羲之的《快雪时晴帖》、王献之的《中秋帖》合称"三希",刻入《三希堂法帖》。

【卜儿】 元代戏曲中对老年妇女的称呼。

【彩陶】 陶器的一种,又称"陶瓷绘画"。一般指古代带有彩绘花纹的陶器,发源于新石器时代。一种是在陶胚的表面用黑、红色颜料画上几何图形、花卉、动物等花纹,烧成后,花纹附着器表,不易脱落。另有在陶器烧成后画形,彩易脱落,称"烧后彩绘陶"。

【草书】 书法的一种,有章草、今草、狂草之分。特点是狂放,用笔大起大落、连绵不断、一气呵成。汉代形成"章草",汉末出现"今草",唐代形成"狂草",逐渐成为完全脱离实用的艺术创作。

【长生殿】 清初剧作家洪昇创作的传奇剧本。剧本主要取材于唐代诗人白居易的《长恨歌》和元代剧作家白朴的剧作《梧桐雨》。剧本通过演绎唐玄宗和杨玉环之间的爱情故事,重点描写了天宝年间唐玄宗的昏庸腐败给国家带来的巨大灾难，对唐玄宗的穷奢极侈进行谴责，同时又对唐玄宗和杨玉环之间的爱情给予同情。清代初期，有许多人都在作品里影射和探索明代灭亡的教训，《长生殿》不仅间接表达了对明朝统治的同情，还寄托了对美好爱情的憧憬。剧本场面壮丽，曲词优美生动，具有浓厚的抒情色彩。

【唱念做打】 京剧表演艺术中最基本的四种艺术手段，是京剧演员以及所有戏曲演员必备的四种基本功。"唱"包括咬字、归韵、喷口、润腔等各种发音技巧以及吐字发声的方式，根据人物特点，用唱来表现人物的精神和内心；"念"，又称"念白"，有韵白和散白之分，是一种经过艺术提炼的语言，节奏感和音乐性很强。念白常常用来作为唱的辅助手段，以表达戏剧中人物的性格和内心，是京剧艺术重要的表演手段；"做"，是一种包括手、眼、身、步在内的规范化、舞蹈化的形体动作，用以突出剧中人物性格等特点；"打"是将传统的武术经过艺术加工变为舞蹈化的动作，分为把子功和毯子功两种。

【丑角】 戏曲角色之一，俗称"三花脸"。化妆时鼻梁上抹一块白，所扮人物根据其身份、性格可分为"文丑""武丑"，扮女性人物时称"彩旦""丑

旦"或"摇旦"。

【楚声】 又称"楚调""南音"，是春秋、战国时期楚地的音乐，也泛指长江中游、汉水流域至徐、淮间的音乐。"南音"一词始见于《左传》及《吕氏春秋》。代表作有《沧浪歌》《下里》《巴人》《阳阿》《薤露》等。屈原的《楚辞》也是模仿楚声而作。战国和两汉时是楚声的鼎盛时期，唐朝以后失传。

【传神论】 中国古代美术史中有关美学的一个命题。传神论出现在公元4世纪，直到唐代，传神论还是人物画的审美标准。中国画史上最早使用传神论的是东晋画家顾恺之，其尤重眼睛的刻画，作画数年不点眼睛。五代以后山水、花鸟画大盛，抒情寄意成为美学命题。自宋以后，写意论成为流行的审美准则。传神论由人物画扩大到山水画、花鸟画领域，"传神"一词，渐渐成为肖像画的专用语。

【传统中医四大名著】 指《黄帝内经》《难经》(《黄帝八十一难经》)《伤寒杂病论》《神农本草经》。

【春江花月夜】 是一首琵琶曲，又名《浔阳琵琶》《浔阳夜月》《夕阳箫鼓》。全曲中没有一件乐器是从头演奏到底，但又一气呵成，毫无断线之感。全曲分为十段，主要描绘月夜春江的迷人景色，赞颂江南水乡的优美风景，曲子旋律古朴、典雅，节

奏平稳、舒展，意境深远，具有很强的艺术感染力。

【淳化阁帖】 中国历史上首部大型名家书法集帖，又叫《淳化秘阁法帖》，简称《阁帖》，总共十卷。作为我国最早的一部丛帖，被誉为"法帖之祖"。

【蹴鞠】 又名"踢鞠""蹴球""蹴圆""筑球""踢圆"等。"鞠"系皮制的球，"蹴"即用脚踢，"蹴鞠"就是用脚踢球。它是中国一项古老的体育运动，有直接对抗、间接对抗和白打三种形式。起源于春秋、战国时期的齐国故都临淄，唐宋时期最为盛行。

【大濩】 西周制定的"六代舞"之一，是第五代乐舞。商汤时用于赞颂成汤伐桀的功绩，周代用于祭祀。表演时场面壮观、气势宏大，集商朝乐舞之大成。

【大韶】 西周制定的"六代舞"之一，是第三代乐舞，简称《韶》。因以排箫为主要伴奏乐器，又名《箫韶》，传说是舜时代的乐舞，周代用于祭祀"四望"（四方之神）。该乐舞有九场，歌有九段，即"箫韶九成"，故后世又称为《九韶》。《史记·夏本纪》："箫韶九成，凤凰来仪，百兽率舞。"孔子在齐国听《韶》乐之后"三月不知肉味"，并赞叹道："韶尽美矣，又尽善也。""尽善尽美"的成语由此得来。

【大武】 西周制定的"六代舞"之一，是第六代乐舞，简称《武》，周武王时期的乐舞，歌颂武王伐纣的功绩。周代用于祭祀祖先。舞分六段，分别为：击鼓出师，经战伐灭商，回师南征，巩固南疆，周公、召公分职而治，颂武王盛威等。其唱词被收集在《诗经》的《周颂》中。

【大夏】 西周制定的"六代舞"之一，是第四代乐舞。相传是大禹时代的乐舞，主要歌颂大禹治水的功绩，周代用以祭祀山川。乐舞分九段，用籥伴奏，又称"夏籥九成"。

【大盂鼎】 西周炊器，铸成于周康王二十三年（公元前998年），做器者为周康王时的大臣盂，为祭祀祖父南公而做。在清道光年间出土于陕西省岐山县礼村，现藏于中国国家博物馆。大盂鼎铭文291字，记载了周康王对贵族盂的训诰和赏赐的史实。

【大足石刻】 位于重庆市西北的大足区境内，有75处、5万余尊宗教石刻造像，与云冈、龙门鼎足而立，齐名敦煌，是我国石窟艺术的优秀代表。大足石刻以佛教塑像为主，兼有儒、道造像。石刻始创于初唐永徽年间，历经晚唐、五代，盛于两宋，至明、清时仍有零星雕刻。其中，北山石刻、宝顶山石刻是大足石刻中最具规模、最有价值、最集中、最精美的石刻造像代表。

【丹青】 中国古代绘画常用朱红色、青色，故又称画为"丹青"，也泛指绘画艺术。丹青形式多样，根据装饰类型可以分为普通丹青、中等丹青和锦丹青。

【旦角】 戏曲角色之一。"旦"在杂剧中扮演女子，主要人物为"正旦"，次要人物称"外旦"，老年人物称"老旦"，另有"小旦"。

【导引】 一项以肢体运动为主、配合呼吸吐纳的养生方式，源于上古的舞蹈动作。春秋、战国时期，出现了"熊经""鸟申"等养生之法。马王堆三号汉墓出土的《导引图》有40多种姿势，是对先秦导引术的总结。

【笛】 中国最古老的乐器之一，早在8000年前就出现了用鸟禽肢骨制成的竖吹骨笛。汉朝时出现了以竹制成的横笛，称作"横吹"，是鼓吹乐的重要乐器。秦汉后，竖吹的箫和横吹的笛统称"笛子"，到唐代分离。宋、元时期，笛成为了为曲艺伴奏的重要乐器。笛子品种很多，使用最为普遍的是曲笛和梆笛。曲笛又叫"苏笛"，以伴奏昆曲和盛产于苏州而得名。曲笛管身粗长，音色柔和，善于表现江南的柔婉情致。梆笛以伴奏梆子类戏曲得名，管身细短，音色明亮，善于表现北方的刚健气质。笛子的声音具有悠扬、婉转的特点，给人缠绵思乡的感觉。

【颠张醉素】 指唐朝书法家张旭和怀素。张旭的草书激情勃发、如狂如颠，人称"颠张"。张旭的学生怀素和尚的草书圆转飞动、空灵剔透，人称"醉素"。两人在唐代草书书法家中最具创新意识，成就最高。

【董其昌】 明代万历后期杰出的书法家、山水画家。其书平淡隽秀，其画文静肃穆，影响了此后三百年山水画的发展方向。

【窦娥冤】 我国元代戏剧大家关汉卿的代表作之一。描写了弱小无靠的寡妇窦娥，在贪官的迫害下，被诬告"药死公公"的罪名，并斩首示众。作者提出了封建社会里"官吏们无心正法，使百姓有口难言"的问题，控诉了封建社会的黑暗。王国维称之为"即列之于世界大悲剧中，亦无愧色也"。

【斗鸡】 中国古代盛行的一种民间游戏。斗鸡时所用的鸡，也称"斗鸡"，又名"打鸡""咬鸡""军鸡"，是供竞赛和娱乐用的鸡品种，是以善打善斗而著称的珍禽。两雄相遇或为争食、或为夺偶相互打斗时，可置生死于度外，战斗到最后一口气。斗鸡之风在春秋时期已较盛行。中国是世界上驯养斗鸡的古老国家之一。

【独角戏】 又称"滑稽戏""独脚戏"，是用上海方言表演的传统戏。最初，是只有一个人的演出。独角戏有两种表演形式：外部独角戏和内心独角戏。外部独角戏指的是演员虚拟人物场景，对观众说话，以幽默诙谐的语言、滑稽的表演和观众互动。内心独角戏则指的是演员一个人自说自话、自我剖析的一种表演形式。简单的道具、夸张的动作、多样的形式、诙谐的语言、滑稽的表演是独角戏的标志。经典曲目有《哭妙根笃爷》《宁波空城计》《七十二家房客》。

【二胡】 中国传统弓弦乐器。发源于北方的奚部落，故称"奚琴"。唐代时由西域胡人传来，因此又称"胡琴"。有中胡、京胡、坠胡、板胡等十几个品种。整体由琴杆、琴筒、琴轴等基本部件构成。琴筒有圆形、六角形等多种形状，琴筒的一端蒙有蛇皮或蟒皮，另一端则设置雕花的音窗。既能独奏，也适合合奏。既能细腻深沉、柔美抒情，也能欢快活泼，有非常丰富的表现力和艺术感染力。代表作有《二泉映月》《良宵》《赛马》等。

【二十四况】 明末清初古琴流派虞山派的传人、著名琴家徐上瀛在其琴学论著《溪山琴况》中提出了琴乐审美"二十四况"，即"和、静、清、远、古、澹、恬、逸、雅、丽、亮、采、洁、润、圆、坚、宏、细、溜、健、轻、重、迟、速"24字审美标准，几乎适用于所有的中国音乐。"二十四况"大致可分为两类，前9况主要表示一种风格，后15况则是对琴音音质、音色的特定要求。"二十四况"中，"和"最重要，《溪山琴况》卷首就提到："其所首重者，和也。""和"就是中和，讲节制，有分寸。之后的"静""清""澹"等诸况都与之联系，体现了儒道释三家思想在音乐上的融合。

【方剂】 治病的药方，简称"方"。"方"指医方。《隋书·经籍志》："医方者，所以除疾病保性命之术者也。""剂"，古作"齐"，指调剂。《汉书·艺文志》："调百药齐，和之所宜。"方剂是治法的体现，是根据配伍原则，总结临床经验，以若干药物配合组成的药方。

【分书】 隶书的字形像"八"字分布，所以称隶书为"八分书"，又称"分书"。主要特点是大气、厚重、生动，而且不乏精致。汉代隶书艺术达到高峰，已形成了丰富多彩的风格，大致可分为遒劲凝练类、飘逸秀丽类、工整精严类、端庄博雅类、古朴厚重类、奇逸恣肆类等。

【风筝】 也称"风琴""纸鹞""鹞子""纸鸢"等。相传春秋时期，著名工匠鲁班曾制木鸢飞上天空。后来以纸代木，故称为"纸鸢"。到五代时期，又在纸鸢上系以竹哨，风入竹哨，声如筝鸣，因此又称"风筝"。至宋代，放风筝逐渐成为一种民间娱乐游戏。

【扶正祛邪】 中医的重要治疗

方法。"扶正",即扶助正气,也就是提升人体对疾病的抵抗力和对环境的适应力;"祛邪",即祛除邪气,就是除掉致病的因素。中医理论中,疾病治疗要从扶正和祛邪下手,促使正气战胜邪气,从而消除疾病,恢复健康。

【富春山居图】 元朝画家黄公望的代表作,为郑樗(无用师)所绘,是"中国十大传世名画"之一。以浙江富春江为背景,全图用墨淡雅,山和水的布置疏密得当,墨色浓淡干湿并用,极富于变化。明朝末年传到收藏家吴洪裕手中,吴洪裕极为喜爱此画,甚至在临死前下令将此画焚烧殉葬,被吴洪裕的侄子从火中抢救出,但此时画已被烧成一大一小两段。较长的后段称《无用师卷》,现藏于台北故宫博物院;前段称《剩山图》,现藏于浙江省博物馆。

【高山流水】 中国著名琴谱,取材于"伯牙鼓琴遇知音"的故事。春秋、战国时期的俞伯牙善于弹琴,而钟子期每次都能洞悉其心意,钟子期逝世,俞伯牙非常悲痛,破琴绝弦,不再演奏。现存的《高山流水》分为《高山》和《流水》两部分。明清以后多种琴谱中,以清代唐彝铭所编《天闻阁琴谱》中所收川派琴家张孔山改编的《流水》最为流行,后琴家多据此演奏。

【割圆术】 魏晋时期数学家刘徽首创。指不断倍增圆内接正多边形的边数求出圆周率的方法,为计算圆周率建立了严密的理论和完善的算法。

【工笔画】 "工笔"又称"细笔",与"写意"相对,为细致写实的中国画技法,特点是注重线条美,造型严谨,一丝不苟。工笔的技法分为描、分、染、罩。"描",即白描,就是先分别用浓墨、淡墨描出底稿;"分",即用墨色上色,用清水分晕开来,以表现出画面的层次;"染"和"分"的程序一样,但用的不是墨色,而是用彩色来分晕画面;"罩",是整体上色。中国的工笔画起于战国,成熟于两宋。工笔画用笔工整细致,敷色层层渲染,细节明彻入微,笔触细腻,追求"形似",关注"细节",注重写实,力求"取神得形,以线立形,以形达意",以获取神态与形体的完美统一。

【工尺谱】 中国古代以"工""尺"等字来对不同的音高命名,这种记谱方法是在管乐器的指法记号基础上演变而成的,大约诞生于隋唐时期。随着时代的发展,其记谱符号以及记写方式也不尽相同。明代中期以后,昆腔的流行带动了记谱法的推广和统一,工尺谱在此过程中逐渐成为应用最广的一种谱式。工尺谱的音高分别以"上、尺、工、凡、六、五、乙"作为符号,可相当于音阶的1、2、3、4、5、6、7。其节奏符号,古代称为"板眼"。

"板"代表强拍,"眼"代表弱拍,"板"和"眼"分为散板、流水板、一板一眼、一板三眼等多种形式。

【宫调】 ①在五音中,"宫"音为音阶的第一级音,相当于现在唱名中的"1"音。以宫音为主音的调,构成的调(式)名,便称为"宫调"。②音阶声调的统称,借代"五音"。历代以宫、商、角、徵、羽、变宫、变徵为七声,其一曲皆以一声为主,构成调式,以宫声为主的调式称"宫",其余称"调",统称"宫调"。

【构图】 造型艺术术语,指作品中艺术形象的结构配置方法。中国画的构图,又称"章法"或"布局"。即为了突出作品的主题,按照事物的客观规律合理安排景物所在位置,结合景物的大小、深浅、虚实,通过留白、气势、色彩、题词、用印等细节安排,把个别或局部形象组成整体的艺术。

【孤】 ①戏曲术语,亦称"装孤",扮演当官者,各行角色皆可扮演,如《窦娥冤》中"净扮孤",《救风尘》中"外扮孤"。②古代诸侯王的谦称。③幼而无父曰孤,后称幼年失去父母。

【古典十大悲剧】 《窦娥冤》(杂剧,元朝关汉卿)、《汉宫秋》(杂剧,元朝马致远)、《赵氏孤儿》(杂剧,元朝纪君祥)、《琵琶记》(南戏,元朝高则诚)、《精忠旗》(传奇,明朝冯梦龙)、《娇红记》(杂剧,明朝孟称舜)、《清忠谱》(传奇,清朝李玉)、《长生殿》(传奇,清朝洪昇)、《桃花扇》(传奇,清朝孔尚任)和《雷锋塔》(传奇,清朝方成培)。

【古典十大喜剧】 《救风尘》(杂剧,元朝关汉卿)、《西厢记》(杂剧,元朝王实甫)、《看钱奴》(杂剧,元朝郑廷玉)、《墙头马上》(杂剧,元朝白朴)、《李逵负荆》(杂剧,元朝康进之)、《幽闺记》(传奇,元朝施惠)、《中山狼》(杂剧,明朝康海)、《绿牡丹》(传奇,明朝吴炳)、《玉簪记》(传奇,明朝高濂)和《风筝误》(传奇,清朝李渔)。

【古筝】 中国民族拨弦乐器。早在战国时期,就在秦国流行,所以又称"秦筝"。最初的古筝是从战国时期一种竹制的五弦乐器演变而来,秦汉时期,五弦发展为十二弦,隋唐时期为十三弦,元明时期为十四弦,清代、民国时期为十六弦。后经改良,二十一弦S型古筝横空出世,筝弦也由原来的丝弦改为钢丝弦。古筝的音色清越、高洁、典雅、委婉动听,具有一种幽远的独特神韵,既能细致微妙地刻画人们的内心感情,也能描绘激动人心的壮观场面。既可用作独奏、重奏、合奏,也可用作戏曲、曲艺和舞蹈等的伴奏。传统的筝乐被分成南北两派,其中以陕西、山东、河南和客家的筝曲最为著名。代表曲目有《渔舟唱晚》《汉宫秋月》等。

【广陵散】 中国古琴曲，又称《广陵止息》，流行于东汉末至三国时期。此曲讲的是一个刺客的悲壮故事，因此全曲始终贯注一股慷慨不平的激烈之气。《广陵散》全曲共分45段，反复表现沉郁悲愤和慷慨激昂两种情感，具有震撼人的力量。魏晋时期反对司马氏专政的嵇康在临刑前曾从容弹奏此曲以寄托反抗精神。

【海上画派】 通常指19世纪中叶至20世纪初期，活跃于上海地区的画家，又称"海派"。海派画家以传统文化为基础，开拓了新的画风。题材以花鸟画为多，其次人物，再次山水；在笔法墨法的应用上，简逸明快，追求意境。习惯于借古喻今、借物寓意，讲究内涵充实。代表画家有任伯年、虚谷、吴昌硕等。

【韩熙载夜宴图】 五代十国时期画家顾闳中奉南唐后主李煜之命，夜至官员韩熙载的宅第窥视其夜宴的情景而作的绘画作品。全图采用了中国传统的表现连续故事的手法，随着情节的进展而分段，以屏风为间隔，主要人物韩熙载在每段中出现。通过听乐、观舞、歇息、清吹、散宴等情节，叙事诗般描述了夜宴的全部情景。在构图上，每段一个情节、一个地点、一个人物组合，每段相对独立，而又统一在一个严密的整体布局当中，繁简相约，虚实相生，富有节奏感。

【汉宫秋月】 我国著名古曲之一。原为崇明派琵琶曲，现流传的演奏形式有二胡曲、琵琶曲、筝曲、江南丝竹等。主要表达古代宫女哀怨悲愁的情绪及一种无可奈何、寂寥清冷的生命意境。

【汉画像石】 汉代为丧葬礼俗服务的一种独特的墓葬和石刻艺术。画像石在坚硬的石头上凿刻而成，大多为长方形或者方形，大小在一至二米左右，对汉代以后的美术艺术产生了深远影响，具有极为丰富的考古研究和艺术价值。

【河间学派】 医学流派。由宋金时期河间人刘完素开创，以阐发火热病机为中心内容，擅长运用寒凉的治疗手法。又衍生出"攻邪学派"和"丹溪学派"。攻邪学派以金代张从正为代表，强调"病由邪生，攻邪已病"的学术思想，在继承了河间学派善用寒凉的特点之外，又发展出了用"汗、吐、下"来驱邪的方法，影响到后来的温病学派。

【胡笳十八拍】 相传为汉魏时期的女诗人蔡文姬所作，是由十八首歌曲组合的声乐套曲，由琴伴唱。"拍"在突厥语中即为"首"。"笳"则是中国古代北方民族的一种像笛子的吹奏乐器。全曲共十八段，运用宫、徵、羽三种调式，前十拍主要倾诉作者对故乡的思念，后八拍则抒发作者惜别稚子的隐痛与悲怨。全曲缠绵悱恻、凄婉哀怨。

【虎头三绝】 东晋画家顾恺之，字长康，小字虎头，出身于书香门第，从小能诗善赋，书法精湛，绘画称绝，人称"顾虎头""虎头将军"。所谓"三绝"指的是"才绝""画绝"和"痴绝"。"才绝"是才思敏捷，多才多艺；"画绝"是画技精湛；"痴绝"是爱开玩笑，也指他作画行文纯真自然，不矫情做作。顾恺之是中国绘画理论"六法论"的奠基者。

【花鸟画】 以动植物为主要描绘对象的中国画。有花卉、蔬果、草虫、畜兽、鳞介等分支。以写生为基础，以寓兴、写意为归依。根据墨与色的不同，分为水墨、泼墨、设色、白描、没骨等类。画法有"工笔""写意""兼工带写"三种。工笔花鸟画即用浓、淡墨勾勒物象，再深浅分层次着色；写意花鸟画即用简练概括的手法绘写对象；介于工笔和写意之间的称为兼工带写。

【画圣吴道子】 又名道玄，唐代著名画家，阳翟（今河南禹州）人，被称为"画圣"。早年行笔线纹较细；中年落笔磊落，势状雄峻，富有律动感与节奏变化，所绘物像具有运动式的立体感。在敷色上不施重彩，仅以淡赭轻涂；注重线条造型，清逸简淡。人物画以焦墨钩线，略加淡彩设色，人称"吴装"；用状如兰叶的"莼菜条"式的笔法表现衣褶，人称"吴带当风"。现存世作品《送子天王图》为宋摹本。

【华佗】 字元化，东汉沛国谯县（今安徽亳州谯城区）人，著名医学家。精通内、外、妇、儿、针灸各科，尤以外科著称，主要在今安徽、江苏、山东、河南一带行医。后因不从曹操征召被杀。首创中药全身麻醉剂麻沸散，并应用于腹部外科手术。华佗长于养生，模仿动物动作发明了"五禽戏"，可增强体质、防治疾病。

【黄帝八十一难经】 简称《难经》，相传是战国时期秦越人（扁鹊）著。以基础理论为主，又以脉诊、经络、脏腑为重点，阐述简要，辨析精微，创新式推演了《内经》的微言奥旨。在临床方面明确提出了"伤寒有五"（伤寒、中风、湿温、热病、温病）的理论，并对五脏之积泄多有阐发，对中医学的发展产生了深远的影响。

【黄帝内经】 中国最早的医学典籍，分为《素问》和《灵枢》两部分。建立了中医"阴阳五行学说""脉象学说""藏象学说""经络学说""病因学说""病机学说""病症""诊法""论治"及"养生学""运气学"等学说，奠定了中医学的理论基础。

【黄家富贵】 "黄家"指五代

后蜀画家黄筌及其几个儿子。他们都有画名,擅画珍禽异兽,以富贵华丽的绘画风格著称,故称"黄家富贵"。黄筌最擅"双沟填彩法",即用线条勾勒物象后再填色的画法;其子黄居宝、黄居实、黄居寀均以画闻名。黄家"勾勒填彩,旨趣浓艳"的画风,成为宋代初期画院的标准。

【黄梅戏】 中国五大戏曲剧种之一。有学者认为起源于安徽安庆的山歌"怀腔"。另有学者认为起源于湖北黄梅县的采茶调,后流入安徽安庆地区,到清代中后期形成用安庆方言演唱的地方戏,称"黄梅采茶调",后经多种地方剧种的融合,逐渐发展成为重要的剧种。黄梅戏唱腔淳朴、细腻清新,抒情明快,韵味绵长,通俗易懂。代表作有《女驸马》《天仙配》等,代表人物有严凤英、王少舫等。

【黄州寒食诗帖】 三大行书书法帖之一,北宋苏轼手迹,现藏于台北故宫博物院。为苏轼被贬黄州第三年的寒食节所写。诗的内容苍凉多情,表达了苏轼惆怅孤独的心情。书法亦有感而出,通篇起伏跌宕,光彩照人,气势奔放。黄庭坚在此诗帖后作跋:"此书兼颜鲁公、杨少师、李西台笔意,试使东坡复为之,未必及此。"

【会意】 亦称"象意",六书之一。汉代许慎《说文解字》:"会意者,比类合谊,以见指㧑,武、信是也。"指由两个或多个独体字组成,合并起来表达此字的意思。如"人言"为"信"。

【假借】 六书之一,属于"用字法"。汉代许慎《说文解字》:"假借者,本无其字,依声托事,令、长是也。"借用已有的形近、音同的字,表示不同意义的词,这种跟借用的字的形义完全不合的字称为"假借字"。假借字有两类:一类是本无其字的假借,如北方的"北"无形可像,就借语音相同的"背"来表示北方的意思;一类是本有其字的假借。

【间架结构】 书法的结构又称"结字""结体"或"间架",是从美观角度对字的笔画进行组合的艺术技巧。表现形式有虚实、疏密、欹侧、匀称、和谐、聚散、呼应等。

【江湖十二角色】 明末清初,昆曲盛行的时候,戏曲划分为十二种角色(行当),被称为"江湖十二角色":老生、正生(相当于小生)、老外、末、正旦、小旦(相当于闺门旦)、贴旦、老旦、大面(相当于净)、二面(相当于副净)、三面(相当于丑)、杂。

【江南画派】 指以中国五代南唐画家董源和他的学生巨然和尚为代表的南方山水画派。董源的山水水墨取法王维,着色则学李思训,善用明暗透视画法,画江南风景。创"披麻皴"画法,其明暗透视画法比西洋早将近千年,与他的学生巨然和尚并称"董巨", 是南方山水画派的始祖。代表作有《潇湘图》《落照图》《山居图》等。

【叫板】 戏曲中把道白的最后一句节奏化,以便引入到下面的唱腔上,或用动作规定下面唱段的节奏称"叫板"。现多指滋事挑衅、不服挑战。

【今草】 草书的一种,不拘章法,笔势流畅。汉末张伯英(芝)省去章草的隶书笔意,使上下字体的笔势连带、偏旁连接,称为"今草"。

【金元四大家】 指金元时期的刘完素、张从正、李杲和朱震亨四位医学家,他们分别开创了四大医学流派:寒凉派、攻邪法、补土派、养阴派。

【经方学派】 宋代以后因为张仲景的《伤寒杂病论》被尊为经典著作,所以"经方"就用来专指《伤寒杂病论》中记载的"经典方"。经方学派明清最盛,代表人物有方有执、柯琴、徐大椿、喻嘉言、张锡驹等。

【经络】 经脉和络脉的合称。人体经络主要是十二经脉、奇经八脉、十五络脉、十二经筋等。任督二脉在正中,不分左右。

【荆关北派山水】 "荆关"是五代时期北方两位著名山水画家荆浩和关仝的简称。荆浩和关仝开创了北方山水画派,自此我国山水画有了南北之分。此派善于描绘雄伟壮美的全景式山水,作品气势雄伟,风格峻拔。水墨和水墨着色的山水画自此已发展成熟。

【京剧】 戏曲剧种。清代乾隆年间,"三庆""四喜""春台""和春"四大徽班入京,嘉庆、道光年间,徽班与汉剧(湖北楚调)时常合班演出,声腔上相互结合;后又吸收昆曲、梆子、京腔的精华,在剧目、音乐、身段、服装、化妆方面进行改革;又结合北京当地语言和风俗习惯,逐渐形成了京剧。当时称为"皮黄",又称"京调"。代表作有《霸王别姬》《打渔杀家》《三岔口》等。

【净角】 戏曲角色。"净角"俗称大花脸,大都扮演性格粗犷豪放或阴险奸诈或相貌特异的男子。唱腔用宽音、假音。又分正净、副净、武净等。

【九宫】 九宫是戏曲、音乐常用的宫调名,即常说的"五宫四调"。"五宫"指正宫、仙吕宫、南吕宫、中吕宫、黄钟宫,"四调"指大石调、双调、商调、越调。

【九章算术】 大约成书于东汉时期。全书共收集了246个数学问题,并且提供其解法。主要内容包括分数四则、比例算法、各种面积和体积的计算、勾股测量的计算等。在代数方面,《九章算术》的出现在世界数学史上最早提出负数概念及正负数加减法法则。《九章算术》标志着以筹算为基础的中国古代数学体系的正式形成。

【角抵】 又称"角牴""角觝""争交",是两人相抵以较量力气的一种运动。据传是从黄帝战蚩尤时流传下来,在战国时期兴起,到了晋代,角抵又称为"争交"。

【角调】 中国古代乐调之一。五音中,"角"为第三级,相当于今首调唱名中的"3"音。以角音为主音、结声构成的调(式)名,有以角音为调之角调,或有以闰宫为角调。

【楷书】 又称"正书""真书",是隶书的变体。形体方正,笔画平直,可作楷模,故名。始于东汉,盛行于东晋,沿用至今。曹魏钟繇的《宣示表》《荐季直表》仍存隶书的遗意,然已尽备楷法,为楷书的代表作,被公认为"正书之祖"。楷书名家有曹魏的钟繇,唐代的欧阳询、颜真卿、柳公权等。

【箜篌】 中国古老的弹拨乐器,又称"坎侯"。春秋、战国时出现雏形,盛唐时演奏达到相当高的水平。古代的箜篌既是宫廷乐队使用的乐器,也是深受民间喜爱的乐器。中国古代箜篌主要分为卧箜篌和竖箜篌两种,后来又出现了凤首箜篌。竖箜篌的形状像半截弓背,在向上弯曲的曲木上设曲形共鸣槽,由脚柱和肋木支撑,有20多条弦。演奏时将箜篌竖抱于怀,从两面用双手的拇指和食指同时弹奏,这个弹奏姿势,唐人称为"擘箜篌"。

【昆曲】 我国传统戏曲剧种,又叫"昆剧"。源于元朝末年的昆山地区,由顾坚创立,最初叫"昆山腔"。明朝嘉靖年间,戏曲音乐家魏良辅对昆山腔进行改进,立足南曲,吸取北曲长处,集南北曲优点于一体,创立"水磨调",这就是后来的昆曲。后成为传奇剧本的标准唱腔,并最终发展成为全国性剧种。清朝乾隆年间达到鼎盛。昆曲音乐的结构属于联曲体结构,也可以称为"曲牌体"。昆曲常用的曲牌有上千种,包括唐宋时期的词调、词牌、民歌等。昆曲的创作以南曲为基础,同时也使用北曲的套数,常常使用"犯调""借宫""集曲"等方法。昆曲主要以笛子为伴奏乐器,以笙箫、唢呐、琵琶等作为辅助,字正、腔清、板纯,唱腔极富韵律感,抒情性强,表演优美细腻,歌舞结合巧妙。代表曲目有王世贞《鸣凤记》,汤显祖《牡丹亭》《紫钗记》等。

【兰亭序】 又名《兰亭集序》。东晋书法家王羲之与名流隐士集会于会稽山阴的兰亭溪头"修禊",有人提议将当日所作的四十一首诗汇成册,以资纪念。王羲之挥毫作序,即《兰亭序》。文中,凡相同的字,笔法姿态必不相同,如出现的20个"之"字,无一雷同,成为书法史上的一绝,被称为"天下第一行书"。

【琅琊台刻石】 秦琅琊台刻石

高 132.2 厘米，宽 65.8~71.3 厘米，厚 36.2 厘米。四面环刻，剥蚀严重，现只西面十数行可读。原石在今山东省青岛市黄岛区的琅琊台上，为秦始皇二十八年（公元前 219 年）东巡时所刻，传为李斯书，是秦代小篆的代表作，在书法史上占有重要地位。今藏于中国国家博物馆。

【冷板凳】 一说源于梨园行。整个戏曲跌宕起伏，除了靠演员的"唱、念、做、打"之外，锣鼓起到了不可忽视的渲染作用。如果场上只有演员清唱，没有伴奏，则气氛不够热闹。人们常以锣鼓班坐的长条板凳来指代敲锣鼓的人，将伴奏者缺场造成冷场的清唱称之为"冷板凳"。后比喻因不受重视而担任清闲的职务，也比喻长久地等待接见。

【梨园】 本为唐玄宗时教练宫廷歌舞艺人之地，在长安光华门外禁苑中。后人称戏曲界为"梨园"，称戏曲演员为"梨园弟子"。旧称戏曲界的从业人员为"梨园行"。

【李龟年】 唐代歌唱家。李龟年与李彭年、李鹤年三兄弟都是唐玄宗时的宫廷乐工，其中李彭年善舞，李龟年、李鹤年善歌，李龟年还擅长吹奏筚篥、击打羯鼓，并且长于作曲。安史之乱后，杜甫曾在江南遇见流落至此的李龟年，并作诗《江南逢李龟年》："岐王宅里寻常见，崔九堂前几度闻。正是江南好风景，落花时节又逢君。"

【李时珍】 字东璧，号濒湖，湖北蕲州（今湖北蕲春县蕲州镇）人，明代著名医药学家。他系统地总结了我国 16 世纪以前医药学的经验和成就，写成了医学巨著《本草纲目》。全书分为 16 部、60 类，共收药物 1892 种，收录药方 11096 个，并附有药物形态图 1160 幅。李时珍对药物重新做了科学的分类。书中除了植物性药物外，还有动物性药物 445 种，矿物性药物 276 种。除了《本草纲目》外，李时珍还著有《濒湖脉学》和《奇经八脉考》。

【礼器碑】 汉代隶书碑帖，全称为《汉鲁相韩敕造孔庙礼器碑》，又称《韩敕碑》，刻于 156 年，位于山东曲阜孔庙。《礼器碑》字体工整，大小匀称，左规右矩，法度森严。用笔瘦劲刚健，轻重富于变化，捺脚特别粗壮，尖挑出锋十分清晰，使人有入木三分之感。书势气韵沉静肃穆，典雅秀丽。清代书法家翁方纲称其为"汉隶第一"。

【隶书】 又名"佐书""史书"出现于先秦，成熟于东汉。相传为秦末程邈在狱中所整理。隶书的特点是把小篆删繁就简，笔画由圆转变为方折，左右舒展，笔画波磔。历代隶书名家有唐代史惟则、韩择木，清代金农、邓石如等。代表作《张迁碑》《史晨碑》《孔庙碑》《华山庙碑》《礼器碑》《乙瑛碑》等。

【脸谱】 中国传统戏曲中演员演出时脸上的绘画造型艺术。"生行""旦行"的角色很少采用，即便使用也妆容简单，略施脂粉，叫"俊扮""素面""洁面"。而"净行"与"丑行"面部绘画比较复杂，特别是"净行"，重施油彩，图案复杂，因此称"花脸"。"丑行"在鼻梁上抹一小块白粉，俗称"小花脸"。戏曲脸谱主要分为"净角脸谱"和"丑角脸谱"两类。丑角脸谱出现得较早，净角脸谱是在戏曲成熟以后，由民间艺人逐步创作出来的。最早的净角脸谱出现于元代。早先的脸谱比较单一，直到清朝初期才开始出现多种样式的谱式。红色脸谱表现忠勇血性的人物性格，如关羽。蓝色脸谱表现刚强骁勇、有心计的人物性格，如窦尔敦。黑色脸谱表现正直无私、刚直不阿的人物形象，如包公。白色脸谱代表阴险奸诈、飞扬肃煞的人物形象，如曹操。绿色脸谱代表顽强暴躁的人物形象，如武天虬。黄色脸谱代表枭勇凶猛的人物，如宇文成都。紫色脸谱表现刚正稳练沉着的人物。金、银色脸谱表现各种神怪形象。

【临川四梦】 又名"玉茗堂四梦"，临川文学的经典名作，是明代剧作家汤显祖的《牡丹亭》《紫钗记》《邯郸记》《南柯记》的合称。

【灵枢经】 又称《灵枢》《针经》《九针》，现存最早的中医理论著作，约成书于东周战国时期。共九卷，八十一篇，与《素问》九卷合称《黄帝内经》，在针灸学上有着绝对的权威。南宋史崧将其改编为二十四卷本，成为现存最早和唯一存世的《灵枢》版本。

【铃医】 亦称"走乡医""串医""走乡药郎"，古代已有，宋、元时盛行。铃医以摇铃招徕病家，故名。古代的扁鹊、华佗等都是铃医。

【岭南画派】 近现代著名绘画流派，与粤剧、广东音乐合称为"岭南三秀"。创始人高剑父、高奇峰、陈树人，简称"二高一陈"，被称为"岭南三杰"。该派的画家都是广东人，因受到西方艺术的感染，带着革命精神和强烈的时代责任感改造中国画，在传统中国画的笔墨上多有创新。

【留白】 中国书画或摄影中常用的手法。为使整件作品的画面或章法更协调、更精美而有意留下相应的空白，让人有联想和想象的空间。留白有的是严守真实的画面空间和布白，有的是打破真实，依据画的构图需要而平列的空间和布白，这样能够让描画对象按照艺术的需要拉长或缩短，或者变换位置，从而呈现出最佳的视觉效果。

【六律】 我国古代的一种律

制。通常指的是黄钟、太簇、姑洗、蕤宾、夷则、无射六阳律,以及大吕、夹钟、仲吕、林钟、南吕、应钟六阴律。十二个音阶中,排列奇数的调叫"律",排列成偶数叫"吕";奇数(阳)称"六律",偶数(阴)称"六吕",合称"律吕",称为"十二律"。古书所说的六律,通常是阴阳各六的十二律。

【六书】 古人解说汉字造字方法的六种条例,即"象形、指事、会意、形声、假借、转注"。其中象形、指事、会意、形声属于造字之法,即汉字结构的条例;假借、转注则属于用字之法。

【六舞】 亦称"六代舞""六代之乐"。是周朝的祭祀礼乐,包括《云门》《咸池》《大韶》《大夏》《大濩》《大武》。

【龙涎香】 抹香鲸肠道的分泌物,呈蜡状,常漂浮在热带海洋中。鲸分泌龙涎香的目的是保护肠道,使其不受所吞食的乌贼尖利骨头的伤害。龙涎香可用作香水的定香剂,以延长香水的使用寿命,也可用作食物和饮料的调料。现在可由人工合成。

【马球】 马球,史称"击鞠""击球"等,是一项骑在马背上用长柄球杆拍击木球的运动。相传唐初由波斯(今伊朗)传入,称"波罗球",后传入蒙古,为蒙古族民间马上游戏和运动项目。

【毛公鼎铭文】 毛公鼎之上的铭文,其书法为成熟的西周金文风格,飘逸洒脱、气象雄浑,笔意圆茂,结体方长。全文文辞精妙并且完整,十分的古奥难懂,是西周散文的代表作品,被称为"抵得一篇《尚书》"。是海内青铜三宝之一,现藏于台北故宫博物院。

【梅花三弄】 中国十大古曲之一,又名《梅花引》《玉妃引》,是中国传统艺术中表现梅花的佳作。最早是东晋桓伊所奏的笛曲,后改编成古琴曲。乐曲借物咏怀,通过梅花的洁白、芬芳和耐寒等特征,赞颂具有高尚节操的人。曲中采用循环再现的手法,整段主题重复三次,每次重复都在不同的徽位上采用泛音奏法,所以称为"三弄"。

【靡靡之音】 据《韩非子》记载,商纣王听说师延弹得一手好乐器,便命人将以高雅音乐见长的师延带到宫中为其演奏。迫于无奈,师延改变曲风,结合搜集来的音乐,创出了一种让人听了就会心生柔情蜜意的乐曲。纣王十分高兴,整日陶醉其中。没过多久,武王伐纣,商灭亡。《史记·殷本纪》中将师延创作的这种音乐称之为"北里之舞,靡靡之乐"。后来,人们便把那些消磨人意志的歌舞通称为"靡靡之音",指软绵绵、萎靡不振的音乐。现指颓废或低级趣味的乐曲。

【米氏云山】 我国古代山水画

流派之一。由宋代著名书法家米芾所创，他的儿子米友仁加以发展，形成在当时影响很大的特色画派。米芾父子在绘画界被称为"大米""小米"，或合称"二米"。米芾打破了传统的山水画用笔多以线条为主的常规，以卧笔横点成块面，叫作"落茄点"。这种画法的特点是用水墨点染的方法，描绘烟云掩映的山川景色，米芾称其为"墨戏"，体现一种烟雨云雾、迷茫奇幻的景趣，显得亦真亦幻，美妙独特，世人将这种风格称为"米氏云山"。

【鸣虫】 指能够发出鸣声的、可供人赏玩的昆虫，类别多达近百种，常见的有蝈蝈、小黄蛉、大黄蛉、马蛉、竹蛉、金钟、纺织娘、墨蛉、石蛉、蟋蟀、花镜、铁弹子等。养玩鸣虫自唐代开始盛行，明、清两代臻于鼎盛，形成了颇为可观的"鸣虫文化"。

【墨法】 亦称"血法"，书法技法之一。一是用墨之法，二是磨墨之法。传统用墨方法有浓墨、淡干墨、渴墨、温墨、涨墨等。明代书法家董其昌在《画禅室随笔》中说："字之巧处在用笔，尤在用墨。"用墨因人而异，如刘墉喜用浓墨，梦楼专尚淡墨。又常因书体风格、纸张性能的不同而用墨不同。

【末角】 戏曲角色。"末角"在杂剧中扮演男子，分正末、副末、外末、小末。正末扮演剧中主要男子，副末扮演剧中次要男子，外末扮演剧中老年男子，小末扮演剧中次要且年轻的男子。

【牡丹亭】 传奇剧本，又名《还魂记》，是明代戏曲家汤显祖的代表作，也是我国戏曲史上浪漫主义的杰作。作品通过杜丽娘和柳梦梅生死离合的爱情故事，热情地歌颂了追求个人幸福、呼唤个性解放、反对封建制度的浪漫主义精神。

【南陈北崔】 指明朝后期两位以人物画著称的画家陈洪绶和崔子忠。陈洪绶，字章侯，今浙江诸暨人，是一位全面型的画家，尤其擅长人物画。他不拘守成法，自成一家，艺术效果具有奇傲古拙气势，被人们称为"高古奇骇"，有《荷花鸳鸯图》《升庵簪花图》《婴戏图》《西厢记》传世。崔子忠，山东莱阳人，曾拜董其昌为师，所画人物面目奇古，线条细劲，格调高远，境界奇异。传世作品有《云中玉女图》等。

【南戏】 亦称"戏文"，原是宋代用南曲形式演唱的戏曲，诞生于北宋与南宋交接时期的浙江温州（古称永嘉）地区，因此称"温州杂剧"或"永嘉戏曲"。北宋末年至明朝初年流行于东南沿海。元朝末年，南戏发展到巅峰，明初逐渐被新兴的昆山腔取代，并演化为明清的主要戏剧"传奇"。为了与同时代的"北曲杂剧"相区别,后人称之为"南曲戏文""南戏"或"戏文"。在一个完整的故事表演中,集合了歌唱、舞蹈、念白、科范等多种表演形式。

【霓裳羽衣舞】 亦称《霓裳羽衣曲》,宫廷乐舞,唐玄宗李隆基作曲填词。全曲共三十六段,分为散序(六段)、中序(十八段)和曲破(十二段)三部分。散序为前奏曲,为器乐演奏,全是散板,不舞不歌;中序且歌且舞;曲破为全曲高潮,繁音急节,声调铿锵,结束时转缓,舞而不歌。全曲由磬、箫、筝、笛、箜篌、筚篥、笙等乐器独奏或轮奏,融歌、舞、器乐表演于一体。内容表现虚无缥缈的仙境和仙界的生活情状。安史之乱后失传。南唐时期,李煜与其皇后周后将其大部分补齐,但是金陵城破时,被李煜下令烧毁。至南宋姜夔发现商调霓裳曲的乐谱十八段,并为"中序"第一段填新词《霓裳中序第一》,连同乐谱一起被保留了下来。

【跑龙套】 戏曲中扮演随从或兵卒的角色。戏剧中有主角之外,还有跟班、随从、助阵、串场等小角色,代表了千军万马,因穿龙套衣而谓之"龙套"。舞台的气氛有时是靠龙套跑出来的,所以又叫"跑龙套"。因这些角色都不是主要角色,后用"跑龙套"比喻在人手下做不重要的事。

【琵琶】 中国传统弹拨乐器。秦朝时,在民间流传着一种圆形的、带有长柄的乐器。弹奏这种乐器主要有两种方法:向前弹叫"批",向后挑起叫"把",当时人们就把它叫作"批把",后来改称为"琵琶"。当时的琵琶形状为直颈、圆形音箱,音位和弦数不固定。南北朝时,从西域地区传入一种曲颈琵琶,梨形音箱,有四柱四弦。人们把它和原有琵琶结合起来,制成了一种新式曲项琵琶。到了唐代,把原来的4个音位增至16个,同时把琵琶颈部加宽,共鸣箱变窄。改横抱演奏为竖抱演奏,改拨子演奏为手指直接演奏。通过不断改进,形成如今的四相十三品和六相二十四品两种琵琶。适合琵琶演奏的曲风有文曲、武曲、大曲等。文曲以抒情为主,曲调柔美,代表曲目如《春江花月夜》《汉宫秋月》等。武曲风格豪放,代表作有《十面埋伏》《霸王卸甲》等。大曲的曲调以活跃、欢畅为主。

【琵琶记】 元末南戏,高明作。共四十二出,写汉代书生蔡伯喈与赵五娘悲欢离合的故事。《琵琶记》代表了南戏在进入明清"传奇"阶段之前发展的巅峰,被誉为"传奇之祖"。

【平安三帖】 晋代书法家王羲之的书法尺牍作品《平安帖》《何如帖》《奉橘帖》,因合裱于一卷而称"平安三帖"。其中《平安帖》《何如帖》是两封书信，《奉橘帖》是《何如帖》的附书。《平安帖》用行书兼草书书写，《何如帖》《奉橘帖》用行书书写。全帖布局疏密得宜，虚实相间；结体雍容严谨、灵秀遒劲；用笔多变，方圆兼用，不激不厉，庄静平和，极有情致。今存墨迹本为唐代摹本，收藏于台北故宫博物院。

【平沙落雁】 古琴曲，又名《雁落平沙》。最早记载于明代《古音正宗》，后有多种琴谱流传。《古音正宗》："盖取其秋高气爽，风静沙平，云程万里，天际飞鸣。借鸿鹄之远志，写逸士之心胸者也。"《平沙落雁》曲调悠扬，通过时隐时现的雁鸣，描绘出雁群在天空盘旋的情景。

【七声】 "宫、商、角、徵、羽"五个音叫正音，构成五声音阶，这五个正音，加上两个偏音构成七声音阶。传统的七声音阶有三种，一种叫作正声音阶，也叫作"雅乐音阶"或"古音阶"，是由五个正音和"变徵""变宫"两声组成。"变"在中国传统音乐理论中的意思是"低"。"变徵""变宫"就是比"徵""宫"低半个音的音。"变徵"相当于简谱中的"4"，"变宫"相当于简谱中的"7"。一种是五个正音和"清角""变宫"组成的"下徵音阶"，也叫"清乐音阶"或"新音阶"。一种是由五个正音加"清角""清羽"

构成的"清商音阶"，也叫"燕乐音阶"。"清"在中国传统音乐理论中表示"高"，"清角"比"角"高半个音，"清羽"比"羽"高半个音。

【奇经八脉】 中医术语。是人体经络走向的一个类别，是督脉、任脉、冲脉、带脉、阴维脉、阳维脉、阴跷脉、阳跷脉的总称。与十二正经不同，既不直属脏腑，又无表里配合关系，"别道奇行"，故称"奇经"。

【气韵说】 中国古典美学理论，主张画作要体现独特的精神风貌，彰显勃发的生命力，让人体悟到一种强烈的感发力量。始于南朝画家谢赫在《古画品录》中提出的绘画"六法"："一曰气韵生动，二曰骨法用笔，三曰应物象形，四曰随类赋彩，五曰经营位置，六曰传移模写。"

【千金方】 又名《千金要方》，唐代孙思邈著。此书较全面地总结了上古至唐代的医疗经验和药物学知识，发展了张仲景的伤寒论学说，改六经辨证为按方剂主治及临床表现相结合的分类诊断方法，使理论更切合实际。

【琴】 特指古琴，又称"瑶琴""玉琴""绿绮"，现代一般称为"古琴""七弦琴"，是中国传统拨弦乐器，属于"八音"中的"丝"。琴的全身为扁长共鸣箱，面板多用梧桐木制作。琴头有承弦的岳山，琴尾有承弦的龙龈和护琴的焦尾，整体宽头窄尾。在面板的外侧有 13 个圆点状的徽，它是音位和泛音的标志，一般由贝壳制成。琴上有 7 弦，古代用丝弦制成。古琴音域宽广，音色深沉，余音悠远。古籍记载伏羲作琴，又有神农作琴、黄帝造琴、唐尧造琴等传说。舜定琴为五弦，文王增一弦，武王伐纣又增一弦，为七弦。周朝时，古琴除用于郊庙祭祀、朝会、典礼等雅乐外，也盛行于民间。

【秦汉帛画】 一种在丝布上创作的绘画作品。在纸张出现以前，帛画不断发展，至西汉达到高峰。出土于湖南长沙南郊楚墓的《人物龙凤图》，是至今所知我国最早的帛画作品之一。

【秦腔】 又名"梆子腔"，是发源于古代陕西、甘肃等地的民间小曲，成长于西安。古时陕西、甘肃一带属秦国，所以称之为"秦腔"。因为早期秦腔演出时，常用枣木梆子敲击伴奏，故又名"梆子腔"。秦腔是梆子腔剧种的始祖。秦腔的表演朴实、粗犷、豪放，生活气息浓厚。其身段和特技有：趟马、吐火、喷火、担子功、翎子功、水袖功、扇子功、鞭扫灯花、顶灯、咬牙转椅、耍火棍、跌扑、髯口、跷工、獠牙、帽翅功等。唱腔分为欢音和苦音两类，欢音善于表现轻快活泼、喜悦的感情，苦音则长于表现悲愤、凄凉的感情。

【秦始皇兵马俑】 简称"秦兵马俑"或"秦俑"，位于今陕西省西安市临潼区秦始皇陵以东 1225 米处的兵马俑坑内，是为秦始皇陪葬而制作的殉葬品。包括战车、战马、骑兵、弩兵、军吏、武将等陶俑。秦俑神态不一、面容各异，但都流露出秦人独有的威严与从容，具有鲜明的个性和强烈的时代特征。秦始皇陵及兵马俑坑被联合国教科文组织列入《世界遗产名录》，并被誉为"世界第八大奇迹"。

【秦书八体】 秦代通行的八种书体。许慎《说文解字》："自尔秦书有八体：一曰大篆；二曰小篆；三曰刻符；四曰虫书；五曰摹印；六曰署书；七曰殳书；八曰隶书。"

【秦王破阵乐】 也叫《秦王破阵舞》《七德舞》，唐代宫廷乐舞。唐太宗李世民为秦王时，打败了叛军刘武周，军中遂有颂扬的曲调流传。太宗即位后，命吕才编配曲调，在汉族清商乐的基础上吸收了龟兹乐谱构成新曲，由魏徵等改写歌词。太宗亲自制定《破阵舞图》，命吕才依图教授乐工，120 人披甲执戟而舞，使其发展成为一部有三变（大段）、十二阵、五十二遍（曲）的大型歌舞曲。此曲曾东传日本，西至天竺。

【秦诏版】 秦始皇统一天下后，诏令全国统一度量衡，在统一制造的度量衡器上都刻有相关诏书，或者镶嵌上刻有诏书的"铜诏版"，即"秦诏版"。"秦诏版"大多不通过书写而直接凿刻出来,所以笔线瘦硬方折,有行无格,行多弯曲,排列前紧后松。字的大小不一,极富情趣。其结字不拘成法,用笔长短疏密,任意安排,自然朴素。

【青绿山水】 初唐时期的山水画派,大多认为是北派山水的一种。其绘画是先以细致的线条勾勒出树木、山石等物的结构,然后用颜料加以渲染,最后以石绿、石青敷添,形成一种富丽堂皇的艺术效果。青绿山水的主要特点是大量运用青绿勾填技法,山石树林有勾有皴,整个画面图案多填以青绿色的厚重色彩;构图上摆脱了魏晋时期作为人物画背景的"人大于山"的处理方式,而以山水为主,人物只作点景出现;笔法精细,画面较为华丽工整。代表作有李思训的《江帆楼阁图》等。

【清明上河图】 中国传世名画,北宋张择端作。纵24.8厘米,横528厘米,绢本设色。作品采用传统手卷形式,用墨骨淡彩手法,使用散点透视,通过描绘清明时节人物风光,生动记录了中国十二世纪北宋都城东京汴梁(今河南开封)的城市面貌和当时社会各阶层人民的生活状况,展示了当时的经济状况、民风民俗、城乡关系。画面和谐统一,繁而不乱,长而不冗,段落分明,结构紧凑。人物神气各异,回味无穷。作品朴实无华,为绘画史上的名作。现藏于北京故宫博物院。

【青藤白阳】 明代画家陈淳发挥水墨的功能,使水墨画在形象的塑造中产生了前所未有的变化。而明代画家徐渭在艺术上大胆创新,在传统水墨写意的基础上开创了大写意派的画法。因徐渭号"青藤道士",陈淳号"白阳山人",人们便将其合称为"青藤白阳"。

【青铜器】 我国的青铜器发端于黄河流域,最早出现在新石器时代,此后不断发展,到了商代,青铜艺术达到了鼎盛。中国青铜器特指商代、西周和春秋时期的青铜器物。器物以铜质为主,加入少量锡和铅浇铸而成。因器物颜色呈青灰而得名。按用途划分为八大类,即农具、工具、兵器、饮食器、酒器、水器、乐器和杂器。商代青铜器按照用途可以分为礼器、乐器、兵器、工具及车马器等。代表作品有商代的后母戊鼎、四羊方尊、大禾方鼎等。

【磬】 也叫"石""鸣球"等。古代一种石制打击乐器,通常悬挂在架子上,演奏时用木槌敲击,可发出悦耳动听的鸣响。源于母系氏族社会,当时的人们常常会在猎取劳动成果后,敲击石头庆祝,以其清脆悦耳的声音来烘托气氛。后被广泛用于各种宫廷场合的音乐中。按照磬的使用场所和演奏方式，可分为特磬和编磬两种。特磬专门用于帝王祭祀时演奏；编磬由若干个磬编成一组而成，主要在宫廷音乐中使用。寺庙中也使用磬。

【人物画】 中国画的一大分类，是以人物为主体的绘画的统称。大致可以分为道释画、仕女画、肖像画、风俗画、历史故事画等。人物画的出现要早于山水、花鸟等画科。商周时期，就出现了劝善诫恶的历史人物壁画。到战国、秦汉时期，涌现了大量的以史实、神话中人物故事和人物活动为题材的作品。南宋时期受禅宗思想影响，写意人物画兴盛。人物画技法主要有白描法、勾填法、泼墨法、勾染法等。历史上著名的人物画作有：东晋顾恺之的《洛神赋图》、五代南唐顾闳中的《韩熙载夜宴图》、北宋李公麟的《维摩演教图》、南宋梁楷的《太白行吟图》、元代王绎的《杨竹西小像》、明代仇英的《四季仕女图》、清代任颐的《高邕之像》等。

【赛龙舟】 中国民间传统竞技活动，源于古人祭水神或龙神的祭祀活动，后成为端午节的重要活动。现已被列入《国家级非物质文化遗产名录》。

【三分损益法】 中国最早的生律法。三分损益包含两个含义：三分损一和三分益一。根据某一特定的弦，去其三分之一，即三分损一，可得出该弦音的上方五度音；将该弦增长三分之一，即三分益一，可得出该弦音的下方四度音。自一律出发，将上述两种方法交替、连续使用，各音律得以生成。最早见于《管子·地员》，只算到五个音；到《吕氏春秋·音律》时，用此法已经算全了十二律的长度规范。

【三希堂法帖】 清代宫廷刻帖。乾隆十二年朝廷敕命吏部尚书梁诗正、户部尚书蒋溥等人，将内府所藏历代书法作品，择其精要镌刻而成。法帖共分32册，刻石500余块，收集自魏、晋至明代末年共135位书法家的340余件书法作品，因帖中收有被乾隆帝视为稀世墨宝的三件东晋书迹，即王羲之的《快雪时晴帖》、王献之的《中秋帖》和王珣的《伯远帖》，而珍藏这三件稀世珍宝的地方名为三希堂，故法帖取名《三希堂法帖》。

【三下锅】 旧时一个戏班只唱一种腔调，有时因演员等原因，变为几种腔调杂演；在南方，一本大戏兼用三种腔调杂演，称为"三下锅"。

【瑟】 古代一种弦乐器，形状像琴，最初有五十根弦，每弦有一柱。李商隐《锦瑟》："锦瑟无端五十弦，一弦一柱思华年。"湖北随县曾侯乙墓出土的古瑟是我国现存最古老的瑟。

【四大发明】 中国古代科学技术，包括造纸术、指南针、火药、印刷术。最初意大利数学家杰罗姆·卡丹在1550年提出中国对世界具有影响的"三大发明"：司南（指南针）、活字印刷术和火药。后来英国汉学家艾约瑟加入造纸术，形成"四大发明"的说法。

【山水画】 中国画的一大分类，是以山川自然风光景色为主要描绘对象的绘画的统称。大致分为水墨山水、青绿山水、金碧山水、没骨山水、浅绛山水、淡彩山水等形式。山水画形成于魏晋、南北朝，独立于隋、唐，成熟于北宋，在元代至明、清代成为中国古代绘画艺术的主流。中国山水画注重意境，结合笔墨技法和虚实观念，表达山水之美与心灵之美的和谐。

【山中宰相】 指南朝陶弘景。陶弘景是丹阳秣陵（今江苏南京）人，去世后被尊为"贞白先生"。擅长书法、医药、历算、地理。当时的皇帝对他非常欣赏，多次派人礼聘都被回绝，但他却经常为朝廷大事出谋划策，时人称为"山中宰相"。他的思想源于"老庄"，受葛洪的道教思想影响，同时杂有儒家和佛教观点，主张儒、释、道三家合流。编著《本草经集注》七卷，所载药物共有730种，对后世本草学的发展有很大影响。

【商调】 中国古代乐调之一。五音中，"商"为第二级音，相当于今首调唱名中的"2"音。以商音为主音的调，结声构成的调（式）名，便称为"商调"。

【伤寒学派】 专门研究张仲景的《伤寒论》和《伤寒杂病论》中有关伤寒论的医学流派，形成于晋代，绵延至清代，著名人物有王叔和、孙思邈、郭雍等。《伤寒杂病论》是东汉末张仲景所撰，它确立了中医学重要的理论支柱之辨证论治的思想。

【射覆】 古时学习《易经》的占卜者所玩的一种卜测性质的游戏。"射"是猜度之意，"覆"是覆盖之意，"射覆"就是通过占筮的方法猜测被覆盖的为何物。覆盖的一般都是生活中常见的物品。

【社戏】 旧时农村中迎神赛会所演的戏，一般在祭祀土地神的社日进行。"社"原指土地神或土地庙。在绍兴，"社"是一种区域名称，"社戏"就是社中每年所演的年规戏，是旧时绍兴城乡春秋两季祭祀社神所演的戏，用以酬神祈福。鲁迅的《社戏》就描写了这一盛况。

【神农本草经】 中国古代药物学专著，简称《本草经》或《本经》。共四卷，作者不详，托名"神农"。成书时间大约在秦汉时期，另说成于战国时期。《神农本草经》是我国现存最早的药物学专著，总结了古代劳动人民长期医疗实践中在药物学上取得的成就，是我国早期临床用药经验的第一次系统总结。

【生角】 戏曲角色之一。南戏及明、清传奇中多扮演青壮年男子。现多指老生。

【声无哀乐】 三国魏嵇康在《声无哀乐论》中提出的术语。嵇康是魏晋名士，政治上不与当权者合作，常常抨击时政；思想上受老庄影响，提出"越名教而任自然"之说，反对儒家礼教，崇尚自然之道，观点与正统的儒家音乐思想背道而驰。《声无哀乐论》中提出"心之与声，明为二物"，即音乐是外界的客观事物，哀乐是人内心的主观感情，两者没有因果关系。嵇康认为音乐的本体是"和"，是"大小、单复、高埤、善恶（美丑）"的总和，并且"声音自当以善恶为主，则无关于哀乐；哀乐自当以情感而后发，则无系于声音"。意思是音乐只有美与不美，与人的哀乐无关；人的哀乐是有所感而后表露，与声音无关。他认为音乐并不能起到移风易俗的作用，驳斥儒家无视音乐艺术性，将音乐与政治等同的观念。由此开启了中国音乐除儒家音乐观念之外的另一股潮流。

【诗乐】 《诗经》所用的音乐。《诗经》在当时都是歌曲，《诗经》中"风"（国风）是"民俗歌谣之诗"；"大雅"是"会朝之乐，受厘陈戒之辞"；"小雅"是"燕飨之乐"；"颂"是"宗庙之乐歌"。"风"有十五国风，是各地的民歌，文学成就最高。"雅"分"大雅""小雅"，多为贵族祭祀、朝会、燕飨之诗歌，"小雅"中也有部分民歌。"颂"是宗庙祭祀时用的诗歌。《诗经》中的歌曲，在周朝非常流行。这些歌曲有歌唱的、合奏的，也有单项乐器演奏的。有些"佚诗"是乐器演奏曲目（"笙诗"），没有歌词，所以在《诗经》中只有篇名。因时代久远，《诗经》的乐曲已经失传。

【十八描】 中国古代人物衣服褶纹的各种描法。明代邹德中《绘事指蒙》载有"描法古今一十八等"。清王瀛将其付诸图画，并注明每种描法的要点。十八描可分为：高古游丝描、琴弦描、铁线描、混描、曹衣描、钉头鼠尾描、橛头丁、马蝗描、折芦描、橄榄描、枣核描、柳叶描、竹叶描、战笔水纹描、减笔、柴笔描、蚯蚓描、行云流水描。

【十二段锦】 又称"文八段锦"，是由十二节动作组合而成的健身运动方法，其全部动作进行时均取坐式。"十二段锦"功法虽简单，但长期坚持可有效地促进身体健康，有防病强身的效果。同时有助力于多种慢性、虚弱性疾病的康复。

【十二经脉】 是经络系统的主体，具有表里经脉相合，与相应脏腑络属的主要特征。左右都有，对称分布。包括手三阴经（手太阴肺经、手厥阴心包经、手少阴心经）、手三阳经（手阳明大肠经、手少阳三焦经、手太阳小肠经）、足三阳经（足阳明胃经、足少阳胆经、足太阳膀胱经）、足三阴经（足太阴脾经、足厥阴肝经、足少阴肾经），也称为"正经"。

【十二平均律】 亦称"十二等程律"，明朝皇族世子朱载堉在《乐律全书》中提出。是指将八度（相邻的两个同名音构成纯八度）的音程按频率等比例地分成十二等份，每一等份称为一个半音，即小二度；一个大二度则是两等份。十二平均律在交响乐队和键盘乐器中得到广泛使用，现在的钢琴就是根据十二平均律来定音的。

【十面埋伏】 琵琶古曲，我国著名十大古曲之一，以其丰富的演奏技巧和音乐表现力流传于世。乐曲是根据公元前202年楚汉两方在垓下（今安徽省灵璧县）进行决战时，汉军设下十面埋伏的阵法，从而彻底击败楚军，迫使项羽自刎乌江这一历史事实加以集中概括谱写而成的。乐曲以小标题的形式展示，如"列营""吹打""点将""排阵""埋伏""鸡鸣山小战""九里山大战"等，对全曲的故事情节起到指向性作用。全曲气势宏大，景中有情，情中有景，情景交融。该曲把千军万马、杀声震天的悲壮古战争场面描绘得淋漓尽致，栩栩如生，运用音乐手段表现了这场战争的激烈战况。

【石鼓文】 先秦时期的刻石文字，刻于十座花岗岩石上，因石墩形似鼓，故称为"石鼓文"，后世称"石刻之祖"。石鼓文承前启后，上承秦国书风，下为小篆先声。石鼓文较金文具有明显的动感。现存的石鼓文是宋朝收集的石鼓，上面刻有文字，有人认为是描述秦国国君出猎的场面。现存北京故宫博物院。

【史晨碑】 中国东汉时期的隶书碑刻，又称《史晨前后碑》，现存山东曲阜汉魏碑刻陈列馆。此方碑刻前后两面都刻有文字，但不是同一时间所刻：前面刻于东汉建宁二年（公元169年），全称《汉鲁相史晨祀孔子奏铭》，简称《史晨前碑》。后面刻于建宁元年（公元168年），全称《汉鲁相史晨飨孔庙碑》，简称《史晨后碑》。

【书画皇帝】 指北宋皇帝宋徽宗赵佶。宋徽宗治国无能，但多才多艺，爱好书画。他擅长画山水、人物、花鸟等，不蹈前人之辙，自具风韵。他还精于书法，创造了瘦金书体，笔画劲挺秀丽，笔势劲逸，风格独特，富有艺术魅力。传世画作有《芙蓉锦鸡图》《池塘秋晚图》等，书法有墨迹《夏日帖》等。

【书体】 指书法的基本字体，主要有篆书、隶书、草书、楷书、行书等。

【水墨写意】 "写意"俗称"粗笔"，是与"工笔"相对的一种绘画技法，可分为"大写意"和"小写意"两种。通过简练概括、放纵恣肆的笔墨，表现描绘对象的意态神韵。出现于工笔人物画成熟之后，宋代梁楷始创。明代中期，水墨写意画迅速发展，泼墨大写意画非常流行，名家辈出，如人称"青藤白阳"的徐渭和陈淳。

【四大徽班进京】 京剧发展的标志性事件。清乾隆五十五年（1790年），为了庆祝乾隆八十岁寿辰，当时安徽的三庆班在高朗亭的带领下赴京演出，开启徽班进京的先河。嘉庆年间，扬州的四喜、和春、春台三个徽班陆续进京，与早先进京的三庆班被合称为"四大徽班"。四大徽班进京后，不断吸收各地地方剧种优点，并与秦腔融合，击垮了盛行多年的昆剧。清代道光年间，湖北戏曲班子进京，将汉调和西皮调带到京城，形成与徽班的二簧相融合的"皮簧戏"。"皮簧戏"具有"京音"特色，北京味浓郁，后来这种形式的戏曲传到上海，被上海人叫作"京戏"或"京剧"。

【画坛四僧】 指明末清初四个出家为僧的画家。石涛（原济）、朱耷（八大山人）、髡残（石溪）和弘仁（渐江）。四人都反对摹古，力主创新，都擅长山水画，并各有风格：石涛之画，奇肆超逸；朱耷之画，简略精练；髡残之画，苍左淳雅；弘仁之画，高简幽疏。

【四诊八纲】 是中医诊断疾病的手段。"四诊"即望、闻、问、切四种诊察疾病的方法。"望"是观察病人的精神状态、体质情况、皮肤或其他部分的色泽等；"闻"一是听病人发出的声音（言语、呼吸、咳嗽等），一是闻病人的气味（呼吸、口腔、分泌物、排泄物等）；"问"就是询问病人的发病经过和症状；"切"就是号脉和触诊，是中医诊断学中起决定性作用的一环。"八纲"即表、里、寒、热、虚、实、阴、阳。它是在四诊结果的基础上用来概括、明确疾病的主要方法。中医认为，人之所以得病是因为六因，即风、寒、暑、湿、燥、火，但这些都属于外因，是致病的条件，至于发病与否，主要取决于内因，即人的身体状况。

【松江派】 明末山水画流派之一。以董其昌为代表，其支派有三：以赵左为首的"苏松派"，以沈士充为代表的"云间派"，以顾正谊为代表的称"华亭派"。"苏松派"和"云间派"都源于宋旭。赵左和宋懋晋同师宋旭，沈士充师宋懋晋，兼师赵左。他们都是当时的松江府（今上海松江，古称华亭）人，风格互有影响，其画风逸润苍郁，清奇灵秀。

【宋四家】 即苏轼、黄庭坚、米芾、蔡襄四个代表宋代书法成就的书法家。"宋四家"中，从书法风格上看，苏轼丰腴跌宕，天真烂漫；黄庭坚纵横拗崛，昂藏郁拔；米芾俊迈豪放，淋漓沉着；蔡襄浑厚端庄，淳淡婉美。

【宋体字】 一般指"宋体"，为宋代以来刻板印刷的通行字体。宋体在北宋时质朴，南宋时挺秀，多仿欧阳询、颜真卿字体；至元代圆润；到明末演变为横细直粗、字形方正，演变至今，仍称"宋体"。宋体字的起源有三种说法。一说是由书法家们集汉字特点，简化汉字结构而成的字体；二说是因雕版印刷术的需要，而发明出来的印刷字体；第三种说法是南宋秦桧在处理文牍的过程中，发现各地呈报的公文字体五花八门，阅读极为不便，于是他便有心规范字体。为了讨徽宗欢心，秦桧在模仿徽宗"瘦金体"的基础上，取汉字精简笔划，创造出来了一种新的字体形式，时人称之为"秦体"。秦桧因陷害忠良而成为千古罪人，人们便以朝代代称，将"秦体"更名为"宋体"。

【孙过庭】 孙过庭，字虔礼，富阳人，唐朝书法家、书法理论家。他擅长各种书体，善于用笔，俊拔刚断，笔势坚劲。书法上追"二王"，旁采意草，融二者为一体，并出己意，笔笔规范，极具法度，有魏晋遗风。其代表作《书谱》是其撰文并书写的一篇书法理论文章，是中国书学史上一篇划时代的书法论著，也是历代传颂的书法精品。其"古不乖时，今

同弊"的书法观奠定了书法美学理论基础。

【孙思邈】 孙思邈（约581年~682年），京兆华原（今陕西铜川市耀州区）人，唐代医学家，被后世尊为"药王"。著有《千金要方》《千金翼方》。

【踏青】 又叫"春游""探春""寻春"，一般指初春时结伴到郊外远足游学，并进行各种游戏以及蹴鞠、荡秋千、放风筝等活动。

【泰山刻石】 又名"泰山秦刻石""李斯小篆碑""封泰山碑"，是我国现存最早的纪功刻石之一。公元前219年秦始皇率群臣封禅泰山，立石颂德，其刻辞全文可见《史记·始皇本纪》。原石共四面，分为两部分。前半部分（"始皇刻辞"144字）刻于秦始皇二十八年（公元前219年），后半部分（"二世诏书"78字）刻于秦二世元年（公元前209年）。传为李斯撰文并书丹。刻辞中宣扬法制，表达了秦始皇治理国家的决心。刻石原立于山东省泰安市泰山山顶，残石现存山东省泰安市泰山岱庙东御座院内。

【唐代仕女画】 人物画的一种，发展于两晋时期，辉煌于唐代，指古典绘画中表现妇女生活题材的作品。唐朝仕女画的内容主要是表现贵族妇女的游乐生活场景以及宫廷女性的美丽容颜。线条精细劲健，色彩富

丽匀净，不仅色彩搭配和谐，用笔更趋精细，人物形象生动，有气质。唐朝仕女画对我国人物画的发展完善起了很大的推动作用。

【唐寅】 唐寅（1470年~1524年），初字伯虎，更字子畏，号桃花庵主，晚年信佛，有六如居士等别号，吴县（今江苏苏州吴县）人，明代画家、书法家、文学家。在绘画上，他是"吴门画派"的代表，擅山水，工人物，尤精仕女，画风既工整秀丽，又潇洒飘逸，被称为"唐画"，与沈周、文徵明、仇英齐名，合称"明四家"。他的书法取法赵孟頫，俊逸秀挺，韵味悠远。他诗风清朗洒脱，擅长采用民歌形式写曲，与祝允明、文徵明、徐祯卿合称"吴中四才子"。传世作品有《春山伴侣图》《落霞孤鹜图》《莳田行犊图》《杏花仙馆图》《草堂话旧图》等。

【桃花扇】 一部表现亡国之痛的传奇剧本，清孔尚任所作。通过讲述文士侯方域和秦淮名妓李香君的爱情故事，直接或间接地触及到当时的重大史事与人物，暴露了明末弘光政权昏君乱相的丑恶行径与可憎面目，表达了社会下层人物的爱国之心与民族气节。

【同光十三绝】 清同治、光绪年间，京剧舞台上享有盛名的十三位演员。晚清画师沈蓉圃绘制他们的剧装画像《同光十三绝》，他们因此亦被称为"同光十三绝"。分别是：程长庚（老生，饰《群英会》之鲁肃），张胜奎（老生，饰《一捧雪》之莫成），卢胜奎（老生，饰《战北原》之诸葛亮），杨月楼（武生，饰《四郎探母》之杨延辉），谭鑫培（老生，饰《恶虎村》之黄天霸），徐小香（小生，饰《群英会》之周瑜），梅巧玲（花旦，饰《雁门关》之萧太后），时小福（青衣，饰《桑园会》之罗敷），余紫云（青衣花旦，饰《彩楼配》之王宝钏），朱莲芬（花旦，饰《玉簪记》之陈妙常），郝兰田（老旦，饰《行路训子》之康氏），刘赶三（丑角，饰《探亲家》之乡下妈妈），杨鸣玉（丑角，饰《思志诚》之闵天亮）。

【投壶】 中国古代士大夫宴饮时做的一种投掷游戏。春秋、战国时期，诸侯宴请宾客时的礼仪之一就是请客人射箭。有的客人不会射箭，就用箭投酒壶代替。久而久之，投壶就代替了射箭，成为宴饮时的一种游戏。

【透视法】 是借助近大远小的透视现象，把几何透视运用到绘画艺术表现中，来表现物体的立体感的绘画技法。有焦点透视法、散点透视法、空气透视法等。

【外师造化，中得心源】 唐代画家张璪提出的艺术创作理论。"造化"，即大自然；"心源"，即作者内心的感悟。"外师造化，中得心源"是说艺术创作来源于对大自然的师法，但是自然的美并不能够自动地成为艺术的美，对于这一转化过程，艺术家内心的情思与构设是不可缺少的。

【**万宝常**】 隋代音乐家，善弹多种乐器。代表作品有《乐谱》。他奉诏制定礼乐，曾以自制的水尺为律调制乐器，撰《乐谱》六十四卷，论述"八音旋相为宫之法，改弦移柱之变，为八十四调，一百四十四律，变化终于一千八声"等乐律理论。他所制定的这套宫廷乐器对后世的俗乐产生重大影响，他的乐律理论对唐代定律具有启迪作用。

【**王羲之**】 王羲之（303年~361年）字逸少，琅琊（今山东临沂市）人。他自幼师从书法家卫夫人，得其精华，后又备精诸体，融会贯通，博采众长，开创了妍美流畅的行、草书法先河，从而一改汉魏质朴的书风，有"书圣"的盛誉。代表作有《兰亭集序》《平安三帖》等。

【**望闻问切**】 中医诊断方法。合称"四诊"，是中国传统医学体系中最基本、最重要的诊断术。"望"列为四诊之首，其重点在于观望局部气色，即所谓"望五色"；"闻"是听病人说话、咳嗽、喘息，嗅出病人的口臭、体臭等气味；"问"是询问病人自己所感到的症状，以前所患过的病等；"切"是用手诊脉或按腹部有没有痞块，"切脉"为中医最重要的诊断方法。

【**围棋**】 传统的双人棋类游戏，中国古时称"弈"，意即"你投一子我投一子"。起源于中国，相传远古时期尧帝发明，属"琴棋书画"四艺之一。隋唐时传入朝鲜半岛和日本，流传到欧美各国。围棋名称的含义是"一种以包围和反包围战术决出胜负的棋戏"。使用矩形格状棋盘及黑白二色圆形棋子进行对弈，正规棋盘上有纵横各19条线段，361个交叉点，棋子必须走在棋盘的空交叉点上，双方交替行棋。

【**魏碑**】 狭义的魏碑是指北魏时期的书体，广义的魏碑即北朝碑刻，包括魏、齐、周三朝，直至隋统一南北之前。这是一种隶书过渡到楷书时的书体，属于楷书范畴。它出现于当时的北方，包括碑碣、摩崖、墓志等。魏碑书法质朴雄强，粗犷自然，存隶书的雄厚之气，比唐楷多质朴之姿，有鲜明的艺术特色。

【**温病学派**】 是以研究外感温热病为主的医学流派。由伤寒学派与河间学派派生，以研究和治疗温热病而著称，又称"瘟疫学派"。主张"卫气营血辨证"和"三焦辨证"的理论，为中医学理论的丰富作出了重要贡献。以清代叶桂为代表。

【**温补学派**】 中医流派。以研

究脾肾及命门水火的生理特性及其病理变化为中心内容，进一步发展了易水学派的"脏腑病机"学说，形成于明代。学派创始人李东垣著有《脾胃论》，代表人物有薛己、孙一奎等。

【文人画】 亦称"士夫画"，中国画的一种。泛指中国封建社会中文人、士大夫所作之画。为别于民间画工和宫廷画院职业画家的绘画，北宋苏轼提出"士夫画"，明代董其昌称道"文人之画"，以唐代王维为其创始者。文人画多取材于山水、花鸟、梅兰竹菊和木石等，作者借以抒发"性灵"或个人抱负，亦寓有对腐朽政治的愤懑之情。

【吴昌硕】 吴昌硕（1844年~1927年），浙江安吉人。我国近代篆刻家、书画家，"海派"代表人物。最为擅长写意花卉，深受徐渭和朱耷影响，在绘画中融入书法、篆刻的运刀和章法，画风独特。善用篆笔画梅、兰，笔墨酣畅，富有情趣；喜用狂草画葡萄，笔力老辣，气势雄强。在构图格局上他喜欢用"之"和"女"型；在用色方面，爱用浓色，尤爱西洋红。到了晚年，吴昌硕尤爱画牡丹。他笔下的牡丹花开烂漫，色彩多选用鲜艳的胭脂红，再配以茂密的枝叶，显得生气蓬勃。代表作有《紫藤图》《墨荷图》《松石图》《牡丹图》《桃实图》等。

【吴门画派】 明代中期的绘画派别。明中叶时，沈周、文徵明、唐寅、仇英被称为"明四家"。他们以苏州地区为中心，成为当时画坛的中心力量与典型代表。因苏州为古吴都城，有吴门之谓，亦称"吴派""吴门画派"。

【五毒】 ①中医指五种性猛药材：石胆、丹砂、雄黄、矾石、慈石。②五种有毒的动物：蜈蚣、毒蛇、蝎子、壁虎、蟾蜍或蜈蚣、蛇、蝎、蜂、蜮。

【五声】 "五声"指"宫、商、角、徵、羽"五音，相当于今天简谱中的"1、2、3、5、6"。

【西厢记】 全名《崔莺莺待月西厢记》，元代著名杂剧作家王实甫著。《西厢记》的故事，起源于唐代元稹的传奇小说《莺莺传》，叙述书生张珙与同时寓居在普救寺的已故相国之女崔莺莺相爱，在婢女红娘的帮助下，两人在西厢约会，互许终身。后来张珙赴京应试高中，却抛弃了莺莺，酿成了爱情悲剧。这个故事到宋金时代流传更广，王实甫进行加工创作编写出多本杂剧《西厢记》。

【戏曲】 中国传统戏剧形式，是包含文学、音乐、舞蹈、美术、武术、杂技等各种元素的表演艺术。"戏曲"是元南戏、元明清杂剧、明清传奇以及京剧和所有地方戏在内的传统戏剧的统称。各戏曲种类虽名目各异，但有共同特色，即说唱结合，既有"戏"，又有"曲",以曲为主。中国古代著名的戏曲家有关汉卿、王实甫、徐渭、汤显祖、李玉、李渔、洪昇、孔尚任等。

【戏曲四功五法】 指戏曲演员的"唱(唱功)、念(念白)、做(做工)、打(武打)"四种功夫和"手(手势)、眼(眼神)、身(身段)、法(技法)、步(台步)"五种基本功。

【弦索备考】 是清代用工尺谱记写的弦乐合奏总谱。共收入十三套以弦乐为主的合奏乐曲,又叫作《弦索十三套》。

【咸池】 周代"六代舞"中的第二代乐舞,亦称《大咸》。主要表现祭奠祖先和祈求祖先保佑的内容。之所以叫《咸池》,是因为在神话传说中,咸池是日落之地,也是祖先亡灵栖息的地方。

【相扑】 我国传统的体育运动项目,源自秦汉时期的"角抵"。南北朝时期叫"相扑",唐朝时传入日本。

【象形】 "六书"造字法之一,属于"独体造字法"。象形字,来自于图画文字即用文字的线条或笔画,把物体的外形特征具体地勾画出来。例如"月"字像一弯明月的形状。

【箫】 分为洞箫和琴箫,是我国古老的吹奏乐器之一。箫和笛一样,都是源于远古时期的骨哨,因此很长一段时间人们把箫称作"笛",直到唐代,两者才开始分离,横吹为笛,竖吹为箫。箫的音量较小、音色轻柔,比笛声更有缠绵不尽的幽怨之意,因此箫比较适合于独奏和重奏。著名的独奏曲目有《春江花月夜》《妆台秋思》《平沙落雁》等,另有琴箫合奏曲《梅花三弄》。

【写意画】 中国绘画的一种。写意画笔墨简练,多抒发作者豪放洒脱的感情。写意画运用概括、夸张的手法,联想丰富,用笔虽简,但意境深远。

【写真】 中国肖像画的传统名称,要求做到形神统一。东晋画家顾恺之曾说:"传神写照,正在阿堵之中。"意思是肖像画表现人物的关键所在便是传神逼真。故人们将其命名为"写真""传神"等。明代以后,受西方肖像画绘画风格影响,我国还出现了写真派,以画家曾鲸为代表,专以写真为题材。

【形声】 "六书"之一。许慎《说文解字》:"以事为名,取譬相成。江河是也。"形声字由两部分组成:形旁(又称义符)和声旁,属于"合体造字法"。

【行书】 又称"行押书"。介于楷书、草书之间,是楷书的草化或草书的楷化。行书特点:①大小相兼。每个字呈现的大小不同,字的笔与笔相连,字与字之间连带,既有实连,也有意连,有断有连,顾盼呼应。②

收放结合。线条短的为收,线条长的为放。③疏密得体。上密下疏,左密右疏,内密外疏。布局上字距紧压,行距拉开,跌扑纵跃,苍劲多姿。④浓淡相融。书写应轻松、活泼、迅捷,是疾与迟、动与静的结合。墨色安排上应首字为浓,末字为枯。线条长细短粗,轻重适宜,浓淡相间。行书名家有晋代王羲之(《兰亭序》)、宋朝苏轼(《黄州寒食帖》)、米芾(《蜀素帖》)等。

【杏林】 是对中医学界的代称。传说三国时期闽籍道医董奉周游天下,以医术济世救人。途经钟离(今安徽凤阳)时,看到当地人民因战争而贫病交加,十分同情,便在一个小山坡上居住下来。看病不收费,但病人痊愈后要在他居住的山坡上种植杏树:重病痊愈者五棵,病轻者一棵。数年之后,已经种了有万余棵。杏子成熟时,董奉写了一张告示,规定来买杏的人,不必通报,只要留下一斗谷子,就可自行摘一斗杏去。他用杏子交换来的谷子救济贫民,每年救济二三万人。后世遂以"杏林"称颂医生,医家也以"杏林中人"自居。用"杏林春暖""誉满杏林"等词来称颂医家的高尚品质和精良医术。

【徐熙野逸】 指五代花鸟画两大流派之一,以徐熙为代表。徐熙,钟陵(今江西南昌)人,五代南唐画家。善画花鸟,作品有平淡文雅、朴素洁净的野趣,其画以墨色为主,杂彩为辅,因此被人称为"野逸"。

【玄秘塔碑】 亦称《唐故左街僧录大达法师碑铭》。唐代裴休撰文,柳公权书并篆额。《玄秘塔碑》立于唐会昌元年(841年),碑在陕西西安碑林。

【穴位】 学名"腧穴",又称为"穴""穴道",是中医学特有名词,多为人体神经末梢和血管较多的部位。主要指人体经络线上特殊的点区部位,可以通过针灸或者推拿、点按、艾灸等方式刺激相应的经络点治疗疾病。部分穴位并不在经络上,但刺激这些穴位亦可产生疗效。

【压轴戏】 戏曲术语。在戏曲演出中,最后一出戏叫"大轴戏",倒数第二出戏是一次演出中的主戏,由于它紧压大轴戏,因而得名"压轴戏"。后用来比喻最后出现的倍受关注的事情。

【雅乐】 中国古代的宫廷音乐,用于祭祀、朝贺、宴享等各种仪式典礼。西周建立,周公制礼作乐,其中一部分就是雅乐。周朝把礼、乐、刑、政并列,政权、法律、礼仪和雅乐构成了西周奴隶主贵族统治的支柱。雅乐的主要乐器是编钟和编磬,其他乐器还有特钟、特磬、柷、敔、古琴、搏拊、埙等。

【颜筋柳骨】 "颜筋"指的是

唐朝书法家颜真卿的书法,其书法特点是筋力丰满,雍容堂正;"柳骨"指的是唐朝书法家柳公权的书法,其书法特点是骨力劲健。

【阎立本】 阎立本(约601年~673年),雍州万年(今陕西西安)人,唐朝著名的画家和书法家。阎立本擅长人物画,画作描法富于变化,有粗有细,有松有紧,极富表现力。代表作有《步辇图》《历代帝王图》等。

【燕乐】 起初只是一种宴请宾客时专用的宫廷歌舞音乐,在周朝不受重视,到隋唐时取代雅乐,成为盛行的宫廷音乐。隋朝初年,燕乐按音乐来源和乐队编制分为七种,即"七部乐",到隋炀帝时又增加为"九部乐"。唐太宗时改为"十部乐"。到唐玄宗时,又根据表演形式将十部乐归为"坐部伎""立部伎"两大类。坐部伎在室内坐奏,人数较少,音响清雅细腻,注重个人技巧;立部伎在室外立奏,人数较多,场面宏大、气氛热烈。唐代燕乐最突出的艺术成就是歌舞大曲。它是一种综合器乐、歌唱和舞蹈的多段结构的大型乐舞。著名的大曲有《霓裳羽衣曲》《绿腰》《凉州》《后庭花》《破阵乐》《水调》等。

【雁柱箜篌】 新型弹拨弦鸣乐器,是仿照古代立式竖箜篌的基本造型,改进研制而成的。其外形近似于西洋竖琴,有两排琴弦,每排有36根弦,每根弦都是由"人"字形的弦柱支撑。这种箜篌的形态像天空中飞翔的雁阵队形,所以得名为"雁柱箜篌"。

【阳关三叠】 古琴曲,是根据唐代诗人王维《送元二使安西》谱写。诗是为送友人去关外而作,表达了作者对即将远行的友人无限留恋的诚挚情感。因为同一个曲调反复叠唱三次,故叫"三叠"。初叠又加了一句"清和节当春"做引句,其余均用王维原诗。歌曲结尾处渐慢、渐弱,抒发了一种感叹的情绪。

【扬州八怪】 清康熙中期至乾隆末年活跃于扬州地区的一批风格相近的书画家总称,美术史上也称为"扬州画派"。说法不一,一般指金农、郑燮、黄慎、李鱓、李方膺、汪士慎、罗聘、高翔八人。他们大多出身贫寒,生活清苦,清高狂放,书画往往成为抒发心胸志向、表达真情实感的媒介。扬州八怪的书画风格异于常人,不落俗套,因此称作"八怪"。

【药膳】 发源于中国传统饮食和中医食疗文化。以药物和食物为原料,在中医学、烹饪学和营养学的理论指导下,严格配方,采用我国独特的饮食烹调技术和现代科学方法制作而成,是色、香、味、形俱佳的保健食品。

【医经学派】 研究古代医学经典基础理论为主的学派。古代记载的医经有七家，但仅有《黄帝内经》流传下来，对《黄帝内经》的研究也就奠定了中医学理论的基础。医经学派的代表作有扁鹊《难经》、华佗《中藏经》、皇甫谧《针灸甲乙经》、全元起《内经训解》、杨上善《太素》、王冰《素问注释》、吴崑《素问吴注》、张介宾《类经》等。

【移步换影】 中国画中多视点的散点透视法又称"移步换影"。如《清明上河图》的长卷，既有俯视的图景，又不乏仰视和平视的图景，它把街市、人物、桥梁、船只等都合理地安排和表现在一个画面上。

【以大观小】 北宋沈括提出的绘画美学思想。把辽阔的景物缩到极小的空间内，让人能够一目了然地看到景物或人物群体的全貌，同时尽量缩小作画对象透视上的大小差别，使物象超越空间的约束。

【乙瑛碑】 刊刻于东汉永兴元年（153年）的一方碑刻，又称"百石卒史碑""孔龢碑""孔和碑"等，撰者不详。书体方正端丽，骨肉匀适，具有中和之美。被称为"汉隶标准本"，是汉隶碑刻的典范。现存于山东曲阜汉魏碑刻陈列馆。

【易水学派】 创始人为金代易州人张元素，该派以研究脏腑病机为中心，在诊断和治疗脏腑病症方面建立了较为系统的理论和方法，也为温补学派的建立奠定了基础。代表人物为张元素及其弟子李杲和王好古。

【永乐宫壁画】 在山西平陆县永乐镇，属元代道教宫观壁画，由洛阳马君祥等人绘制。永乐宫的主殿是三清殿，殿内四壁绘有《朝元图》，描绘道教神仙朝元盛况，画上人物众多，场面壮阔，群像的神态刻画严谨细致，画师的线条简练严谨、流畅刚劲，整幅壁画上除主神的衣服色彩采用绯红和堆金沥粉外，其他人物的衣服色彩均以青绿为主，生动表现了人们理想中神仙人物的庄严和清静。其他的大殿如无极门、纯阳殿、重阳殿的殿内也绘有大量壁画，创作的时间晚于三清殿壁画，这些画以当时的现实生活为背景，包罗万象。壁画总面积约1000平方米，规模宏伟，画面壮丽又灿烂辉煌，是世界罕见的艺术瑰宝。

【永字八法】 中国书法用笔法则。相传为隋代智永和尚所传，另说为东晋王羲之或唐代张旭所创，原为楷书书写的基本法则，后引为书法的代称。它是以"永"字八笔顺序为例，阐述正楷笔势的方法，分别是"侧、勒、努、趯、策、掠、啄、磔"八画。

【用色】 中国画技法。理论上，南齐谢赫在《画品》中提出"随类赋彩"的设色方法，以区分物象种类。实践中，中国画用色有勾线重彩填色、水墨淡彩、淡彩与重彩结合三种方法。

设色的具体方法包括干染、湿染、平染、分染、罩染、碰染、衬染、用水、用胶、用矾等。

【渔樵问答】 古琴曲名，中国十大古曲之一。曲谱最早见于明代萧鸾的《杏庄太音续谱》。琴曲表达的是隐逸之士对不为凡尘俗事所羁绊的渔樵生活的向往。乐曲采用渔者和樵者问答的方式，以上升的曲调表示问句，下降的曲调表示答句，通过飘逸而优美的旋律，精确而形象地渲染出渔夫和樵夫在青山绿水间怡然自乐的情趣。

【豫剧】 也称"河南梆子""河南高调"。明末，秦腔与蒲州梆子传入河南，与当地民歌、小调相结合而成，流传于河南以及陕西、甘肃、河北、山东、安徽等地。因早期演员用本嗓演唱，起腔与收腔时用假声翻高尾音带"讴"，又叫"河南讴"。在豫西山区演出多依山凭土为台，当地称为"靠山吼"。因为河南省简称"豫"，解放后河南梆子定名为"豫剧"。代表作有《花木兰》《穆桂英挂帅》等。

【元曲四大家】 元曲作家关汉卿、马致远、白朴、郑光祖被誉为"元曲四大家"，代表作分别是《窦娥冤》《汉宫秋》《墙头马上》《倩女离魂》。

【元四家】 黄公望、王蒙、倪瓒和吴镇四位元代山水画家的合称。四人都是江浙一带人，遭遇相似，都生活在元末，擅长水墨山水兼工竹石，都是文人画风格。"元四家"的作品非常注重笔墨技巧，讲究意境神韵，都流露出对没落王朝的怀恋。"元四家"的作品大多淡远、萧疏、幽深，比较脱离现实。黄公望的画作峰峦浑厚，草木华滋；王蒙的画作千岩万壑，连环重迭；吴镇的山水苍茫沉郁，圆浑苍润；倪瓒的山水荒凉空寂，疏简消沉。代表作分别有：黄公望的《富春山居图》，王蒙的《青卞隐居图》《夏日山居图》，倪瓒的《渔庄秋霁图》《紫芝山房图》，吴镇的《江岸望山图》

【元杂剧】 元杂剧是在宋杂剧、金院本和诸宫调的基础上逐步形成的。始于两宋，盛于元朝，消衰于元末。前期著名作家有关汉卿、王实甫、白朴、马致远等，活动中心在大都（今北京），主要作品有关汉卿的《窦娥冤》、王实甫的《西厢记》、马致远的《汉宫秋》、白朴的《墙头马上》等。后期作家有郑光祖、乔吉、宫天挺、秦简夫等，活动中心在杭州。主要作品有郑光祖的《倩女离魂》等。元杂剧有严格的格式，在结构上一般一本四折（"折"相当于"幕"），一折又可以分几场，有的还有"楔子"。"楔子"大致相当于现在的序幕和过场戏，只用一支或两支单曲，不用套曲。每一折都用同一宫调的若干曲牌组成套数，且要求用韵相同。每出戏由一人主唱，由女主角主唱叫"旦本戏"，由男主角主唱叫"末本戏"。剧本前多有题目正名，剧本由曲词、宾白、科范组成。曲词的主要作用是抒情，一般由一个主要演员歌唱，是主体。宾白是剧中人物说白，主要用于交代情节。科范简称"科"，是对演员的主要动作、表演和舞台效果的提示。角色大致分为末、旦、净、杂四类，正末、正旦是元杂剧中主唱的角色。元杂剧按题材可分为婚恋戏、公案戏、水浒戏、历史戏、神仙道化戏、教化戏六类，在当时非常繁荣。

【乐调】 指音乐的声调。音阶的第一级音不同，就有不同的调式。如果以宫作为音阶的第一级音，乐调就是宫调式；以商作为音阶的第一级音，乐调就是商调式，其他依次类推。古有五音，便有五种不同的调式，这就是"乐调"。

【乐府】 ①古代宫廷音乐机构，秦始置，掌管朝会食宴、大型集会时所用的音乐，兼采民间诗歌和音乐。②古代诗体名称。本指乐府采集和创作的乐歌，后也指配乐的词曲等。

【乐律全书】 明朝朱载堉著。是集乐律、乐谱、乐经、舞谱、数律和历法为一体的综合性巨著。《乐律全书》中的《律吕精义》内外两篇，详细地阐述了朱载堉所创造的"新法密率"。新法密率也叫"十二平均律"，是一种将音乐中的八度音均分为十二个半音的中国古代律制。它在理论上解决了历代在旋宫问题上存在的矛盾，是音乐史上最早用等比级数音律系统阐明十二平均律的科学巨著。

【粤剧】 形成于清初，由外地传入的高腔、昆腔、皮黄、梆子等声腔与广东当地的民间音乐结合而成。形成了以板腔体结构为主、曲牌体结构为辅的唱腔系统。流行于广东、香港、东南亚等粤语语言区。代表剧目有《搜书院》《关汉卿》等。

【越剧】 中国五大戏曲剧种之一，曾称"绍兴文戏"。清道光末年由绍兴嵊州的"落地唱书调"为基础发展而成。越剧以唱为主，长于抒情，声音优美，表演典雅，唯美灵秀。多以才子佳人为题材，流派众多。经典剧目有《梁山伯与祝英台》《红楼梦》《西厢记》《追鱼》。国外有人称为"中国歌剧"。

【云门】 又称《云门大卷》，西周"六代舞"之一，是第一代乐舞。相传为黄帝时代的乐舞，歌颂黄帝的丰功伟绩，因黄帝所在氏族的图腾为云彩而得名。周代用以祭祀天神。

【造纸术】 中国古代四大发明之一，发明于西汉时期、改进于东汉时期。西汉时期在制造丝织品的过程中，发现了"絮纸"，后东汉蔡伦改进了造纸术，用树皮、麻头、敝布、鱼网等原料造纸，后人把这种纸叫作"蔡侯纸"。东汉末年，造纸能手左伯改进了造纸工艺，他造出来的纸厚薄均匀、色泽鲜明，称为"左伯纸"。

【曾侯乙编钟】 战国早期曾国国君曾侯乙的一套大型礼乐编钟，于1978年从湖北随州市西郊曾侯乙墓出土，现藏于湖北省博物馆。这套编钟规模宏大，制作精美，整套共65件，分3层8组悬挂在钟架上，可随意拆卸。其中有19件钮钟，45件甬钟以及1件镈钟，钟体总重2567公斤。音域达到5个八度，音阶结构基本上与现代的C大调七声音阶接近。钟上铸有大量关于音乐知识的篆体铭文，是研究战国时期乐律体系的珍贵资料。

【展子虔】 展子虔，隋朝著名画家，渤海人。展子虔的《游春图》代表了中国早期山水画的面貌。图中展现了水天相接的情形，有青山叠翠，湖水融融，也有士人策马山径或驻足湖边，还有美丽的仕女泛舟水上，微波粼粼，绿草如茵，美不胜收，整个画面显得场景阔大、视野辽远。它解决了以往山水画"人比山大，水不容泛"的问题，准确地把山、水、人物、舟车融合在了一起。

【张猛龙碑】 全称《魏鲁郡太守张府君清颂之碑》，又名《张猛龙清颂碑》。北魏明孝帝正光三年（522年）立，现存山东曲阜汉魏碑刻陈列馆中。碑文记颂魏鲁郡太守张猛龙兴办学校的功绩。楷书二十六行，满行四十六字。碑文书法用笔方圆并用，结字长方，笔画虽属横平竖直，但不乏变化，自然合度，妍丽多姿。

【张择端】 北宋画家，东武（今山东诸城）人。幼好读书，早年游学汴京，后习绘画。宋徽宗时供职翰林图画院，擅画舟车、市肆、桥梁、街道、城郭。传世作品有《清明上河图》。

【张仲景】 张仲景，名机，字仲景，南阳郡涅阳县（今河南省邓州市穰东镇张寨村）人。东汉末年医学家，被后人奉为"医圣"。著有《伤寒杂病论》。

【章草】 最早形成于汉代，是从秦代的草隶中演化而来，上通隶书、简牍，下开今草。其笔画圆转如篆，点捺如隶。省掉隶书的蚕头却保留了雁尾，雁尾用重笔挑出。一字之内笔画牵带，但各字独立。代表作有三国时皇象的《急就章》。

【赵孟頫】 赵孟頫（1254年~1322年），字子昂，号松雪、松雪道人。元代书画家，文学家。宋太祖赵匡胤十一世孙。书法风格遒媚秀逸、结体严整、笔法圆熟，被称为"赵体"。流传下来的代表性书法作品有《千字文》《洛神赋》《胆巴碑》《归去来兮辞》《兰亭十三跋》《赤壁赋》《道德经》等。他和唐代的欧阳询、颜真卿、柳公权并称为"楷书四大家"。

【浙派】 中国山水画流派之一,创始人戴进。形成于明代前期,流行于明代中期,对后期的中国画坛影响较大。该派综合借鉴了南宋李唐、刘松年、马远等人的绘画风格,行笔奔放,墨色淋漓酣畅,画面动感强烈。代表有戴进《春山积翠图》、吴伟《长江万里图》等。

【针灸】 传统中医疗法。通过用针刺或艾灸的方法刺激一定的穴位,从而激发经络气血功能,达到祛除病邪,恢复健康的功效。

【正骨】 古代医学"十三科"之一,是用推、拽、按、捺等手法来治疗骨折、脱臼等肢体损伤的一门医学技术。

【指南针】 中国古代四大发明之一,是用以判别方位的一种简单仪器。前身是司南。主要组成部分是一根装在轴上可以自由转动的磁针。磁针在地磁场作用下能保持在磁子午线的切线方向上。磁针的北极指向地理的北极,利用这一性能可以辨别方向。

【指事】 "六书"之一,属于"独体造字法"。汉代许慎《说文·叙》:"指事者,视而可识,察而见意,上下是也。"与象形的主要分别是指事字含有绘画中较抽象的东西。例如"刃"字是在"刀"的锋利处加上一点,以作标示。

【中国画】 简称"国画",是我国的传统绘画形式,已有两千多年的历史,具有独特的民族风格和东方艺术魅力。中国画的颜料以墨为主,以矿石颜料设色为辅,用各式毛笔在特制的宣纸或绢素上绘画。基本画法可分为工笔和写意两大类。在题材上有人物、山水、花鸟三大类。中国画的风格是不求形似而求神似,"贵情思而轻事实",要求"意在笔先,画尽意在"。基本技法是用笔、用墨、用水、用色。随着时代的发展,各种画派在不断地推陈出新,中国画也吸取了一些新的技法,探索各种创作方法,使这一古老的画种有了更加丰富多彩的面貌。

【中国书法】 指汉字的书写艺术,特指以毛笔表现汉字而形成的艺术形式,有篆书、隶书、草书、楷书、行书等书体。书法包括用笔、结构、章法、墨法等技法。中国书法艺术已有三千多年历史,其影响及于日本,并由汉字书写拓展到假名书写。

【中国象棋】 也叫"象戏""象棋",中国传统双人棋类游戏,是模仿当时的兵制设计的。先秦时期的象棋,称作"六博",由棋(棋子)、箸(骰子)、楬(棋盘)等三种器具组成,每方6子,分别为枭、卢、雉、犊、塞(2枚)。制式不断改进,定型于北宋末年:双方各16枚棋子,分别为将(帅)1个,车、马、炮、象(相)、士（仕）各2个，卒（兵）5个。有南宋洪迈的《棋经论》等象棋专著。

【中医】 指中国传统医学，是研究人体生理、病理以及疾病的诊断和防治的一门学科。起源于华夏先民长期的劳动实践，到原始社会末期已具雏形。神农尝百草开创中药学，伏羲制九针开创针灸学。"精气学说""阴阳学说""五行学说"是中医的理论基础，构成了对疾病的诊断和防治的理论依据。灸熨、针刺和汤药是中医的三大基本治疗方法。

【中医十大流派】 中医在长期的发展过程中形成了多种流派，其中主要有医经学派、经方学派、伤寒学派、河间学派、攻邪学派、丹溪学派、易水学派、温补学派、温病学派、汇通学派等十个派别。

【中医推拿】 又称"按摩""按跷""导引""摩消"等，是依据中医理论对体表特定部位施以各种手法，有时也配合某些肢体活动以恢复或改善身体机能的方法。推拿按摩属中医学的重要组成部分，也是人类最古老的疗法之一。

【种痘】 中国发明的针对"天花"的最重要的预防技术。"天花"又名"痘疮"，是一种传染性较强的急性发疹性疾病。据记载，此病最早于东汉初期由西域传入中国。中国医生很早就关注到天花的治疗，而且积极采取措施进行预防。关于种痘的记载最早可追溯到宋代，但一般认为此技术在明代最终形成。1979年，世界卫生组织宣布已经消灭天花，自此种痘取消。

【周髀算经】 原名《周髀》，中国古代数学、天文学著作，成书于西汉或更早。唐代改名《周髀算经》。主要是用数学方法解释当时的盖天说和四分历法，提出了勾股定理和开平方法的应用，是当时数学发展成果的总结。

【肘后备急方】 我国第一部临床急救手册，东晋葛洪著。书中关于天花的危险性和传染性的描述，是世界上最早的相关记载。其用狂犬脑组织治疗狂犬病的方法，被认为是我国免疫思想的萌芽。

【诸宫调】 宋、金、元时期一种大型的以唱为主、有说有唱的表演艺术。因用多种宫调的曲子联套演唱各种故事，故称"诸宫调"。又因为它用琵琶等乐器伴奏，故又称"弹词"或"弦索"。现存的诸宫调有《刘知远诸宫调》残本、《天宝遗事诸宫调》残本和《西厢记诸宫调》全本。

【转注】 "六书"之一，属于"用字法"。许慎《说文·叙》："转注者，建类一首，同意相受，考老是也。"大致有"形转""音转""义转"三说。戴震认为转注就是互训，"考"和"老"两字主要意义相同，可以互训。转相为注，互相为训。

【子午流注】 中医术语。"子"代表阳，"流"代表阳生的过程；"午"代表阴，"注"代表阴藏的过程。子午流注的变化随着太阳的升落而变化。中医认为人体中的十二条经脉对应着每日的十二时辰，时辰在变，所以不同经脉中的气血在不同的时候也有盛衰。这种气的流动变化环环相扣，紧密有序，与外界相应和。中医根据每个时辰中气血的变化，总结出"子午流注"。

【钻锅】 梨园行话。指戏剧演员为了扮演自己所不会的角色而临时去钻研、排练。

导读

典故掌故传说

典故，一指古代的典章制度、旧事旧例；二指诗文里引用的古书中特定的故事或词句；还泛指具有教育意义且大众耳熟能详的公认的人物、事件。掌故，指旧制旧例、故事、史实，特指关于历史人物、典章制度等的逸闻轶事。传说则属于历史上流传的人物轶事、民间故事或传闻，多具有趣味性。历史掌故、人物传说、奇闻轶事等历来为人们津津乐道，我国古代流传下来的典故传说更是多如繁星，大多数具有教育意义且被大众广为传播。这些掌故传说又以凝练的文字发展成为成语、熟语，并在诗文中被广泛运用，这不仅为传统文化增添了亮色，也给后人解读特定历史时期的事件、人物作品增加了一条路径。

【八百里】 典出《世说新语·汰侈》。晋人王恺有良牛,名"八百里驳","八百里"指其善于奔驰,"驳"为骏马之称。他用这头牛做赌注和王济比赛射箭,输了。王济杀了牛,将牛心烤了吃。后世诗词用"八百里"来指牛,形容善于奔驰。辛弃疾《破阵子·为陈同甫赋壮词以寄之》:"八百里分麾下炙,五十弦翻塞外声,沙场秋点兵。"

【摆架子】 清代顾铁卿《清嘉录》:"杂耍诸戏来自四方,各献所长,以娱游客之目。……两人裸体相扑,谓之'摆架子'。"两个彪形大汉赤裸身体(只用布条遮体),又开双脚,微俯上身,虎视眈眈地瞪着对方,显得很有气势。后来人们用"摆架子"泛指摆出架势,比喻装腔作势显威风。

【百里才】 指能治理一县的人才。古时一县辖地约百里,故用"百里"为县的代称。唐代骆宾王《饯郑安阳入蜀》:"地是三巴俗,人非百里才。"

【班马】 ①典出《左传·襄公十八年》:"邢伯告中行伯曰:'有班马之声,齐师其遁。'"指离群的马,常用来借指分别。唐代李白《送友人》:"挥手自兹去,萧萧班马鸣。"②为古代两人的并称:一指班固与司马迁;二指班固与司马相如;三指班固与马融。

【半部《论语》治天下】 旧时用来强调学习儒家经典的重要性。宋初宰相赵普曾因读史不精,被宋太祖赵匡胤训斥不学无术,后潜心钻研《论语》。太宗赵匡义即位后,有人说宰相所读仅《论语》而已。太宗因此问他,他表示自己用半部《论语》就能辅助太祖平定天下,将再用半部《论语》辅助太宗治理天下。

【半字师】 典出清代龚炜修改《咏蓝菊》的故事。龚炜认为诗"为爱南山青翠色,东篱别染一枝花"一句中的"别"字是立刀旁,看起来杀气腾腾,与高雅的赏菊咏菊格调不和谐。于是去掉立刀旁,改为"东篱另染一枝花",使诗显得圆润,韵味更浓。因其从汉字的结构来讲只改了半个字,故被后人称为"半字师"。

【伴食宰相】 典出《旧唐书·卢怀慎传》:"怀慎与紫微令姚崇对掌枢密,怀慎自以为吏道不及崇,每事皆推让之,时人谓之伴食宰相。""伴食",指的是陪人家一同吃饭。唐玄宗时,卢怀慎与姚崇同为宰相。卢怀慎为官廉洁,自认为处理政事不如姚崇,因此很多事他都推给姚崇处理,时人戏称其为"伴食宰相"。后以"伴食宰相"讽刺那些无所作为、不称职的官员。

【鞭长莫及】 典出《左传·宣公十五年》:"虽鞭之长,不及马腹。"楚国派使者出使齐国,途中需经过宋国。按照外交礼仪,楚国应先通告宋国，但是楚庄王自恃大国，没有事先通知。宋国因楚国无视宋国，就扣留并杀掉了楚国使者。于是楚国派兵攻打宋国，宋国派人向晋国求救，晋侯欲出兵，伯宗说："不可。古人有言曰：'虽鞭之长，不及马腹。'天方授楚，未可与争。虽晋之强，能违天乎？"晋侯便没有出兵。后用"鞭长莫及"比喻因距离太远而无能为力。

【伯牙绝弦】亦作"伯牙绝琴"。典出《列子·汤问》："伯牙善鼓琴，钟子期善听。伯牙鼓琴，志在高山，钟子期曰：'善哉，峨峨兮若泰山！'志在流水，钟子期曰：'善哉，洋洋兮若江河！'伯牙所念，钟子期必得之。……子期死，伯牙谓世再无知音，乃破琴绝弦，终身不复鼓。"春秋时楚国人伯牙，精通琴艺，只有钟子期能够真正领会他鼓琴传达出的志趣。钟子期死后，伯牙因世上再无知音而不再弹琴。后用"伯牙绝弦"表示知音难觅。

【不入虎穴，焉得虎子】典出《后汉书·班超传》。班超出使西域的鄯善国，国王对他先敬后怠，班超认为一定是匈奴派人来拉拢鄯善国，国王才忽然改变了态度，因此他们现在的处境很危险。他当机立断，说："不入虎穴，焉得虎子。"于是率领众人冒险袭击匈奴使者，以少胜多，转危为安。意为不亲身经历风险就不可能获得成功。

【不食周粟】典出《史记·伯夷列传》："武王已平殷乱，天下宗周，而伯夷、叔齐耻之，义不食周粟，隐于首阳山，采薇而食之。"商末，孤竹君去世，遗诏立三子叔齐为继承人。叔齐想让位给兄长伯夷，便悄悄出走。但伯夷也不愿做国君，也偷偷地逃跑了。结果，两人在路上相遇，于是两人决定投奔深得民心的西伯侯姬昌。周武王继位以后，兴兵讨伐纣王，伯夷、叔齐认为此次战争是不仁之战，便极力劝谏。武王不纳，最终灭商。伯夷、叔齐认为成为发动不仁之战的国家的臣民是可耻的，便隐居首阳山，拒绝吃周朝提供的粮食，以野果充饥。后来，用"不食周粟"称赞坚守节操、志向高洁的人。

【不为五斗米折腰】语出《晋书·陶潜传》："潜叹曰：'吾不能为五斗米折腰，拳拳事乡里小人邪！'"五斗米是晋代县令的俸禄。陶潜任彭泽县令时，浔阳郡督邮来视察，而这个督邮是一个贪官，令陶潜深为反感，便挂冠而去，表示不能因为求得俸禄而向小人卑躬献媚。后用来赞扬具有高贵气节的人。

【不学无术】语出《汉书·霍光传赞》对霍光的评价："然光不学亡术，暗于大理。"霍光是霍去病同父异母的兄弟，被汉武帝封为郎中。

他为人小心谨慎，帮助汉朝实现了中兴。然而霍光居功自傲，垄断朝政，在他死后三年，家族就被诛灭。后用"不学无术"形容没有学问、没有本领。

【沧海桑田】 典出东晋葛洪《神仙传·王远》。汉孝桓帝时，王远和麻姑两位神仙在蔡经家饮酒，麻姑说："我刚才路经蓬莱，看见海水比之前浅了一半。自我得道成仙以来，已经亲眼见过三次东海变成农田，农田变成沧海了。难道这次，东海又要变成陆地了吗？"王远叹道："圣人都说，海水在下降，不久之后，那里又将尘土飞扬了啊！"后以"沧海桑田"比喻人世沧桑，世事变化很大。

【草木皆兵】 典出《晋书》。公元383年，先秦王苻坚率领几十万大军攻打东晋。东晋派大将谢石、谢玄带领八万精兵迎战。秦军很快攻占了寿阳城。苻坚认为晋军弱小，便带八千骑兵先行到寿阳城。谢石夜袭秦军，傲慢轻敌的苻坚军队被打得死伤惨重，军心涣散。苻坚登上寿阳城瞭望，八公山上，风吹草动，仿佛晋兵埋伏其中。苻坚惊慌失措，下令撤退，又中计大败。不久，先秦王朝土崩瓦解。后用"草木皆兵"形容人在惊慌失措时疑神疑鬼。

【钗头凤】 词牌名，本名《撷芳词》。在宋代陆游的《钗头凤》之后，该词牌被文人广泛采用。据《历代诗馀》载，陆游年轻时娶表妹唐婉为妻，感情深厚。但因陆母不喜唐婉，逼二人各自另行嫁娶。十年后的一天，陆游春游沈园，与唐婉不期而遇。面对此情此景，陆游"怅然久之，为赋《钗头凤》一词，题园壁间"。

【蟾宫折桂】 蟾宫，即"月宫"，也叫"广寒宫"，传说它是由蟾蜍幻化而成，故名"蟾宫"。嫦娥居住在蟾宫里面，宫中有一棵高五百丈的桂树，吴刚总在砍伐。《晋书·郤诜传》记载："武帝于东堂会送，问诜曰：'卿自以为如何？'诜对曰：'臣举贤良封策，为天下第一，犹桂林之一枝，昆山之片玉。'"后世据此引申出成语"蟾宫折桂"，用以表示获得很大的成就或荣誉。科举考试中，因为每年的乡试一般在八月，所以人们便用"月中折桂"或"蟾宫折桂"比喻科举得中。

【长舌妇】 指背地里议论别人、好搬弄是非的女人。《诗经·大雅·瞻卬》："懿厥哲妇，为枭为鸱。妇有长舌，维厉之阶。乱匪降自天，生自妇人……"中把"心机多"而"言无善"的褒姒比作猫头鹰。东汉郑玄对"长舌"的解释是"喻多言语"。唐代孔颖达的解释是"以舌动而为言，故谓多言为长舌"。也有人认为"长舌妇"最初指的是秦桧的妻子王氏。平时人们所说的"长舌妇"并不像褒姒那样祸国殃民，泛指心术不正又多嘴多舌的女人。

【沉鱼落雁，闭月羞花】 "沉鱼落雁"典出《庄子·齐物论》："毛嫱、丽姬，人之所美也；鱼见之深入，鸟见之高飞。"本意是庄子借助鱼等动物对美人的态度和行动，说明女子的容貌异常美丽。"闭月羞花"典出元代王子一《误入桃源》："想起那闭月羞花貌，撇的似绕朱门燕子寻巢。"美丽的容貌使月亮躲藏起来，使鲜花羞于开放。后用"沉鱼落雁，闭月羞花"形容女子异常美丽。该成语也常用来形容中国古代四大美女。"沉鱼"指代西施。春秋时，越国美女西施容貌过人，传说她在河边浣纱时，连鱼儿都忘记了游泳，渐渐地沉到河底。"落雁"指代王昭君。传说汉朝王昭君在远嫁匈奴首领呼韩邪的路上，奏起悲壮的离别之曲，南飞的大雁听到琴声，看到美丽的女子，都忘记摆动翅膀，跌落地下。"闭月"指代貂蝉。传说貂蝉在后花园拜月时，一块浮云恰好遮住了明月。正好被她的义父王允瞧见，便宣扬貂蝉和月亮比美，月亮都躲到了云彩后面闭月而不见。"羞花"指代杨贵妃。传说杨玉环到花园赏花散心，她刚一摸花，花瓣立即收缩，绿叶卷起低下。宫娥到处说，杨玉环和花比美，花儿都含羞低下了头。

【程门立雪】 典出《宋史·杨时传》："见程颐于洛，时盖年四十矣。一日见颐，颐偶瞑坐，时与游酢侍立不去。颐既觉，则门外雪深一尺矣。"宋代进士杨时曾经拜理学家程颢为师，程颢临死前让杨时投奔弟弟程颐学习。已到不惑之年的杨时约好友游酢一起前往洛阳，欲拜程颐为师。他们赶到程颐的伊川书院时，恰巧程颐闭目养神，二人便恭敬地站在一旁等候。此时，天降鹅毛大雪。程颐醒后，门外的积雪已经深过一尺了，但是杨时、游酢仍在静静地等候。后来"程门立雪"成为诚意求学的典故，比喻求学心切和尊敬有学问者的行为。

【成也萧何，败也萧何】 典出西汉司马迁《史记·淮阳侯列传》，概括了西汉开国功臣韩信的一生。韩信早年在项羽手下因不受重视而投奔刘邦，但依然很受冷落，于是逃离汉营。萧何得知后，月下追韩信。萧何对刘邦说，韩信乃"国士无双"，欲取天下，非赖韩信之功不可。韩信始得用武之地。天下平定之后，韩信因遭受猜忌被贬而抑郁不得志，于是与巨鹿郡守陈豨商定谋反。刘邦亲往征讨陈豨，韩信则准备袭击吕后和太子，但被人告密，吕后得知后与萧何商议，利用萧何与韩信的交情将他骗到宫中而斩杀。此典故后比喻事情的成功和失败都是由同一个人造成的。

【出风头】 指故意表现自己，

引起别人注意，显示自己比别人强，含贬义。民国时期，上海滩四马路有一座"青莲阁"茶楼，门前总是车水马龙，笑语嘈杂。其中最引人注目的是打扮得花枝招展、扭捏作态的风尘女子坐着马车在路上兜圈子，她们把这种招摇过市、卖弄风骚的行为叫"出风头"。爱赶时髦的阔小姐、阔少爷也喜欢雇辆马车显摆自己，于是"出风头"成了上海滩的一道风景。后来人们用"出风头"指那些华而不实、招摇过市、沽名钓誉的行为。

【出恭】 明代科考时，考生如厕须领牌子，上写"出恭入敬"，凭牌进出厕所和考场。士子们便将如厕称为"领出恭牌"，简称"出恭"，后成为上厕所的代名词。

【楚囚南冠】 典出《左传·成公九年》："晋侯观于军府，见钟仪，问之曰：'南冠而絷者，谁也？'有司对曰：'郑人所献楚囚也。'"楚国在南方，故楚冠又称"南冠"。"楚囚"本指被俘虏的楚国囚犯钟仪，后泛指被囚禁的战俘。楚共王在位时，派兵攻打郑国。得到晋景公出兵相助的郑国打败了楚军，随军出征的钟仪被俘，后被转送晋国，囚禁在军需库中。被囚期间，钟仪从未摘下过头上的楚冠。晋景公到军中视察，看到了戴着楚冠的钟仪，了解到钟仪是仁、信、忠、敬之人，便将他放回了楚国，让他为两国的和平友好出力。后以"楚囚南冠"比喻身在敌营，却仍然忠于祖国的坚贞之人。

【炊饼】 亦称"蒸饼"。蒸饼是面粉发酵后蒸出来很酥软的一种"开花馒头"。宋仁宗名赵祯，"祯"与"蒸"音近，为避讳改为"炊饼"。《水浒传》中，武大郎卖的炊饼就是蒸饼。

【吹牛皮】 源自黄河上游地区民间俚语。古代黄河流经甘肃、宁夏、陕西境内时，沿途水急滩险，木船很难行驶。沿岸居民用皮筏代舟。皮筏是用整张羊皮或牛皮制成的。整张皮经过处理之后，缝制成袋状，留一个小孔，等到用的时候，用嘴往里面吹气。牛皮筏子体积大，需要几个人轮流吹才能吹起来。当地人常常对喜欢炫耀的人说："你要真有本事，就去吹牛皮好了！"后来，"吹牛皮"就成了说大话的代名词。

【春秋笔法】 典出《史记·孔子世家》："孔子在位听讼，文辞有可与人共者，弗独有也。至于为《春秋》，笔则笔，削则削，子夏之徒不能赞一辞。"相传孔子修《春秋》，每一字都含褒贬，即寓褒贬于曲折的文笔之中。后来称文章用笔曲折而意含褒贬的写作手法为春秋笔法。

【春秋五霸】 "春秋五霸"是指春秋时期参与争霸的最具代表性的五人，说法不一。孔子《春秋》中为齐桓公、晋文公、秦穆公、楚庄王、宋襄公。战国《荀子·王霸》中为齐桓公、晋文公、楚庄王、吴王阖闾、越王勾践。唐代颜师古的《汉书注·诸侯王表》中为齐桓公、晋文公、秦穆公、宋襄公、吴王夫差。

【大义灭亲】 语出《左传·隐公四年》："大义灭亲，其是之谓乎？"春秋时卫庄公有三个儿子：姬完、姬晋和州吁。后姬完继位，为卫桓公。最受庄公宠爱的州吁性格暴戾，听从大夫石碏之子石厚的建议，杀害卫桓公，篡夺君位，但是不受拥戴，所以想请石碏出来控制局面。石碏深感此二人祸国甚重，于是用计将他们骗到陈国，再血书于陈恒公，请他擒获二人，并派家臣羊肩赴陈国诛杀了石厚。石碏从邢国接回姬晋即位。后指为了维护正义，对犯罪的亲人不徇私舞弊，使其接受应有的惩罚。

【戴高帽】 典出唐代李延寿《北史·熊安生传》。北齐的宗道晖平时喜欢戴一顶很高的帽子，脚上穿一双很大的木屐。每当他遇见上级官员时，总是向上仰着头，举起双手，然后跪拜，一直把头叩到木屐上，极力讨好上级。后来人们把故意对人说恭维奉承话叫"戴高帽"。

【箪瓢陋巷】 典出《论语·雍也》："一箪食，一瓢饮，在陋巷，人不堪其忧，回也不改其乐。"颜回，字子渊，春秋末鲁国人，孔门七十二贤之首。他谦逊好学，以德行著称。这种安贫乐道的态度，正是贤者所具备的乐观精神。后来，"箪瓢陋巷"形容生活清贫而不改志向。

【倒霉】 最初写作"倒楣"，意思是将旗杆放倒。明朝后期，科举考试时，为了讨吉利，临考之前，考生的家人一般都会在门前竖起一根旗杆，这根旗杆为"楣"。依据当时的惯例，揭榜之日，如果考生榜上有名，旗杆照竖不误；如果考生名落孙山，就会放倒撤去，叫作"倒楣"。后来，逐渐把"倒楣"写成了"倒霉"或"倒眉"，现在规范词形为"倒霉"，形容遇事不顺心或指机遇不好。

【倒插门】 一种婚姻习俗，又称"入赘"，始于秦汉。旧指结婚时男方到女方家定居，成为女方家的"儿子"，有的还要改姓女方姓氏。古代的门上有个插栓，是在里面锁门用的，如果做反了，人们会笑话做门师傅技术差。于是就有了婚配"倒插门"的形容。"倒插门"的女婿又称"赘婿""上门女婿"。

【倒福】 中国春节时的一种民俗。每逢春节，家家户户都会倒着贴"福"字，谐音"福到了"。

【登龙门】 典出《后汉书·李膺传》："膺独特风裁，以声名自高。士有被其容接者，名为登龙门。"东汉的李膺性情高傲，名望很高，不随意与人交往，但是学问和品格俱为世人所敬重，人们都将与他交往看作像鱼跃过了龙门一样，非常荣耀。后用"登龙门"比喻得到有权位、有声望者的援引而身价大增，也指在科举时考中进士。

【跌份儿】 旧社会的戏班、澡堂等行业收入按份子计算。比如，总收入分为十份，可能班主得五份，挂头牌的得三份，跑龙套的得一份，而端茶的、扫地的、烧火的可能分不到一份。这就有了"够份儿""跌份儿"的说法。"跌份儿"也指降薪降职，"拔份儿"就是增加工资。这时，"份儿"就不仅涉及经济利益，还牵扯到脸面和身价了，所以，"跌份儿"就是丢人现眼，有失身份，也说成"掉价儿"。

【定心丸】 明代专门为军队配制杀菌防腐、止痛消毒的中药，取名"定心丸"。后用"定心丸"来比喻能使思想、情绪安定下来的言论或行动。

【东道主】 典出《左传·僖公三十年》："若舍郑以为东道主，行李之往来，共其乏困，君亦无所害。"因秦国在西，郑国在东，所以郑国自称"东道主"，即东边道路上的主人，可以随时供应秦使往来所需物品。后用"东道主"泛指接待或宴客的主人。

【东山再起】 典出《晋书·谢安传》："隐居会稽东山，年逾四十复出为桓温司马，累迁中书、司徒等要职，晋室赖以转危为安。"谢安，东晋陈郡阳夏（今河南太康）人，出身士族，曾为著作郎，在士大夫中名望甚高，后因病辞官，归隐于会稽的东山。四十岁时，重新步入仕途。前秦南侵，谢安临危受命，在淝水打败了前秦军队。人们便将谢安出东山，重新做官称为"东山复起"，亦作"东山再起"。后用"东山再起"指退隐之后再度出任官职，也比喻卷土重来、失势后重新得势。

【东施效颦】 典出《庄子·天运》："故西施病心而颦其里，其里之丑人见而美之，归亦捧心而颦其里……彼知颦美，而不知颦之所以美。"西施是春秋时越国的美女，因为心痛而将眉头皱起，邻里一个丑女见了，觉得西施的表情和动作很美，于是效仿，弄得人们见了唯恐避之不及。后来人们将其与西施相对而以"东施"称之，用"东施效颦"来形容胡乱模仿、适得其反。

【多行不义必自毙】 典出《左传·隐公元年》："多行不义必自毙，子姑待之。"郑庄公即位后，他的弟弟共叔段欲夺取君位，祭仲告诫庄公应及时采取措施。庄公说："不义的事情做多了必然自取灭亡，你姑且等待一下就知道了。"其实庄公对于共叔段的图谋早有准备，后趁共叔段向外征讨的时候出奇兵占领了他的领地，使得他最后走投无路而被迫自杀。

【阿堵物】 典出南宋刘义庆《世说新语》。晋人王衍自诩清高，口中从不说"钱"字。一天，他夫人跟他开玩笑，趁他睡觉时，把很多钱堆在床边。王衍醒来后没法下床，呼婢曰："举却阿堵物。""阿堵"是当时的口语，意思是"这个"。"举却阿堵物"即"把这个东西拿走"。从此"阿堵物"就成了钱的代称，往往带有讽刺的意味。

【耳边风】 典出唐杜荀鹤《题赠兜率寺闲上人院》："百岁有涯头上雪，万般无染耳边风。"

【尔虞我诈】 典出《左传·宣公十五年》："我无尔诈，尔无我虞。"楚国因出访齐国的使者在途中被宋国所杀而出兵讨伐，围困宋国都城几个月。楚军在城外不仅修建房舍还耕种田地，宋国承受不住，大夫华元出城对楚国统帅说：宋国城内缺粮，已到易子而食的地步，可尽管如此，宋国也不会与楚国订立屈辱的城下之盟，但是如果楚军肯退却三十里，那么宋国会听从楚国所提出的条件。于是，楚军后退三十里，两国和谈，谈判书上写道："我无尔诈，尔无我虞。"即彼此诚信，互不欺骗。后用"尔虞我诈"比喻互相猜疑、互相欺骗。

【二桃杀三士】 典出《晏子春秋·内篇谏下》。春秋时，齐国的三大壮士公孙接、田开疆和古冶子勇猛异常，但骄横自大。晏子向齐景公建议除掉他们，以免后患。齐景公使用晏子的计谋，送给他们两个桃子，令三人按照功劳的大小来分吃。公孙接和田开疆都认为自己的功劳大，各自拿了一个桃子。古冶子非常气愤，述说了自己的功绩，公孙接和田开疆认为古冶子的功劳才是最大的，于是把桃子让出来，又因为刚才的狂言而羞愧自杀，这让古冶子觉得自己不仁不义，于是也自杀了。晏子利用他们妄逞义气却不通事理的缺点，凭借两个桃子就轻松地除掉了他们。后用此典比喻用计谋杀人。

【防民之口，甚于防川】 典出《国语·周语上》："防民之口，甚于防川，川雍而溃，伤人必多，民亦如之。是故为川者，决之使导；为民者，宣之使言。"西周后期，周厉王暴政，人民怨声载道，于是厉王派人监视，有怨议者皆被逮捕杀害，人们在路上相遇的时候都不敢说话，仅仅用眼神示意一下。厉王对此颇为满意，召公却很担忧，认为对人民的言论应当疏导，而不应当限制。但是厉王不予理睬。不久，发生"国人暴动"，厉王仓皇出逃，死于外地。

【房谋杜断】 典出《旧唐书·房玄龄杜如晦传论》。房玄龄、杜如晦都是唐太宗李世民的宰相，一个善于谋划，一个善于决断，两人配合默契，唐初的典章制度多由两人商量所定。房玄龄对国事有极强的判断力，总是能提出精辟的意见和具体的办法，但往往不能做出决断，杜如晦就会略加分析，立刻肯定房玄龄的意见和办法。后泛指多谋善断。

【分道扬镳】 典出《魏书·河间公齐传》："高祖曰：'洛阳，我之丰沛，自应分路扬镳。自今以后，可分路而行。'""镳"，是马嚼子，"分道扬镳"就是分开走不同的路。北魏时，都城洛阳的长官元志，与御史中尉李彪在路上相遇，各不相让。李彪认为自己的官职高，元志应当为他让路；元志则称自己是洛阳的地方长官，李彪作为一个住户，自己没有让路的道理。两人各执一词，争吵到了孝文帝那里。孝文帝觉得他们讲得都有道理，就劝解说："洛阳是我的都城，以后你们可以分开，各自走各自的路。"后形容志趣不同，难以合作同行。

【焚书坑儒】 典出汉孔安国《〈尚书〉序》："及秦始皇灭先代典籍，焚书坑儒，天下学士逃难解散。"齐人淳于越反对秦朝实行"郡县制"，要求根据古制，分封子弟。丞相李斯认为这种言论对秦朝的统治不利，主张禁止百姓以古非今，以私学诽谤朝政。秦始皇采纳了他的建议，下令焚烧《秦记》以外的列国史记，私藏的《诗》《书》等也要烧毁，此即为"焚书"。第二年，有儒生非议秦始皇，秦始皇大怒，坑杀方士、儒生460余人，此即为"坑儒"。

【风凉话】 典出《旧唐书》。骄阳似火的盛夏，唐文宗和几个大臣聚集在大明宫吟诗，唐文宗先吟："人皆苦炎热，我爱夏日长。"各大臣争相吟诗附和，唐文宗独爱柳公权的两句："熏风自南来，殿阁生微凉。"百姓苦暑，身为帝王却不问民间疾苦，独自享受风凉，君臣又说这些凉快话，招人诟病，"风凉话"一典由此而来。后又指打消别人积极性的嘲讽话，或不负责任的冷言冷语。

【风马牛不相及】 典出《左传·僖公四年》："君处北海，寡人处南海，惟是风马牛不相及也。"春秋时期，齐桓公会盟北方七国征讨楚国，楚成王派大夫屈完去质问齐国征伐的原由。屈完对齐国说："你们在遥远的北方，我们在遥远的南方，即使彼此的马和牛走丢了，也跑不到对方的土地上，不知道你们出兵来伐是出于什么原因？"后用"风马牛不相及"来比喻事物之间毫不相关。

【烽火戏诸侯】 源自历史上"千金博一笑"的故事。周幽王宠爱妃子褒姒，可褒姒却从来没有笑过，周幽王为此想尽了办法，后来按照虢石父的建议，一天夜里命人点起了烽火，烽火燃起意味着国都遭到了侵犯，邻近的诸侯见到烽火纷纷派兵赶来救援,却发现并没有敌人侵犯,竟是周幽王为了博宠妃一笑而点燃。褒姒见到诸侯匆匆赶来又匆匆而去,终于笑了起来。不久,西戎来犯,周幽王再点烽火,诸侯以为又是开玩笑,就都没有理会。结果镐京被攻破,周幽王出逃,后被杀,西周灭亡。

【冯唐易老】 典出唐代王勃《滕王阁序》:"嗟乎!时运不齐,命途多舛;冯唐易老,李广难封。"意在说明人生短暂,而际遇难逢。冯唐在汉文帝时以孝悌闻名,被拜为中郎署长,但是长期未得到升迁。一次,文帝经过郎署,冯唐一一回答了文帝的问题,于是被任命为车骑都尉。数年之后,景帝即位,以冯唐为楚相,但因其性格耿直被免官。武帝即位后,征求天下贤良,有人举荐冯唐,可这时冯唐已经90多岁,心有余而力不足。此典故形容有才华的人仕途不得志,生不逢时。

【扶不起的阿斗】 典出《三国演义》。阿斗是蜀汉后主刘禅的小名。诸葛亮在死前安排蒋琬、费祎、姜维等贤臣名将继续辅佐刘禅。此后三人先后去世,宦官黄皓专权,使得蜀汉政治昏暗,最终被魏国灭掉。亡国之后,刘禅在魏都乐不思蜀。后人用"扶不起的阿斗"来形容缺乏才能、扶持不起来的人。

【高阳酒徒】 典出《史记·郦生陆贾列传》:"郦生瞋目案剑叱使者曰:'走,复入言沛公,吾高阳酒徒也,非儒人也。'"郦食其少有壮志,喜读书而嗜酒,家境贫困,在地方任监门吏,县里人都叫他狂生。刘邦经过陈留的时候,因为听说他是儒人而拒绝接见。郦食其大怒,对使者高声叱喝,自称"高阳酒徒",非为儒人。后用"高阳酒徒"形容狂放不羁的人。

【搞名堂】 "搞名堂"是"搞明堂"的讹传。"明堂"是上古帝王会见诸侯、接见长者、举行盛典的地方,一般都高大宽敞。汉武帝游泰山时见到一处上古时代的明堂遗址,突发奇想,决定在遗址上建一座新的明堂。由于当时没有可参考的明堂建筑,人们都不知道如何建造明堂。善于投机的公玉带伪造了一幅富丽堂皇的黄帝时的明堂图,被汉武帝采纳。后来,逐渐将"搞明堂"讹传为"搞名堂",比喻为了达到某种目的而搞的稀奇古怪的东西。

【割鸡焉用牛刀】 典出《论语·阳货》:"子之武城,闻弦歌之声。夫子莞尔而笑,曰:'割鸡焉用牛刀?'"子游在武城为官时推行礼乐教化。一天,孔子来这里,听到了弦歌之声。孔子笑了笑说:"割鸡焉用牛刀?"意思是治理这样小的一个地方用得着这么做吗?子游马上反驳道:"从前我听到老师说,君子学习礼乐,则有涵养之心，能博爱他人；常人学习礼乐，则能谨守法度，易于指挥。"孔子听了转而对别的弟子说："你们听着，言偃（即子游）讲的是对的，我刚才的话是开玩笑的。"亦作"杀鸡焉用牛刀"，比喻处理小事，毋需大才。

【恭敬不如从命】 典出宋代释赞宁《笋谱五之杂说》下："恭敬不如从命，受训莫如从顺。"后用"恭敬不如从命"表示面对安排，虽然不能胜任，但也不违命。也指一味地谦恭礼让，不如遵从命令。为客套与应酬用语。

【狗尾续貂】 典出《晋书·赵王伦传》："奴卒厮役亦加以爵位。每朝会，貂蝉盈坐，时人为之谚曰：'貂不足，狗尾续。'"晋惠帝时，贾后专权，废杀太子。赵王司马伦以为太子报仇的名义带兵入宫，杀掉贾后，自封相国，后又废惠帝自立。为了笼络人心，司马伦大封文武百官。当时官员戴的帽子是用貂尾来装饰的，由于官员数量骤增，貂尾供不应求，就用狗尾来代替。于是人们用"貂不足，狗尾续"来讽刺司马伦的胡作非为。后用"狗尾续貂"比喻用差的事物来接续或代替好的东西。

【顾左右而言他】 语出《孟子·梁惠王下》："曰：'四境之内不治，则如之何？'王顾左右而言他。"孟子在与齐宣王谈论治国之道的时候说："司法的官员管理不好他的下属，这样的官员该怎么办呢？"齐宣王说："罢免他。"孟子又问："那么一个国家治理不好又应当怎么办呢？"齐宣王于是向左右两边看，说一些别的话来搪塞。形容无言以对而欲转移话题，支吾其词的样子。

【刮地皮】 典出《新唐书·程日华传》："请还恒州，既治装，悉帑以行。军中怒曰：'马瘠士饥死，刺史不弃毫发恤吾急，今刮地以去，吾等何望？'"后用"刮地皮"比喻搜刮民脂民膏。

【挂冠】 典出《后汉书·逢萌传》："时王莽杀其子宇，萌谓友人曰：'三纲绝矣！不去，祸将及人。'即解冠挂东都城门，归将家属浮海，客于辽东。"王莽执政期间，赋役繁重，刑政苛暴，国内矛盾日益尖锐。逢萌早已对王莽的统治不满，加之儿子被王莽所杀，于是，脱去官服，解下官帽挂于长安东郭城门之上，携家眷辞官客居辽东。后来，"挂冠"便被用作辞官归隐，不与黑暗朝政同流合污之典。

【管鲍之交】 典出《列子·力命》："此世称管鲍善交者，小白善用能者。"管仲年轻时家里很贫困，鲍叔牙拿出本钱和他一起做生意，分利的时候却让管仲拿得多。仆人看了觉得不公平，鲍叔牙解释说："管仲家贫，又要奉养母亲，多拿一些是应当的。"之后一起作战,管仲总是躲在后面,人们说他贪生怕死。鲍叔牙又对大家解释说:"管仲这样做是因为他还有老母亲需要照顾。"后来管仲与召忽一同辅佐公子纠,公子纠败后,召忽为之殉死,而管仲忍受囚辱活了下来。鲍叔牙并不以管仲的做法为羞耻,知道他是不羞于小节,而耻名不显于天下。管仲知道后,慨叹说:"生我者父母,知我者鲍子也。"后用"管鲍之交"比喻朋友之间相互信任、交情极深的关系。

【管城子】 典出唐代韩愈的寓言《毛颖传》,以笔拟人,暗喻毛笔。说毛颖(毛笔)被封在管城,叫"管城子"。后成为毛笔的代称。

【韩信将兵,多多益善】 典出《史记·淮阴侯列传》:"上问曰:'如我,能将几何?'信曰:'陛下不过能将十万。'上曰:'于公何如?'曰:'臣多多而益善耳。'"刘邦与韩信论及诸将的能力大小,韩信说刘邦不过能统帅十万兵马,而自己则是越多越好。刘邦再问:"既然这样,那你又因何为我所服呢?"韩信答:"陛下不能将兵,而善将将,此乃信之所以为陛下禽也。且陛下所谓天授,非人力也。"韩信说刘邦虽然不能统率兵马,却会控驭将领,而且他的这种能力是天生的,不是人靠努力所能达到的。后用此典形容某种东西的数量越多越好。

【汗青】 是竹简的代称,也代指史册。古时候制作竹简,为便于书写和防虫,要选上等青竹,将其削成长方形竹片,再用火烘烤。烘烤之时,新竹片被烤得冒出水珠,像出汗一样。所以,这道烘烤青竹的工序叫"汗青",后用"汗青"借指竹简。后世把著作完成叫作"汗青"。又因南宋诗人文天祥在《过零丁洋》诗中有"人生自古谁无死,留取丹心照汗青"的诗句,故而"汗青"也代指史册。

【沆瀣一气】 典出宋代王谠《唐语林·补遗》:"崔相沆知贡举,得崔瀣。时榜中同姓,瀣最为沆知。谭者称:'座主门生,沆瀣一气。'"唐僖宗年间的科举考试中,崔瀣高中。按照习俗,发榜后,考试及第的人,成为主考官的门生,要登门拜访恩师。崔瀣拜见恩师后,才知道主考官也姓崔,名为沆。因"沆""瀣"二字合在一起恰好是一个词,表示夜间的水汽。于是,有人打趣:"座主门生,沆瀣一气。"形容两人像水汽露雾连结在一起。后用"沆瀣一气"比喻气味相投的人连结在一起,现含贬义,比喻臭味相投的人勾结在一起。

【好好先生】 典出南宋刘义庆《世说新语·言语》。司马徽,东汉末年隐士,为人谦谨,从不谈论别人的长短,别人跟他说什么,他都说"好",时人称为"贤德之人"。有一次,邻人告诉他自己的儿子死了,司马徽说:

"很好。"妻子规劝司马徽:"平日里,别人有问题请教于你,是人家认为你有德能,你应该为人解惑。今天,人家告诉你自己的儿子死了,你怎么能也说好?"司马徽听后,说道:"你刚才说的,也很好。"后来,便用"好好先生"指代那些不分是非曲直,与人无争、只求平安无事的人。

【贺新郎】 词牌名。始于北宋苏轼,盛于南宋。最初名《贺新凉》,又名《金缕曲》《乳燕飞》《貂裘换酒》等。南宋杨湜《古今词话》:"东坡守杭州,湖中宴会,有官妓秀兰后至,问其故,对以'沐浴倦睡',宾客颇恚恨。"秀兰受责怪后,在酒席上摘石榴花向宾客请罪,未曾想更激怒了宾客。苏轼为此赋《贺新凉·夏景》,秀兰演唱之后,大家才高兴起来。因有"乳燕飞华屋,悄无人,桐阴转午,晚凉新浴"句,起名《贺新凉》,后误传作《贺新郎》。以《贺新郎》为词牌的词作大多感伤或悲愤,和婚宴气氛不合,与婚宴无关。

【鸿门宴】 典出《史记·项羽本纪》。刘邦破咸阳后,驻军于霸上,他的属下曹无伤派人向项羽告密说:"刘邦打算在关中称王。"项羽大怒,欲引兵西进,消灭刘邦。项羽的叔父项伯得知后私会张良,得到刘邦厚礼相待,并结为亲家,他回去后对项羽说了很多刘邦的好话。第二天刘邦赴鸿门见项羽谢罪。筵席上,范增命项庄舞剑乘机刺杀刘邦。项伯亦拔剑起舞,保护刘邦。刘邦借如厕逃跑,躲过了这场杀机四伏的"鸿门宴"。后用"鸿门宴"指不怀好意的宴会或会晤。

【鸿雁传书】 典出《汉书·李广苏建传》。汉武帝时,苏武出使匈奴被扣押,他不肯归降,被流放到北海去牧羊。多年以后,汉朝与匈奴达成和议,索求苏武等人归汉,匈奴则谎称苏武已死。一同被扣押在匈奴的常惠设法见到了汉使,告诉他们苏武现在的情况,并授计使者对单于说:"天子射上林中,得雁,足有系帛书,言武等在某泽中。"单于听了只得让苏武回归汉朝。后用"鸿雁"代指书信,用"鸿雁传书"代指投递书信或书信往来。

【画虎不成反类犬】 典出《东观汉记·马援传》:"效杜季良而不成,陷为天下轻薄子,所谓画虎不成反类狗也。"意思是,本来画的是老虎,结果却画得像狗,最终留下笑柄。东汉伏波将军马援写信告诫两位喜好结交游侠的侄子:"龙伯高为人敦厚节俭、谨慎诚恳。我希望你们向这样的人学习,即使不能完全修行成龙伯高这样的人,还可以养成谦虚谨慎的品德。杜季良喜爱结交朋友,为人仗义,可以与朋友苦乐与共,同样受到人们的尊敬。但是我不希望你们学他,如果你们学不好，反而会成为轻薄纨绔之人，这就跟画虎不成反类狗没什么区别。"后用"画虎不成反类犬"比喻好高骛远，眼高手低，导致不伦不类。

【画龙点睛】 典出唐代张彦远《历代名画记》卷七："金陵安乐寺四白龙不点眼睛，每云：'点睛即飞去。'人以为妄诞，固请点之。须臾，雷电破壁，两龙乘云腾去上天。二龙未点眼者见在。"相传南朝著名画家张僧繇画龙点睛而飞。后用来形容写作或说话时在关键之处加上精辟的语句，从而使得内容变得灵妙而生动。

【浣溪沙】 原为唐代教坊曲名，源于"西施浣纱"，后用作词牌名，也叫《浣纱溪》《小庭花》等。春秋末期，越国的浣纱女西施生得粉面桃花，楚楚动人。她在河边浣纱的时候，清澈的河水映照着她俊俏的身影，连鱼儿都忘记了游水，渐渐沉到了河底。民间以"沉鱼"代称西施，该溪也因此得名"浣纱溪"，唐代教坊曲《浣溪纱》是吟咏西施浣纱的溪水的。后成词牌，其音节明快，句式整齐，朗朗上口。

【祸起萧墙】 典出《论语·季氏》：吾恐季孙之忧，不在颛臾，而在萧墙之内也。""萧墙"，古代宫室内起屏蔽作用的矮墙，代指内部。春秋时期，鲁国季氏将要攻打邦内小国颛臾。孔子听后很气愤，责备冉有、子路："你们作为季氏的家臣，不但没有尽到辅佐的责任，还支持季氏倚强凌弱，对颛臾兴不义之师，你们枉我昔日教导。如今，季氏要对颛臾动武，恐怕季氏最大的忧愁不在颛臾，而在萧墙之内啊！"果然，不久后季氏兄弟间便发生了矛盾。后用"祸起萧墙"比喻内部发生祸乱。

【鸡鸣狗盗】 典出《史记·孟尝君列传》。战国时，齐国孟尝君带领门客出使秦国，秦昭王将其软禁起来，并准备杀掉。孟尝君向秦昭王最宠爱的妃子求助，这位妃子以得到狐白裘为答应帮忙的条件，可是那件狐白裘已经献给了秦昭王。正好孟尝君有个门客善于钻狗洞盗东西，就把狐白裘盗了出来送给妃子。经妃子劝说，秦昭王决定释放孟尝君。孟尝君怕秦昭王反悔，不敢再等，立即出走，到函谷关时正值半夜。秦法规定，鸡鸣才开关门，有一个门客就学起了鸡叫，引得雄鸡都叫了起来。于是关门得开，他们顺利地逃出。后用"鸡鸣狗盗"比喻微不足道的本领，也指具有这类技能的人。

【急就章】 原是一种刻印方法，流行于汉魏至南北朝时期，指在预制的金属印坯上击凿印文。这类印章的印文错落自然，多数是将军印和颁发给兄弟民族的官印，因军中官职往往急于任命，印信都是仓促凿成，相沿成习，故称"急就章"。后人借用来谦称自己的文章为"急就章"，意思是自己匆忙完成，缺乏深思熟虑，难免疏忽。

【江郎才尽】 典出南朝梁钟嵘《诗品·齐光禄江淹》。南朝江淹少有才名，世称江郎，但晚年诗文毫无佳句，世人谓之才尽。后比喻才思枯竭。

【结草衔环】 是"结草"和"衔环"两个典故的合称。"结草"典故源于《左传·宣公十五年》。晋大夫魏武子十分宠爱小妾祖姬。生前，魏武子曾多次嘱托儿子魏颗，自己死后，要给祖姬找个好人家改嫁。后魏武子病重弥留之际要让祖姬殉葬。魏武子死后，魏颗选了一户好人家，将祖姬改嫁。后秦桓公出兵伐晋。时为晋国将领的魏颗与秦将杜回激战，有一位老人用野草绳将杜回绊倒，魏颗趁机俘虏杜回，大败秦军。晚上，魏颗梦到那位结草的老人对他说，他是祖姬的父亲，为了报答魏颗救祖姬一命的恩情，特结草助魏颗一臂之力。"衔环"典故源于《后汉书·杨震传》中的注引《续齐谐记》。杨震的父亲杨宝九岁的时候，在华阴山救下一只受伤的黄雀，带回家，每日以黄花喂养。黄雀伤愈离开的那天夜里，杨宝梦到一位黄衣童子对他说："我是西王母身边的侍童，蒙您搭救得以生还。如今我赠送您四枚白环，可保恩人子孙世代清白，身居高职。"后将二典合并，以"结草衔环"作为报恩的典范，比喻受人恩惠，感恩戴德，至死不忘。

【解衣推食】 典出西汉司马迁《史记·淮阴侯列传》："汉王授我上将军印，予我数万众。解衣衣我，推食食我，言听计从，故吾得以至於此。"楚汉相争时，韩信曾率兵消灭了齐王田广，占领了齐地。楚霸王项羽见此，便派人前去劝说韩信脱离汉王。韩信说："我为汉王所重用，实乃我之荣幸。平日里，汉王对我关爱有加，甚至可以脱下衣服给我穿，让出食物给我吃，这样的厚爱，我怎能另立门户、背叛汉王呢！"后来，"解衣衣我，推食食我"逐渐简化成"解衣推食"，形容热情关怀或慷慨助人。

【惊弓之鸟】 典出《战国策·楚策四》："其飞徐而悲鸣。飞徐者，故疮痛也；鸣悲者，久失群也。故疮未息，而惊心未去也。闻弦音引而高飞，故疮陨也。"更羸与魏王在一起，看到一只鸟飞来。更羸对魏王说："我可以不用箭，只需拉弦就可令鸟落下来。"一会儿，鸟飞到近处，是一只大雁。更羸果然只用弓弦之声就令大雁掉落。后用"惊弓之鸟"比喻受过惊吓的人遇到一点动静就非常害怕。

【九儒十丐】 典出清代赵翼《陔馀丛考》："元制：一官、二吏、三僧、四道、五医、六工、七猎、八民、九儒、十丐。"元代贬低知识分子地位，把人分为十等，读书人列为第九等，居于末等的乞丐之上。后借指知识分子受到歧视和苛待。

【九五至尊】 "九五"旧指帝位。一说源于《易·乾》："九五，飞龙在天，利见大人。"人们便以龙附会君德，以天附会君位。古人认为，九在阳数中最大，有最尊贵之意，而五在阳数中处于居中的位置，有调和之意。这两个数字组合在一起，既尊贵又调和，是帝王最恰当的象征，便用"九五至尊"代称帝王。

【举案齐眉】 典出南朝宋范晔《后汉书·梁鸿传》："为人赁舂，每归，妻为具食，不敢于鸿前仰视，举案齐眉。"梁鸿与孟光结婚后，互敬互爱，非常和谐。梁鸿每天劳动完回到家里，孟光总是把饭和菜准备好，摆在托盘里，双手捧着，举到自己的眉毛那样高，恭恭敬敬地送到梁鸿面前，梁鸿则很有礼貌地双手接过来。后用"举案齐眉"形容夫妻相敬如宾。

【苛政猛于虎】 典出《礼记·檀弓下》："'昔者吾舅死于虎，吾夫又死焉，今吾子又死焉。'夫子曰：'何为不去也？'曰：'无苛政。'夫子曰：'小子识之，苛政猛于虎也。'"孔子和徒弟们经过泰山脚下，一个妇人在坟前哭得十分悲伤，说这里有老虎，自己的公公、丈夫、儿子先后被老虎吃掉了，但他们不愿离开这里，是因为这里没有苛政。后用"苛政猛于虎"形容残虐的政令害起人来比老虎更凶猛。

【孔方兄】 典出晋鲁褒《钱神论》："（钱）为世神宝，亲爱如兄，字曰孔方。"因我国古代的铜钱外圆内方，故称"孔方"。"钱"的繁体字由"金、戈、戈"三部分组成，"戈"与"哥"同音，所以称"孔方兄"。后用"孔方兄"代指钱，有戏谑味道。

【口蜜腹剑】 典出宋司马光《资治通鉴》："世谓李林甫口有蜜，腹有剑。"唐代宰相李林甫为人阴险奸诈，表面与人非常友好，可是心地很毒辣，独断专权，迫害贤良。后用"口蜜腹剑"比喻表面和善而心地狠毒的小人行径。

【胯下之辱】 典出西汉司马迁《史记·淮阴侯列传》："淮阴屠中少年有侮信者，曰：'若虽长大，好带刀剑，中情怯耳。'众辱之曰：'信能死，刺我；不能死，出我袴下。'于是信孰视之，俛出袴下，蒲伏。一市人皆笑信，以为怯。"韩信早年受屠夫羞辱，从胯下钻过，发达之后，不仅没有报复那个屠夫，还让他做楚国中尉。他对众人说："此壮士也。方辱我时，我宁不能杀之邪？杀之无名，故忍而就于此。"后用"胯下之辱"比喻有才能的人在未显达时能够暂时忍受耻辱，也指难以忘记的奇耻大辱。

【滥竽充数】典出《韩非子·内储说上》。齐宣王喜欢听三百人一起吹竽,有一个南郭先生不会吹竽,却混在其中。后来齐湣王继位,喜欢听独奏,南郭先生得知后就跑掉了。后用"滥竽充数"比喻没有真才实学的人混在内行人之中,以次充好。有时也表示自谦。

【老生常谈】原作"老生常谭"。典出晋陈寿《三国志·魏书·管辂传》:"此老生之常谭。"管辂少有才名,尤其通晓占卜。吏部尚书何晏与侍中尚书邓飏找管辂占卜。这两个人倚仗得宠而胡作非为,管辂想乘机劝诫他们一番,就以凶兆来警告,要他们效法周公,为国家多做善事。邓飏不以为意地说:"此老生之常谭。"管辂说:"老生者见不生,常谭者见不谭。"意在说明老生常谈就未必没有意义。不久,何晏、邓飏皆被司马氏诛杀。后用"老生常谈"形容人们听惯了的不新鲜的话。

【乐不思蜀】典出《三国志·蜀书·后主传》裴松之注引《汉晋春秋》:"王问禅曰:'颇思蜀否?'禅曰:'此间乐,不思蜀。'"蜀国亡国之后,后主刘禅被带到魏国,封为安乐公。一次,司马昭宴请刘禅和一些蜀汉的旧臣,席间演奏起蜀地的歌舞,其他人想起亡国之苦而神色凄然,刘禅却一副很惬意的样子。司马昭问他是否想念蜀国,刘禅回答说:"此间乐,不思蜀。"后用"乐不思蜀"比喻乐而忘返或乐而忘本。

【李广难封】典出唐代王勃《滕王阁序》:"时运不齐,命途多舛;冯唐易老,李广难封。"汉代大将"飞将军"李广屡击匈奴,功勋卓著。很多军功不如李广的人都被封了侯,而李广至死都没有被封侯。后用"李广难封"形容命运多舛,功高不爵。

【礼贤下士】典出《新唐书·李勉传》:"其在朝廷,鲠亮廉介,为宗臣表,礼贤下士有始终。"李勉性情耿直,为官清廉,对待士人谦恭有礼,曾任用名士李巡、张参为判官,直到他们逝于幕府。此后三年之内,每当宴饮时,李勉都在宴席上虚设二人座位,洒酒祭奠,言辞容色凄怆忧伤,令人感动。后用"礼贤下士"形容对贤能的人非常敬重,也指社会地位较高的人主动结交有德有才的人。

【两面派】由"两面牌"讹变而来。元朝末年,朱元璋领导的起义军在豫北和元军展开拉锯战。不管哪方的军队过来,百姓都要在门板上贴上欢迎的标语。百姓因此苦不堪言。当地百姓便在一块木牌的一面写上欢迎元军的"保境安民",另一面写上欢迎起义军的"驱除鞑虏"。哪方军队来了,百姓就翻出欢迎哪方的标语。有一次,朱元璋的大将常遇春看到家家门口上的木牌都写着欢迎起义军的标语，非常高兴。可是，一阵大风刮来，木牌被风吹得翻了过来，全成了欢迎元军的标语。常遇春非常生气，把挂着两面木牌的人家全部抄斩。后来，"两面牌"讹变成了"两面派"，指口是心非，善于伪装，当面一套背后一套，玩弄两面手法的人，也指对矛盾斗争的双方都采取敷衍态度的人。

【临时抱佛脚】 典出唐代孟郊《读经》。古时，云南的南部有一个小国，国民都信奉佛教。一次，一个被判了死刑的罪犯越狱逃跑，跑了一天，筋疲力尽，而追捕他的官兵马上就要到了。他自知无法逃脱，就走进了一座寺庙，见到释迦牟尼的佛像。因为佛像很高大，他就抱着佛脚痛哭忏悔，请求佛祖宽恕，并不停地磕头，把头都磕出了很多血。官兵赶到时，为他的真心悔过而感动，将此事报告给了国王。国王也是个佛教徒，就赦免了他，允许他剃度为僧。后用"临时抱佛脚"比喻平时没有准备，到事情来临的时候才仓皇应付。

【溜须】 相传，宋真宗时期，副宰相丁谓是靠献媚取宠爬上高位的。有一次，他与宰相寇准一起吃饭。丁谓看到寇准的胡须上粘了一些饭粒，于是亲自上前为寇准溜须拂拭，并对其胡须加以称赞。寇准深知此人心术不正，讥讽道："难道天下还有溜须的宰相吗？""溜须"一词从此流传下来。现代常常把"溜须"和"拍马"连用，形容献媚取宠的行为。

【洛阳纸贵】 典出《晋书·左思传》："于是豪贵之家，竞相传写，洛阳为之纸贵。"晋武帝太康年间，左思历经十年写成《三都赋》。因为左思没有什么名声，所以文章并未引起重视，于是左思将文章送给著名的文学家张华品评。张华认真阅读了文章，大为惊异，又找了另一位名士皇甫谧，一同向世人推荐，人们这才发现此乃天下奇文，于是皆以先阅为快。《三都赋》被争相传抄，纸张价格因此大涨。后用"洛阳纸贵"形容著作广泛流传，风行一时。

【马革裹尸】 典出《后汉书·马援传》："男儿要当死于边野，以马革裹尸还葬耳，何能卧床上在儿女子手中邪？"东汉名将马援从西南打了胜仗回到洛阳，以谋略闻名的孟翼对他说了些恭维的话，马援很不满意，说盼望的是先生的指教，而不是恭维，又说当今北方的匈奴和乌桓还在不断地侵扰边疆，指出男儿当"以马革裹尸还葬耳"。不久，马援便出征匈奴和乌桓。后来，南方的少数民族再发叛乱，马援虽然年事已高，但依然请战，领兵远征，病逝于军中。后用"马革裹尸"形容军人战死沙场、光荣牺牲。

【卖关子】 典出《新唐书·李

逢吉传》。唐代李逢吉是皇亲国戚,他倚权仗势,卖官鬻爵,纠集了八个佞臣,这八个人之下又聚集了十六个趋炎附势的小人。一般官员有事想见李逢吉必须先过这些人的关口。要想过他们的关口,必须先行贿赂且明码标价。正直的官员和老百姓对他们无可奈何,将其称为"八关十六子",用"卖关子"比喻他们收受贿赂。后词义发生变化,指戏曲评书中布置悬念、吊人胃口,也比喻在紧要的时候故弄玄虚,使对方急不可耐的行为。

【毛遂自荐】 典出西汉司马迁《史记·平原君虞卿列传》。长平之战后,白起领秦兵围困赵国都城邯郸。危急之际,平原君决定前往楚国求救,欲挑选二十个最为得力的门客同往,可是挑选之后,还少一人,这时毛遂挺身自荐,跟随平原君一同出使。到楚国后,平原君与楚王单独谈了很久都没有结果,毛遂却突然闯了过来,快言利语,陈说利害,终于使楚王同意援救赵国。后用"毛遂自荐"喻指自己推荐自己。

【门可罗雀】 典出西汉司马迁《史记·汲郑列传》:"始翟公为廷尉,宾客阗门;及废,门外可设雀罗。"翟公曾在汉武帝时担任廷尉,即国家的最高法官,是时宾客盈门;被贬后,立时变得门庭冷落,以致门前可以张网来捕麻雀;后来复职,宾客又纷纷前往。翟公深为感慨,在大门张贴告示:"一死一生,乃知交情;一贫一富,乃知交态;一贵一贱,交情乃见。"后用"门可罗雀"形容门庭冷落,没有什么人来往。

【孟母三迁】 典出西汉刘向《列女传·邹孟轲母》:"其舍近墓。孟子之少也,嬉游为墓间之事,踊跃筑埋。孟母曰:'此非吾所以居处子。'乃去,舍市傍。其嬉游为贾人衒卖之事。孟母又曰:'此非吾所以居处子也。'复徙舍学宫之傍。其嬉游乃设俎豆,揖让进退。孟母曰:'真可以居吾子矣。'遂居之。"孟子父亲早逝,从小与母亲相依为命。他小时候很淘气,模仿能力很强。住址三迁后,终成大儒,被后世称为"亚圣"。后用"孟母三迁"指环境育人的重要性,也形容接近好的人、事、物,才能学习到好的习惯。

【明镜高悬】 典出汉代刘歆《西京杂记》。秦始皇统一天下后,搜集的宝物中有一方镜,人若掩心而照,则能见肠胃五脏,知病根所在;人若怀有歹念邪心,则见胆张心动。秦始皇为了防备近臣,常将这面镜子悬挂起来,命近侍去照镜子。故用"秦镜高悬"形容明察秋毫。后在戏曲中,为了便于理解,改为"明镜高悬",在官堂之上悬挂"明镜高悬"的匾牌,比喻明察是非,官清如镜。

【明修栈道,暗度陈仓】 典

出西汉司马迁《史记·高祖本纪》。刘邦欲引军东进，征询韩信的计策。当时，汉中入关的栈道已被烧毁，不能行军，韩信命人去修复栈道，章邯以为汉军要从栈道出击，而栈道修复起来需要花费很长的时间，于是放松了警惕。韩信却偷偷绕道从陈仓进军，章邯仓皇迎敌，结果惨败。该典用以形容布置假象来迷惑对方，从而达到出奇制胜的目的。

【名落孙山】 典出南宋范公偁《过庭录》。吴地有个叫孙山的滑稽才子，有一年他去应考，有个乡里人把儿子托付给他一同去参加考试。结果孙山位居榜末，与他一起来的同乡的儿子则未考中。他先返回来，同乡问他自己儿子的情况，他诙谐地回答说："解名尽处是孙山，贤郎更在孙山外。"此后，以"名落孙山"来代指考试落榜。

【莫须有】 典出《宋史·岳飞传》："飞子云与张宪书虽不明，其事体莫须有。"秦桧诬陷岳飞谋反，说岳飞的儿子岳云给张宪写有反书，却没有实际的证据。韩世忠质问秦桧，秦桧说："虽然反书的事还没有查明，但谋反的事情大概是有的。""莫须有"，即"也许有""大概有"的意思，指凭空捏造、无中生有的罪名。

【某甲】 典出《三国志·魏志·崔琰传》"南阳许攸"裴松之注引《魏略》："至呼太祖小字曰：'某甲，卿不得我，不得冀州也。'"许攸与曹操是发小，又屡立战功，自恃与曹操关系密切，本来说的是"阿瞒"，作者为避讳曹操小名，所以记载为"某甲"。以致汉魏以来，著文有以"某甲"等词代已知、未知之人名的习惯。

【沐猴而冠】 典出西汉司马迁《史记·项羽本纪》："人言楚人沐猴而冠耳，果然。"项羽进入咸阳后，因为地理条件有利，有人建议在这里建都，项羽却说："富贵不归故乡，如衣绣夜行，谁知之者！"表示要在江东建都才可令乡人更好地知道自己的高贵。建议的人就对别人说项羽为沐猴而冠之徒，意思是项羽徒名霸王，实际并不是个人物，成不了大事。这话被项羽知道，就将他烹杀了。"沐猴"，即猕猴，猕猴戴冠，打扮成人的装束，然而终究不是人，比喻徒有其表或地位高而无真本领，也形容坏人装扮成好人。

【南柯一梦】 典出唐代李公佐的传奇小说《南柯太守传》。淳于棼喜爱饮酒作乐。一次生日时在家中大槐树下摆下酒席，宴请亲朋好友。在众人道贺离开后，他带着醉意睡着了。他梦到自己被两位紫衣使者带到了大槐安国，被招为附马，封为南柯太守。三十年中，他不但功成名就，而且得了五男二女，家庭美满，享尽荣华富贵。不料，邻国来袭，淳于棼出征兵败，公主又不幸病逝，国王将他遣送回老家。醒后，淳于棼遂按梦中线索寻找，发现所梦槐安国竟是门前大槐树树洞中的蚂蚁窝，而南柯郡则是大槐树最南的一枝树枝。后用"南柯梦""南柯一梦"形容一场富贵梦境，多被用来慨叹富贵荣华不过是过眼云烟，也比喻空欢喜一场。

【内举不避亲】 典出《吕氏春秋·去私》："孔子闻之，曰：'……外举不避仇，内举不避子，祁黄羊可谓公矣。'"祁黄羊是春秋时晋国的大夫，一次晋平公问祁黄羊，南阳缺少一个县令，委任谁比较合适。祁黄羊推荐的是解狐。晋平公很惊讶，因为解狐是祁黄羊的仇人。祁黄羊解释说："您问的是谁担任这个职位合适，并没有问臣的仇人是谁。"又有一次，晋平公问他尉官的人选，他推荐儿子祁午。祁黄羊荐举只看谁最合适，不论是仇人还是亲人。后用"内举不避亲"形容为国举才，不应当出于私人的考虑而有所避忌，形容办事公正无私。

【念奴娇】 词牌名。念奴是唐天宝年间的著名歌女，据说唐玄宗很喜欢听她演唱，曾亲自填词命念奴歌唱，果然娇滴滴如夜莺啼鸣，婉转似百灵歌唱，活泼似鸳鸯戏水。唐玄宗龙颜大悦，就将此曲命名为《念奴娇》，遂流传为词牌名。

【牛衣对泣】 典出东汉班固《汉书·王章传》。西汉谏议大夫王章早年在长安的太学求学，与妻子一同住在陋室之中。有一次，王章生病，因为生活拮据，家里没有被子盖，妻子便拿来麻草编织的为牛畜保暖的牛衣，将王章裹了起来。王章缩在牛衣里，哭着对妻子说："我病得很重，恐怕将不久于人世了，你我就此诀别吧。"妻子听了怒斥道："夫婿啊，朝廷中，有几个才能超过你的？现在你生病，自己不振作精神，却在这里哭哭啼啼，这是胸怀大志之人该做的吗？"后以"牛衣对泣"之典，比喻艰难困苦之中，夫妻互敬互爱，相携共度难关。

【弄巧成拙】 典出宋代释普济《五灯会元·江西马祖道一禅师》："适来弄巧成拙。"北宋著名画家孙知微画了一幅《九曜星君图》，只剩着色这最后一道程序时，恰巧有朋友约他饮酒，于是他就令徒弟们给画着色。众徒弟聚在一起欣赏，纷纷指出画作的各种优长之处，有个徒弟平时最喜欢卖弄，说水暖星君身边的童子手中的水晶瓶里缺了什么，每次老师都要在瓶中画上花的，这次一定是遗漏了，就去添上了一枝红莲花。孙知微回来后感到好笑，因为那是水暖星君用来降服水怪的镇妖瓶，不是插花用的，说这真是弄巧成拙，添上了一枝花，毁了整幅画。后用"弄巧成拙"

形容想要巧妙的手段，结果反而坏了事。多用于批评、指责和劝说的场合。

【弄璋之喜】 典出《诗经·小雅·斯干》："乃生男子，载寝之床，载衣之裳，载弄之璋。……乃生女子，载寝之地，载衣之裼，载弄之瓦。"如果生了男孩，就让他睡在床上，给他穿华美的衣服，给他玩白玉璋；如果生的是女孩，就让她睡在地上，把她包在襁褓里，给她陶制的纺锤玩。祝贺人家生孩子，男孩为"弄璋之喜"，女孩为"弄瓦之喜"。

【拍马屁】 原是一种风俗，后逐渐演化为俗语，带有谄媚的贬义。内蒙古、青海等地盛产马匹，牧民们用马解决行路、运输等问题，常以拥有骏马为荣。如果马长得肥壮，两股之间必然隆起，所以人们牵着马相遇时，常常拍着对方马的屁股，摸摸马膘，随口夸上几句"好马"。元朝的官员大多是武将出身。好马是权力、身份和地位的象征，因此下级对上级最好的称赞就是夸他的马好。下级见了上级常常一边拍着他的马的屁股，一边夸上级的马是宝马良驹。后来，把阿谀奉承的行为称为"拍马屁"，含有贬义。

【碰钉子】 人们常把求人办事遭到拒绝或受到斥责叫作"碰钉子"。一说是封建时代的衙门和官宦人家的大门上都有"门钉"，老百姓常常在这种地方受制于人，进门难、办事难。因此，人们把被拒之门外的情况称为"碰钉子"。

【皮里阳秋】 孔子修订《春秋》，书中对历史人物和事件暗含褒贬而不直言。故以"皮里春秋"作心中有褒贬，却不直言之典。后因避讳晋文帝母后的"春"名，便将"皮里春秋"改为"皮里阳秋"。

【破釜沉舟】 典出西汉司马迁《史记·项羽本纪》："项羽乃悉引兵渡河，皆沉船，破釜甑，烧庐舍，持三日粮，以示士卒必死，无一还心。"巨鹿之战时，项羽率领军队渡过漳水之后，命令沉毁全部船只，打破全部炊具，烧掉全部庐舍，仅携带三天粮食，以断绝兵士后退的念头，告诉士兵唯一的生路就是拼死一战。遂大破秦军，威名天下。后以"破釜沉舟"来形容做事的决心很大，不留退路，勇往直前。

【破镜重圆】 典出唐代孟棨《本事诗·情感》。南朝陈国太子舍人徐德言与妻子乐昌公主恐国破后不能相保，因此破开一铜镜为两半，二人各执其一，约定他年的元宵节卖破镜于都市，以期相见。陈亡后，乐昌公主被隋朝越国公杨素纳为妾。徐德言依期到市中寻镜，见一老者在卖半面铜镜，与自己的这一半正相合，于是在上面题诗云："镜与人俱去，镜归人不归。无复嫦娥影，空留明月辉。"

乐昌公主见诗之后，悲泣不已，不进餐食。杨素知道后，召见了徐德言，令他们夫妻团聚，同归江南。后用"破镜重圆"比喻夫妻失散或决裂后重新团聚与和好。

【破天荒】 典出宋孙光宪《北梦琐言》。唐朝时，荆南地区连续几十年都没有考中进士的举人，人们于是称之为"天荒"。后来，宣宗大中四年，有一个叫刘蜕的举人考中了进士，总算破了"天荒"。当时镇守荆南一带的魏国公崔弦因而赠送了刘蜕七十万的"破天荒"钱，但刘蜕未接受，在回信中写道："五十年来，自是人废；一千里外，岂曰天荒。"后用"破天荒"形容从未有过的新鲜事。

【菩萨蛮】 唐教坊曲，后用为词牌名。亦作《菩萨鬘》，又名《子夜歌》《重叠金》等。唐宣宗大中年间，女蛮国派遣使者进贡，她们身上披挂着珠宝，头上戴着金冠，梳着高高的发髻，称"菩萨蛮队"，当时教坊因此制成《菩萨蛮曲》，后来《菩萨蛮》成了词牌名。以温庭筠的《菩萨蛮》十四首为代表。

【奇货可居】 典出西汉司马迁《史记·吕不韦列传》："吕不韦贾邯郸，见（异人）而怜之，曰：'此奇货可居。'"吕不韦在邯郸做生意的时候偶然见到在赵国做人质的秦国太子安国君的儿子异人，他以重金结交监守，从而结识了异人。安国君正妻华阳夫人无子，吕不韦设法让华阳夫人做了异人的母亲，然后又设法让异人回国。后来，异人成为秦王，封吕不韦为丞相。后用"奇货可居"形容把少有的货物囤积起来，等待高价出售。也比喻拿某种专长或独占的东西作为资本，等待时机，以捞取名利地位。

【千金买马骨】 典出《战国策·燕策一》。燕昭王发布诏令招揽天下贤士。但是消息发出很久，也没有几个人前来投奔。于是，燕昭王请教郭隗。郭隗说："臣听说，从前有一个国君，想用千金购买千里马，但是三年过去了，没有买到一匹。后来，一人竟然花五百金买回了一匹死马。国君很生气，问其原因。答道：'天下人要是知道您肯花五百金买良驹的尸骨，还怕没人主动送良驹上门吗？'果然，千金买马骨的消息一传出，不到一年的时间，就有三匹千里马献来。如今大王求贤与国君买马是一个道理。要让天下人知道大王您求贤若渴，就要从重金聘不起眼的贤士开始，譬如说我。"燕昭王听后，立即拜郭隗为老师。不久，果真有很多贤人志士闻讯前来投奔。后用该典比喻重视人才、求贤若渴之举。

【千人之诺诺，不如一士之谔谔】 典出西汉司马迁《史记·商君列传》："千羊之皮，不如一狐之腋；

千人之诺诺，不如一士之谔谔。武王谔谔以昌，殷纣墨墨以亡。"商鞅在秦国推行新法的过程中得罪了很多人，一次赵良特地去见他，说："千张羊皮比不上一领狐腋贵重，千人随声附和比不上一人仗义直言。武王允许大臣们直言谏诤，国家就昌盛；纣王的大臣们不敢讲话，商朝因而灭亡。您如果不反对武王的做法，那就让我直言而您不予责备。"然后，赵良指出他实施严刑酷法，刻薄少恩，积累怨恨，长此以往，势必引祸于身。但是商鞅并没有认真地反省，秦孝公死后，商鞅即遭受构陷，被五马分尸。后用来比喻许多人说奉承的话，不如有一人讲真话。

【敲门砖】 典出宋代曾敏行《独醒杂志》卷五："冲元自窗外往来，东坡问：'何为？'冲元曰：'绥来。'东坡曰：'可谓奉大福以来绥。'盖冲元登科时赋句也。冲元曰：'敲门瓦砾，公尚记忆耶。'"状元许将（字冲元）说自己作的这句诗只不过是用来敲开科举之门的瓦砾而已，自己都忘了。到明代"敲门瓦砾"演变成了"敲门砖"。比喻用来达到目的的手段或谋取名利的工具，达到目的后就可抛弃。

【敲竹杠】 来源于四川地区，指进山拜佛时乘坐一种竹竿做的简易轿子，由人抬上山。走到半山腰，抬竹竿的人就敲竹竿要求加钱，否则就不抬，坐轿子的人只好加钱。比喻利用别人的短处或不利地位索取财物，或寻找借口向别人敲诈钱财。

【芹献】 古人常常把礼品谦称为"芹献"。典出《列子·杨朱》："昔人有美戎菽、甘枲茎、芹萍子者，对乡豪称之。乡豪取而尝之，蜇于口，惨于腹，众哂而怨之，其人大惭。"后用"芹献""美芹"代称菲薄的礼品，多为谦称。

【沁园春】 词牌名。取名于东汉沁水公主所有的沁园。南朝宋范晔《后汉书·窦宪传》记载："宪恃宫掖声势，遂以贱直请夺沁水公主园田，主逼畏不敢计。后肃宗驾出，过园，指以向宪，宪阴喝不得对。后发觉，帝大怒，召宪，切责……使以田还主。"后人感叹其事，多咏叹之。沁园因汉明帝对沁水公主的宠爱成为有史以来中国第一个皇家园林，又以窦宪夺园和帝罢免的故事而流传。后人作诗来吟咏这件事，此调因而得名《沁园春》。

【倾城倾国】 典出东汉班固《汉书·孝武李夫人传》。汉武帝的乐师李延年在一次表演时唱道："北方有佳人，绝世而独立。一顾倾人城，再顾倾人国。"他的妹妹十分美丽，且极擅歌舞，汉武帝于是召她进宫，十分宠爱。"倾国倾城"，原指女色亡国，后来一般用于形容女子非同寻常的美貌。

【青梅竹马】 典出李白《长干行》："郎骑竹马来，绕床弄青梅"。形容少男少女两小无猜，天真无邪，相处融洽。

【青眼与白眼】 典出唐房玄龄《晋书·阮籍传》："籍又能为青白眼。"青眼，指正视，因为正着看的时候黑眼珠在中间；白眼，指斜视，因为斜着看时是眼白对着人。阮籍善于使用青白眼来表达自己的态度，见到庸俗之辈，就用白眼对之，而遇到自己所敬重的人，则予青眼相视。阮籍的母亲去世后，前往吊唁的嵇喜，遭到了阮籍的白眼，对嵇喜的弟弟嵇康则以青眼待之。因为嵇喜名高位重、热于俗务，而嵇康却直率旷达、倜傥不羁，与阮籍性情相投。后用青眼和白眼分别表示尊重和轻视两种态度。

【青玉案】 词牌名。出自东汉张衡的《四愁诗》："美人赠我锦绣段，何以报之青玉案。""锦绣段"即"锦缎"，是表面有彩色花纹的丝织品。"案"指食案。

【请君入瓮】 典出宋司马光《资治通鉴·唐纪·则天皇后天授二年》。周兴与来俊臣是武则天时期的酷吏。来俊臣善于用各种刑罚让犯人认罪，周兴则致力于研究刑具，在他们手下冤死的人不计其数。一日，有人揭发周兴谋反，武则天便让来俊臣审理此案。来俊臣将周兴请到府中宴饮，说到有些犯人拒不招供，周兴听后，便得意地把自己最新研究的刑具推荐给来俊臣。来俊臣立即命人按照周兴所说，抬进来一口大瓮，并厉声质问周兴的谋反罪行。周兴见来俊臣要用他研制的刑具对自己动刑，吓得魂飞魄散，对罪行供认不讳。后以"请君入瓮"比喻以其人之道，还治其人之身，即用某人整治别人的办法来整治他自己。

【鹊桥仙】 词牌名，与"鹊桥相会"的神话有关。一说是源于欧阳修的词句"鹊迎桥路接天津"，一说是此调因咏牛郎织女鹊桥相会而得名。"鹊桥相会"的神话，最早出现于东汉，到唐代时民间的传说更加普遍，很多诗人都曾吟咏。此调于这段时间产生。

【染指】 典出《左传·宣公四年》："子公怒，染指于鼎，尝之而出。"一天，子家和子公去朝见郑灵公。将要进门的时候，子公发现自己的食指不自主地动了起来，于是对子家说："往常有这种情况发生的时候，我都会尝到美食。"等他们进入宫中，果然，郑灵公正在烹制一只楚国送来的鼋准备宴请大家。子家就把刚才子公的话讲了郑灵公，郑灵公听了很不高兴，独独没有给子公吃鼋，子公就伸手指到鼎里蘸了蘸，尝一尝，然后就走了。郑灵公大怒，因此想杀掉子公，但是子公与子家先谋反，杀掉了郑灵公。"染指"，原义为品尝食品，后来比喻插手某件事情以从中获得利益，含贬义。

【塞翁失马，焉知非福】 典出《淮南子·人间训》。在边塞上有个老翁，一天他的马丢了，人们过来安慰他。他却说："怎么知道这不是件好事呢？"几个月之后，那匹马自己回来了，还带回了许多胡地的好马。人们纷纷向他表示祝贺，他却说："怎么知道这不是件坏事呢？"他的儿子骑马出去玩，掉下来摔断了腿。人们又来安慰他，可是他又说："怎么知道这不是件好事呢？"一年之后，胡人入侵，许多青年都服兵役战死了，他儿子却因为腿瘸未参军得以存活。后用"塞翁失马，焉知非福"比喻虽然一时受到损失，但也许因此能得到好处，也形容坏事在一定条件下可以转变为好事。

【三春】 "三春"有时指春天的三个月。如孟郊《游子吟》诗："谁言寸草心，报得三春晖。"有时指春季的第三个月，即暮春。李白《别毡帐火炉》诗："离恨属三春，佳期在十月。"有时指三个春天，即三年。如晋陆机《答贾谧》诗："游跨三春，情固二秋。"

【三更四点】 语出鲁迅《阿Q正传》。古人将一夜分为五更，每更五鼓（也称五点），每鼓二十四分钟。"三更四点"即二十四时三十六分。后用"三更四点"形容时间很晚。

【三顾茅庐】 典出蜀汉诸葛亮《出师表》："先帝不以臣卑鄙，猥自枉屈，三顾臣于草庐之中。"东汉末年，刘备请诸葛亮出山。经过三次拜访，诸葛亮最终出山辅佐，形成三分天下的格局。后用"三顾茅庐"形容一再诚心地邀请。

【三十老明经，五十少进士】 古代科举考试中，明经科相对简单，录取率达到十分之一。进士科则非常难，录取率仅约六十分之一。三十岁还在考明经就是老考生了，而年过半百还没考上进士的大有人在，属年轻人。因此有"三十老明经，五十少进士"的谚语。

【丧家之犬】 典出西汉司马迁《史记·孔子世家》："东门有人，其颡似尧，其项类皋陶，其肩类子产，然自要以下不及禹三寸，累累若丧家之狗。"孔子周游列国，在前往郑国的途中，与弟子走散，站在郑国的东门张望。子贡在城中向郑国人打听孔子的消息，有人说："东门站着一个人，憔悴不堪，样子好似丧家之犬。"子贡寻到孔子之后，将这番话说给孔子听，孔子笑道："我的样子倒不太像他所讲的那样，不过，他说我像'丧家之犬'倒是说得很对啊！"孔子意在表明，尽管自己现在无家可归，却能够志高识远、安贫乐道。后以"丧家之犬"比喻失去靠山、无家可归、失意落魄的人。

【士别三日，当刮目相待】 典出北宋司马光《资治通鉴·孙权劝学》。三国名将吕蒙以前不爱读书，经孙权开导后发奋读书。一日，鲁肃与吕蒙就当前政治军事进行交流，鲁肃颇为诧异，不禁拍着吕蒙的肩膀叹道："士别三日，即更刮目相待。"后用"士别三日，当刮目相待"比喻多日不见，别人已有进步，不能再用老眼光去看人了。

【菽水之欢】 典出西汉戴圣《礼记·檀弓下》："子路曰：'伤哉，贫也。生无以为养，死无以为礼也。'孔子曰：'啜菽饮水，尽其欢，斯之谓孝。'""菽水"即豆和水，指所食唯有豆和水，形容生活清苦。后常以"菽水"指清贫晚辈对长辈的供养。"菽水之欢"形容即使粗茶淡饭奉养父母，父母也欢心。

【水调歌头】 词牌名。相传，隋炀帝在开凿大运河的时候，曾作了一首《水调歌》，唐朝的时候成为传唱不衰的名曲。《水调歌》由散序、中序、入破三部分组成，"歌头"为中序的第一章。又叫《元会曲》《凯歌》《台城游》。此后成为词牌名。

【司马昭之心，路人皆知】 典出《三国志·魏书·高贵乡公纪》裴松之注引《汉晋春秋》："司马昭之心，路人所知也。"魏明帝曹叡驾崩前交代司马懿与曹爽共同辅佐幼主曹芳。后来司马懿发动兵变，独掌大权。再后来，司马懿的儿子司马师废掉了曹芳，改立曹髦。曹髦意欲除掉司马氏，但是力量不足，反而被司马昭所杀。司马昭又立曹奂为新君，后司马昭的儿子司马炎逼迫曹奂禅位，建立了晋朝。后用"司马昭之心，路人皆知"比喻人所共知的野心。

【驷马难追】 典出北宋欧阳修《新五代史·晋高祖皇后李氏传》："兵戈屡动，驷马难追，戚实自贻，咎将谁执！"后人据此演化为"驷马难追"，意思是话语一出，四匹马不能追回。意谓说话当慎重，讲信用。

【踏莎行】 词牌名。原指春天于郊外踏青。据说北宋寇准在初春的一天和朋友们去郊外踏青，忽然想起唐代诗人陈羽的"踏莎行草过春溪"这句诗，于是就作了一首新词，名为《踏莎行》。《踏莎行》的"莎"字是指莎草，也叫"香附子"，是一种多年生的草本植物。

【抬杠】 源于民间的一种风俗。古时元宵节有各种庙会，其中有一种庙会叫"抬杠会"（有些地方叫"撞官会""甩会""太平颤"等），众人抬着一个巨大的杠杆，杠杆翘起的一端安放着一只椅子。一个身穿红袍、头戴纱翅帽的丑官坐在高高的椅子上。这个丑官没有固定的台词，他即兴回答观众提出的各种稀奇古怪的问题，然后引发争辩，逗得大家哄堂大笑。后来，人们管类似这种故意找茬的拌嘴叫作"抬杠"。"抬杠"不同于胡搅蛮缠的吵架，而是有逻辑性的。因此"抬杠"的人必须善于思考，并且有刨根问底的精神。

【太公钓鱼，愿者上钩】 典出《武王伐纣平话》："姜尚因命守时，直钩钓渭水之鱼，不用香饵之食，离水面三尺，尚自言曰：'负命者上钩来！'"其实姜尚钓的并不是鱼，而是周文王。果然，周文王听说姜尚的才能之后，亲自到渭水边求访。后来，姜尚辅佐周武王开辟了周朝天下，并受封齐国，为第一代齐侯。后用"太公钓鱼，愿者上钩"比喻心甘情愿地上当。

【弹冠相庆】 典出《汉书·王吉传》："吉与贡禹为友，世称'王阳在位，贡公弹冠'，言其取舍同也。"西汉时期，琅琊人贡禹听说好友王吉做了官，便拿出帽子，弹了弹上面的灰尘，说道："我也快当官了啊。"二人为官清廉，皆以贤能、直谏著称。后以"弹冠相庆"比喻一个人做了官，和他志趣相投的人互相庆贺。至苏洵《管仲论》中用"弹冠相庆"形容齐桓公的三个谄媚近臣听到管仲死了后，回家取出旧官帽弹灰庆贺要卷土重来。多用于贬义。

【桃李满天下】 典出北宋司马光《资治通鉴》："天下桃李，悉在公门矣。""桃李"，指代学生。唐代武则天执政时期，被武则天尊称为"国老"的宰相狄仁杰先后举荐了张柬之、姚崇等数十个贤能之人，有人对狄仁杰说："您德高望重，举贤任能，为朝廷输送了如此多的贤能之士，您门下的桃李，可以说遍布天下了。"后来，"桃李满天下"便被用来形容培养的优秀后辈或教过的学生遍布各地。

【替罪羊】 典出《孟子·梁惠王上》。梁惠王看到有人要用一头牛来"衅钟"（杀牲以行祭），他不忍心看到牛恐惧战栗的样子，便命令用羊代替牛。于是，有了"替罪羊"的说法。

【铜臭】 典出《后汉书·崔烈传》。东汉后期，卖官鬻爵之风盛行。崔烈曾任太守、九卿等职，口碑不错。汉灵帝的时候，崔烈也随波逐流，花钱买了司徒的官职，位列三公。有一天，他问儿子崔钧："我现在位居三公，人们对此有什么看法呀？"崔钧回答："议论的人都说你这个官职带着铜钱的臭味。"后来人们用"铜臭"讽刺那些见利忘义、见钱眼开的拜金者，也指权钱交易、花钱买官的不正之风。

【投笔从戎】 典出南朝宋范晔《后汉书·班超传》："大丈夫无它志略，犹当效傅介子、张骞立功异域，以取封侯，安能久事笔砚间乎！"班超年轻时家境贫困，以给人抄书为业。

一天，班超忽然扔下了笔，慨叹道："大丈夫怎么能长久地以抄书为业呢？"旁边的人都笑话他妄想，班超说："小子安知壮士志哉！"于是参军，逐渐成为一名颇具才略的军官，后来出使西域，受封定远侯。

【图穷匕见】 典出《战国策·燕策》："秦王谓轲曰：'起，取武阳所持图。'轲既取图奉之，发图，图穷而匕首见。"战国后期，燕国太子丹派荆轲赴咸阳刺杀秦王。秦王令荆轲打开他献上的燕国地图，地图展开之后露出了里面藏着的匕首，荆轲抓起匕首猛刺秦王，但没有刺中，秦王脱险，荆轲被杀。后比喻事情发展到最后，真相或本意显露了出来。

【涂鸦之作】 典出《玉川子集·示添丁》。唐朝卢仝有个儿子叫"添丁"，幼时喜欢涂抹诗书，常把卢仝的书册弄得又脏又乱。卢仝因此写了一首诗："忽来案上翻墨汁，涂抹诗书如老鸦。"把儿子的顽皮和自己的无奈描写得生动逼真。后来，人们便用"涂鸦"谦称自己的作品水平不高，或戏称自己随意的创作。

【推敲】 典出唐韦绚《刘公嘉话录》："岛初赴举京师，一日于驴上得句云：'鸟宿池边树，僧敲月下门'。始欲着'推'字，又欲着'敲'字，炼之未定，遂于驴上吟哦，时时引手作推敲之势。时韩愈吏部权京兆，岛不觉冲至第三节。左右拥至尹前，岛具对所得词句云云。韩立马良久，谓岛曰：'作"敲"字佳矣。'"唐代诗人贾岛因斟酌诗句中的"推""敲"二字，冲撞京兆尹韩愈。韩愈不但没有责备贾岛，还称赞他认真的创作态度，并认为还是"敲"字好。两人由此成为朋友。后来，用"推敲"比喻做文章或做事反复琢磨，反复斟酌。

【退避三舍】 典出春秋左丘明《左传·僖公二十三年》："晋楚治兵，遇于中原，其辟君三舍。"春秋时期，晋国公子重耳流亡时得到楚王的厚待。楚王对重耳说："如果有一天，你回到晋国当上了国君，准备如何报答我呢？"重耳答道："如果我真能回到晋国登上王位，我愿与贵国交好。假使两国不得不剑拔弩张，为报答您的恩情，我的军队会退避三舍。"四年后，重耳回国，成为晋文公。后楚、晋两国在城濮交战，晋文公依照诺言，下令军队后退九十里。楚国军队以为晋军实力弱小，不敢应战，结果傲慢轻敌的楚军中计，大败而归。后以"退避三舍"比喻以退为进，为了不与对方发生冲突而主动做出让步。

【唾面自干】 典出《新唐书·娄师德传》："其弟守代州，辞之官，教之耐事。弟曰：'有人唾面，洁之乃已。'师德曰：'未也，洁之，是违其怒，正使自干耳。'"娄师德，因德才兼备,深受武则天赏识,因而受人嫉妒。在他弟弟外放做官时,他对弟弟说:"我在朝中担任要职,遭人嫉妒,很多人在陛下面前诋毁我,你这次外出做官,更要多加谨慎,凡事能忍则忍。"弟弟答道:"就算有人将唾沫吐在我脸上,我也只是擦掉而已。"娄师德叹道:"这就违背了别人的意愿啊,你应该让脸上的唾沫自己干掉。"后以"唾面自干"形容虽受侮辱,却极度忍让、不加反抗的态度。

【望梅止渴】 典出南朝宋刘义庆《世说新语·假谲》:"魏武行役,失汲道,三军皆渴,乃令曰:'前有大梅林,饶子,甘酸,可以解渴。'士卒闻之,口皆出水,乘此得及前源。"曹操领兵行军途中,天气炎热,士兵口渴得厉害,非常疲惫。曹操担心贻误战机,告诉士兵说前方有一片梅林,结的果子又甜又酸,很能解渴。士兵们听了,立即流出口水,振作起来,凭借这种力量,终于到达前方的水源地。后用"望梅止渴"比喻在不切实际的空想中来宽慰自己。

【韦编三绝】 典出西汉司马迁《史记·孔子世家》。古时用皮条或绳子把竹简编连成册,用丝线编织的叫"丝编",用麻绳编织的叫"绳编",用熟牛皮绳编织的叫"韦编"。孔子晚年喜欢《周易》,反复研读,把串联竹简的牛皮绳磨断了几次。后用"韦编三绝"比喻读书勤奋用功。

【闻鸡起舞】 典出《晋书·祖逖传》:"中夜闻荒鸡鸣,蹴琨觉曰:'此非恶声也。'因起舞。"晋时祖逖和好友刘琨为了收复国土,刻苦习武,相约每天夜里听到鸡叫就起来练剑,后分别成为镇西将军和征北中郎将。后比喻有志气的人奋发向上、坚持不懈地砥砺自己。

【文字狱】 因文字犯禁或借文字罗织罪名迫害知识分子的刑狱。故意从某人的著作中摘取字句来罗织罪名,在古代各朝代都有,明清两代尤盛,雍正、乾隆二帝时期达到顶峰。如清代翰林院庶吉士徐骏,因有"清风不识字,何事乱翻书"诗句,被雍正认为存心诽谤,按"大不敬律"处斩立决。

【问鼎】 亦称"楚子问鼎""问鼎中原"。典出春秋左丘明《左传·宣公三年》:"楚子伐陆浑之戎,遂至于雒,观兵于周疆。定王使王孙满劳楚子,楚子问鼎之大小轻重焉。对曰:'在德不在鼎。'"楚庄王率军北伐至洛水。为了炫耀自己的实力,在东周都城洛阳南郊举行了一场盛大的阅兵仪式,周王室十分恐慌,定王派王孙满劳军以观其动向。楚庄王骄横地向他询问九鼎的大小轻重,因夏商周三代以九鼎为传国宝,象征天子权威,楚子问鼎,意有觊觎周王室之心。"问鼎""问鼎中原"遂成意图篡夺帝王权位之典。

再后来泛指觊觎某个地位,引申为争夺第一的意思。

【吴下阿蒙】 典出《三国志·吴书·吕蒙传》:"吾谓大弟但有武略耳,至于今者,学识英博,非复吴下阿蒙。"三国时期,吴国大将吕蒙不喜读书,经孙权开导,奋力向学。一日,鲁肃与吕蒙就当前形势进行交流,吕蒙学识渊博,鲁肃颇为诧异,不禁拍着吕蒙的肩膀叹道:"你早已不是那个吴下阿蒙了!"后来,"吴下阿蒙"便被用来比喻那些学识尚浅的人。

【五十步笑百步】 典出《孟子·梁惠王上》:"或百步而后止,或五十步而后止。以五十步笑百步,则何如?"孟子跟梁惠王谈论治国之道,用从战场败退五十步讥笑败退一百步的故事打比方。其实两个人都是在退却,只是跑得远近不同罢了。后用"五十步笑百步"比喻自己跟别人有同样的缺点或错误,只是程度上轻一些,却毫无自知之明地去讥笑别人。

【下里巴人】 典出战国宋玉《对楚王问》:"客有歌于郢中者,其始曰《下里》《巴人》,国中属而和者数千人。"《下里》《巴人》是春秋时期楚国民间的通俗歌曲。后来泛指通俗的文学艺术作品。

【下榻】 典出《后汉书·徐稚传》。东汉时,南昌太守陈蕃,为人正直,礼贤下士。当时有个叫徐稚的隐士,很有名望。陈蕃诚恳地请他相见,听取他的意见。徐稚来时,陈蕃热情相待,并在家里专设一张榻。徐稚一来,就把榻放下来,让徐稚住宿,以便进行长夜之谈。徐稚一走,这张榻就悬挂起来。后来就把留客住宿叫作"下榻"。多用于外交往来的书面语。

【悬壶济世】 常用来颂誉医者救人于病痛。传说有个叫壶翁的隐士,医术高明,经常在自己诊治的地方悬挂一个壶作为行医的标识。他医术高超,甚至能事先说出病人痊愈的时间,卖药从不讲价。每天行医所得达数万钱,都分给贫民。"壶"与"葫"同音,后世有人仿效,就在药铺门前悬挂药葫芦。后人用"悬壶济世"代指行医救人。

【眼中钉】 典出《新五代史·赵在礼传》:"在礼在宋州,人尤苦之。已而罢去,宋人喜而相谓曰:'眼中拔钉,岂不乐哉!'"后唐明宗时期,赵在礼任宋州节度使,他肆意欺压百姓,搜刮民财。后被罢免,宋州百姓庆贺说:"赵在礼走了,好像眼里拔掉了一根钉子。"后用"眼中钉"比喻心中最厌恶、最痛恨的人。

【阳春白雪】 典出战国宋玉《对楚王问》:"客有歌于郢中者,其始曰《下里》《巴人》,国中属而和者数千人……其为《阳春》《白雪》,国中属而和者不过数十人。"《阳春》《白雪》是楚国的高雅歌曲,因为高深难懂,能和唱的人很少。"阳春白雪"与"下里巴人"相对,多用来比喻高雅的文学艺术作品。

【一屋不扫,何以扫天下】
一说源于南朝宋范晔《后汉书·陈蕃传》:"蕃年十五,尝闲处一室,而庭宇芜秽。父友同郡薛勤来候之,谓蕃曰:'孺子何不洒扫以待宾客?'蕃曰:'大丈夫处世,当扫除天下,安事一室乎?'勤知其有清世志,甚奇之。"后人附加"薛勤道:'一屋不扫,何以扫天下?'"一说源于清朝刘蓉《习惯说》:"蓉少时,读书养晦堂之西偏一室。俯而读,仰而思;思有弗得,辄起绕室以旋。室有洼,径尺,浸淫日广。每履之,足苦踬焉。既久而遂安之。一日,父来室中,顾而笑曰:'一室之不治,何以天下家国为?'"此后用"一屋不扫,何以扫天下"告诫人们凡事当从小事做起,方能成就一番大业。

【一字师】 典出宋代陶岳《五代史补》。晚唐诗僧齐己作《早梅》诗,有"前村深雪里,昨夜数枝开"两句,好友郑谷说:"'数枝'非'早'也,未若'一枝'佳。"齐己惊叹"一"字之妙,即称郑谷为"一字师"。此典意谓能修改一字即可为师。

【虞美人】 词牌名。原为唐教坊曲,初咏项羽宠姬虞美人,因以为名。楚汉相争,西楚霸王兵败乌江,虞姬拔剑自刎。据说虞姬血染之地,长出一种鲜艳的花,人称"虞美人"。后来,为表达对虞姬忠贞节烈的钦佩,有人以《虞美人》为曲名创作了词曲演唱。《虞美人》就渐渐演化为词牌名。

【雨霖铃】 词牌名,也写作《雨淋铃》。唐代郑处诲《明皇杂录》:"明皇既幸蜀,西南行,初入斜谷,霖雨弥旬,于栈道雨中闻铃,音与山相应。上既悼念贵妃,采其声为《雨霖铃》曲,以寄恨焉。"唐玄宗为避安禄山之乱出逃,在马嵬坡将杨玉环赐死。在平定叛乱之后,玄宗北还,一路细雨沥沥,听马铃,思贵妃,遂有《雨霖铃》。曲调哀伤,感情缠绵凄凉,语言清丽。以宋代柳永的《雨霖铃》为代表。

【战国四公子】 指战国时期齐国的孟尝君田文、赵国的平原君赵胜、魏国的信陵君魏无忌与楚国的春申君黄歇。因四人都礼贤下士、广招宾客,为国竭尽心智,亦称"战国四君"。

【知音】 战国时期,晋国有个叫俞伯牙的大夫善于弹琴,当他弹琴意境表现高山时,钟子期便会说:"峨峨兮若泰山!"俞伯牙弹琴时想的是流水,钟子期听着便赞叹说:"洋洋兮若江河!"二人彼此欣赏,结为莫逆之交。后来人们就把对自己有深刻了解的好友称为"知音"。

【只许州官放火,不许百姓点灯】 典出宋代陆游《老学庵笔记》:"田登作郡,自讳其名,触者必怒,吏卒多被榜笞。于是举州谓灯为火。上元放灯，许人入州治游观，吏人遂书榜揭于市曰：'本州依例放火三日。'"北宋时，有个太守名叫田登，因为他的名字里有个"登"字，所以不许州内的百姓说与"登"同音的字。元宵节时，州城里点灯庆贺，官府要贴出告示让百姓观灯。为了避讳，最后贴出"本州照例放火三天"的告示。后来，人们就用"只许州官放火，不许百姓点灯"讽刺有权有势的人胡作非为，老百姓却连正当活动也要受到限制。

【志士不饮盗泉之水】 典出先秦尸佼《尸子》："孔子过于盗泉，渴矣而不饮，恶其名也。"孔子周游列国时，饥渴难耐，遇一泉水，旁边碑上刻"盗泉"二字，是山上盗匪以此名表示占有。孔子憎恶这个名字，即使渴死也不喝盗泉的水。后来人们便以"志士不饮盗泉之水"表示坚守节操，不污其行，后形容那些为人清廉、拥有浩然正气的人。

【捉刀人】 典出南朝宋刘义庆《世说新语·容止》："魏武将见匈奴使，自以形陋，不足雄远国，使崔季珪代，帝自捉刀立床头。既毕，令间谍问曰：'魏王何如？'匈奴使答曰：'魏王雅望非常，然床头捉刀人，此乃英雄也。'魏武闻之，追杀此使。"曹操自觉长得不够威严，会损害国家的形象，在接见匈奴使者时就让外貌威武庄重的崔季珪假扮他接见使者，自己却拿刀扮成护卫，站在崔季珪的坐榻旁边。朝见完毕，曹操派人向匈奴使者打听他对魏王的印象。匈奴使者说："魏王看起来很有威严，确实不错，但是站在坐榻旁边那个捉刀的人，才是真正的英雄啊。"后来用"捉刀人"指替人做事或写文章的人，代写文章叫"请人捉刀"。

中高考真题举隅

一、国体政体官制

★（2015年高考新课标Ⅱ卷）下列对文中加点词语的相关内容的解说，不正确的一项是（　　）

A. 古代男子有名有字，名是出生后不久父亲起的，字是二十岁举行冠礼后才起的。

B. 谥号是古代帝王、大臣等死后，据其生平事迹评定的称号，如武帝、哀帝、炀帝。

C. 嗣位指继承君位，我国封建王朝通常实行长子继承制，君位由最年长的儿子继承。

D. 阙是宫门两侧的高台，又可借指宫廷；"诣阙"既可指赴朝廷，又可指赴京都。

答案：C（君位应是由正妻所生的第一个儿子，即嫡长子继承，不是最年长的儿子）

★（2015年高考新课标Ⅰ卷）下列对文中加点词语的相关内容的解说，不正确的一项是（　　）

A. 登进士第，又可称为进士及第，指科举时代经考试合格后录取成为进士。

B. 兵部是古代"六部"之一，掌管全国武官选用和兵籍、军械、军令等事宜。

C. 庙号是皇帝死后，在太庙立室奉祀时起的名号，如高祖、太宗、钦宗。

D. 太子指封建时代君主儿子中被确定继承君位的人，有时也可指其他儿子。

答案：D（只有被确定为君位继承

人才可称为"太子")

★(2016年高考全国Ⅰ卷)下列对文中加点词语的相关内容的解说,不正确的一项是(　)

A.首相指宰相中居于首位的人,与当今某些国家内阁或政府首脑的含义并不相同。

B.建储义为确定储君,也即确定皇位的继承人,我国古代通常采用嫡长子继承制。

C.古代朝廷中分职设官,各有专司,所以可用"有司"来指称朝廷中的各级官员。

D.契丹是古国名,后来改国号为辽,先后与五代和北宋并立,与中原常发生争端。

答案:A("与当今某些国家内阁或政府首脑的含义并不相同"的说法错误,是大致相同的)

★(2016年高考全国Ⅲ卷)下列对文中加点词语的相关内容的解说,不正确的一项是(　)

A.礼部为六部之一,掌管礼仪、祭祀、土地、户籍等职事,部长官称为礼部尚书。

B.教坊司是管理宫廷音乐的官署,专管雅乐以外的音乐、歌舞的教习等演出事务。

C.致仕本义是将享受的禄位交还给君王,表示官员辞去官职或到规定年龄而离职。

D.历史上的"两京"有多种所指,文中则指明代永乐年间迁都以后的南北两处京城。

答案:A("土地、户籍"不属于礼部职事)

★(2017年高考全国Ⅱ卷)下列对文中加点词语的相关内容的解说,不正确的一项是(　)

A.下车,古代可以代指新任官吏就职,后来又常用"下车伊始"表示官吏初到任所。

B.收考,指先行将嫌犯拘捕关进监狱,然后再作考查,进行犯罪事实的取证工作。

C.车驾,原指帝王所乘的车,有时因不能直接称呼帝王,于是又可用作帝王的代称。

D.京师,古代指国家的都城,《三国演义》中就经常提到"京师",现代泛指首都。

答案:B("考"通"拷",拷问的意思)

★(2017年高考全国Ⅲ卷)下列对文中加点词语的相关内容的解说,

不正确的一项是（　　）

A.状元是我国古代科举制度中的一种称号，指在最高级别的殿试中获得第一名的人。

B.上元是我国传统节日，即农历正月十五日元宵节，是春节后第一个重要节日。

C.近侍是指接近并随侍帝王左右的人，他们不仅职位很高，对帝王影响也很大。

D.告老本指古代社会官员因年老辞去职务，有时也是官员因故辞职的一种借口。

答案：C（近侍一般职位不高）

★（2018年高考全国Ⅰ卷）下列对文中加点词语的相关内容的解说，不正确的一项是（　　）

A.《三坟》《五典》，传为我国古代典籍，后又以"坟籍""坟典"为古代典籍通称。

B.阙，原指皇宫前面两侧的楼台，又可用作朝廷的代称，赴阙也指入朝觐见皇帝。

C.践阼，原指踏上古代庙堂前台阶，又表示用武力打败敌对势力，登上国君宝座。

D.逊位，也称为让位、退位，多指君王放弃职务和地位，这里指鲁芝的谦让行为。

答案：C（"表示用武力打败敌对势力"错误，"践阼"指帝王即位,登基）

★（2018年高考全国Ⅲ卷）下列对文中加点词语的相关内容的解说，不正确的一项是（　　）

A.陵寝，是帝王死后安葬的陵墓，陵墓建成后，还需设置守陵奉祀的官员以及禁卫。

B.株，本义树根，根与根间紧密相连，因而"株连"又指一人有罪而牵连他人。

C.前尹，在文中指开封府前任府尹；"尹"为官名，如令尹、京兆尹，是知府的简称。

D.御名，指皇帝名讳，古代与皇帝有关的事物前常加"御"字，如御玺指皇帝印信。

答案：C（令尹是楚国最高行政官员）

★（2020年高考全国Ⅰ卷）下列对文中加点词语的相关内容的解说，不正确的一项是（　　）

A.主司既可指主管某项事务的官员，又可指科举的主试官，文中指后者。

B.殿试是中国古代科举制度最高一级的考试，在殿廷举行，由丞相主持。

C.司农是官名，又称为大司农，主要掌管农桑、仓储、租税等相关事务。

D.当轴，指做官处在重要的位置，当轴者则指身居显赫职位的当权官员。

答案：B（殿试的主持者应为皇帝）

★（2020年高考全国Ⅲ卷）下列对文中加点词语的相关内容的解说，不正确的一项是（　）

A.太守是郡一级的最高行政长官，主要掌管民政、司法、军事、科举等事物。

B.立嗣可指无子而以同宗之子承继，又可指确立王位继承人，文中则指后者。

C.周公是周文王之子，周武王之弟，曾辅佐周武王讨伐商纣王最终夺取天下。

D.居摄是指古代帝王因年幼不能亲政，大臣代居其位来处理政务的一种制度。

答案：A（太守不负责掌管科举）

★（2021年全国乙卷）下列对文中加点词语的相关内容的解说，不正确的一项是（　）

A.犯颜，指敢于冒犯君王或尊长的威严，常常用于表示直言敢谏的执着态度。

B.抵极刑，抵刑即处刑，抵极刑指犯人受到死刑外加上尸体示众的极端刑罚。

C.减膳，古代帝王遇到天灾等让自己感到内疚的情况时，常食素或减少肴馔。

D.大理丞，大理丞是大理寺的重要官员，大理寺是我国古代掌管刑狱的官署。

答案：B（抵极刑，极刑即死刑，"抵"意为达到，意即达到判处死刑的地步。B项解释有误，没有尸体示众之意）

★（2021年高考全国新课标Ⅰ卷）下列对文中加点词语的相关内容的解说，不正确的一项是（　）

A.甲子，甲为天干首位，子为地支首位，干支相配以纪年月日，文中是纪日。

B.宗室，是古代社会中对与君主同一宗族血亲的称谓，历代皇族例称为宗室。

C.海内，即国内，古人认为我国疆土四面环绕着大海，故称国境之内为海内。

D.庶务，指国家的各种政务，后来专指朝堂之上跟军国大事相关的各种急务。

答案：D（根据文意也可推知，庶务不是专指朝堂急务，指的是国家各种政务。亦指这些事务的经办人员）

★（2021年全国新高考Ⅱ卷）下列对文中加点词语的相关内容的解说，不正确的一项是（ ）

A. 京口，古城名，在今江苏省镇江市，是古代长江下游军事重镇，为兵家所重。

B. 遗民，指改朝换代后仍然忠于前朝的人，也泛指沦陷区的人民，文中指后者。

C. 部曲，原指古代豪门大族和将领招募的私人军，文中是指部队的编制单位。

D. 传檄，指檄文，是古代官府用以征召、晓谕声讨的文书，传檄即传布檄文。

答案：C（"文中是指部队的编制单位"的表述错误。从原文来看，"部曲"是指祖逖的私家军队）

二、史哲教育伦理

★（2014年高考全国卷）下列对文中相关内容的解说，不正确的一项是（ ）

A. "解褐"指脱去平民穿着的粗布衣服，换上官员服饰，比喻开始进入仕途。

B. "南面"指担任大臣，因为古代坐北朝南为尊位，大臣朝见天子时立于南面。

C. "故事"有多种含义，也指一种文学体裁，文中用以表示旧日的典章制度。

D.《春秋》是儒家的经典，叙事简要，深寓褒贬，是我国现存最早的编年体史书。

答案：B（"南面"是面向南面。古代以坐北面南为尊位，帝王之位南向，故称居帝位为"南面"，不是指"担任大臣"）

★（2017年高考天津卷） 下列有关文化常识的表述，不正确的一项是（ ）

A. 中国的干支纪年法中的"地支"是指：子、丑、寅、卯、辰、巳、午、未、申、酉、戌、亥。

B. 韩愈《师说》"六艺经传皆通习之"中的"六艺"是指礼、乐、射、御、书、数六种学问和技能。

C. 古代以山之南、水之北为阳，山之北、水之南为阴，如衡阳在衡山之南，江阴在长江之南。

D. 土地孕育五谷，五谷之长为稷，古代帝王对土神"社"和谷神"稷"进行祭祀，后世以"社稷"代称国家。

答案：B（《师说》中的"六艺"应为《礼》《乐》《诗》《易》《书》《春秋》六经）

★（2018年高考天津卷）下列对文中相关内容的解说，不恰当的一项是（ ）

A.记，是我国古代常用文章体裁，以叙事为主，兼及议论、抒情和描写，"记"的种类很多，本文是一篇游记。

B.步，古人称跨出一脚为"跬"，再跨一脚为"步"，后即以"步"作为长度单位。

C.刺史、守，皆指古代地方官职，如《陈情表》中曾提到"前太守臣逵察臣孝廉，后刺史臣荣举臣秀才"。

D.蓬瀛，指蓬莱和瀛洲，是传说中的海上仙山，为仙人所居之处，后常指仙境。

答案：A（"记"应是以叙事、描写为主，兼及议论和抒情）

★（2019年高考全国Ⅰ卷）下列对文中加点的词语相关内容的解说，不正确的一项是（ ）

A.诸子百家是先秦至汉初学术派别的总称，其中又以道、法、农三家影响最深远。

B.诏令作为古代的文体名称，是以皇帝的名义所发布的各种命令、文告的总称。

C.礼乐指礼制和音乐，古代帝王常常用兴礼乐作为手段，以维护社会秩序的稳定。

D.就国，是指受到君主分封并获得领地后，受封者前往领地居住并进行统治管理。

答案：A（应是以儒、道、法三家影响最深远）

三、天文地理建筑

★（2020年浙江乐清中考一模卷）"干支纪年法"是将"十天干"和"十二地支"（相当于十二生肖）组合起来，依次纪年的一种传统纪年法。请根据"干支顺序表"，推断"乌台诗案"发生的元丰二年，若用干支纪年表示，应是（ ）

元丰二年（1079年）　　_____　　"乌台诗案"

元丰五年（1082年）　　壬戌年　　徽宗皇帝出生

元丰六年（1083年）　　癸亥年　　苏轼与张怀民夜游承天寺

元丰七年（1084年）　　甲子年　　司马光完成了史书《资治通鉴》的撰写

A. 戊寅年　　B. 戊辰年　　C. 己巳年　　D. 己未年

干支顺序表

序号	1	2	3	4	5	6	7	8	9	10		
天干	甲	乙	丙	丁	戊	己	庚	辛	壬	癸		
序号	1	2	3	4	5	6	7	8	9	10	11	12
地支	子	丑	寅	卯	辰	巳	午	未	申	酉	戌	亥

答案：D

四、礼仪风俗民俗

★（2016年高考全国Ⅱ卷）下列对文中加点词语的相关内容的解说，不正确的一项是（　）

A. 中宫是皇后所居之宫，后来又可以借指皇后，这与东宫又可借指太子是同样道理。

B. 陛下指宫殿中立有护卫的台阶下，因群臣不可直呼帝王，于是借用为对帝王的尊称。

C. 吏部是古代六部之一，掌管文官任免、考核、升降、调动等，长官为吏部尚书。

D. 移疾指官员上书称病，实际是官员受到权臣诬毁，不得不请求退职的委婉说法。

答案：D（"受到权臣诬毁"为臆断）

★（2017年高考全国Ⅰ卷）下列对文中加点词语的相关内容的解说，不正确的一项是（　）

A. 以字行，是指在古代社会生活中，某人的字得以通行使用，他的名反而不常用。

B. 姻亲，指由于婚姻关系结成的亲戚，它与血亲有同有异，只是血亲中的一部分。

C. 母忧，指母亲的丧事，古代官员遭逢父母去世时，按照规定需要离职居家守丧。

D. 私禄中的"禄"指俸禄，即古代官员的薪水，这里强调未用东乡君家钱财营葬。

答案：B（姻亲不是血亲）

★（2018年高考全国Ⅱ卷）下列对文中加点词语的相关内容的解说，不正确的一项是（　）

A. 豪右，指旧时的富豪家族，世家大户；汉代以右为尊，所以习惯上称为"豪右"。

B. 顿首，即以头叩地而拜，是古代交际礼仪；又常常用于书信、表奏中作为敬辞。

C. 茂才，即秀才，东汉时为避光武帝刘秀名讳，改称茂才，后世有时也沿用此名。

D. 京师是古代京城的通称，现代则称为首都；"京""师"单用，旧时均可指国都。

答案：D（"师"单用不指国都，一般指老师、军队）

★（2020年贵州遵义中考题）下列句子表达得体的一项是（　　）

A. 文学爱好者李筠在电话里对编辑说："我的拙作已经发到您的邮箱里，请您指正。"

B. 厂长热情地说："我们是友好合作单位，只要贵单位有需要，我们一定鼎力支持。"

C. 新娘的父亲激动地说："各位亲友前来参加令爱的婚礼，我在此真诚地表示感谢！"

D. 王骁一进李老师的家门，就高兴地说："我初次登门拜访，您家真是蓬荜生辉啊！"

答案：A（B项"鼎力"，C项"令爱"，D项"蓬荜生辉"均表达不得体）

★（2020年贵州遵义中考题）端午节，是中华民族的传统节日。九年级（1）班决定围绕节日开展以"了解中国传统节日——端午节"为主题的语文综合性学习活动，请完成以下任务。

1. 下列有关端午节的表述，正确的一项是（　　）

A. 端午节，又叫端阳节、重五节、寒食节，每年的农历五月初五为端午节。

B. 相传楚人因不舍屈原离世，便划船追赶拯救，后来演变成了赛龙舟的习俗。

C. 为了驱毒辟邪，人们常在端午节这天将艾草挂在门口，或将桃符挂在门上。

D. 端午节人们通常要玩龙灯吃粽子，到了唐宋，粽子成了端午节必备食品。

答案：A（寒食节在清明节前一两日，不是端午节）

2.根据下面的提示,将对应的中国传统节日名称填在横线上。

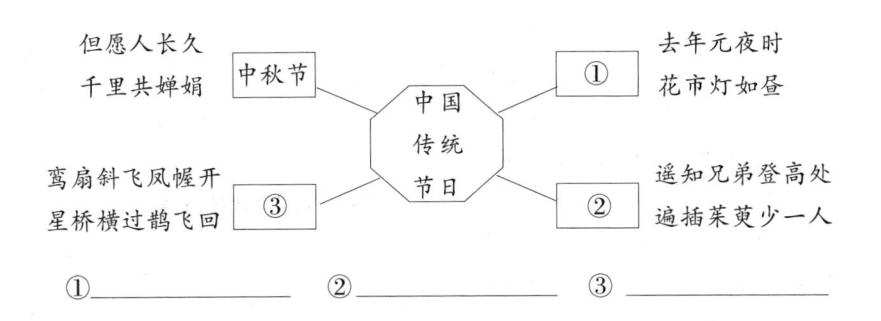

但愿人长久
千里共婵娟   中秋节

去年元夜时
花市灯如昼   ①

鸾扇斜飞凤幄开
星桥横过鹊飞回   ③

遥知兄弟登高处
遍插茱萸少一人   ②

中国传统节日

① _____ ② _____ ③ _____

答案:元宵节(上元节)、重阳节、七夕节(乞巧节)

★(2022年山东枣庄中考题)下面有关文学文化知识表述不正确的一项是（　）

A.古人称谓有谦称和尊称的区别,如"敝人""劳驾"是谦称,"高邻""家慈"是尊称。

B.《关雎》开头"关关雎鸠,在河之洲。窈窕淑女,君子好逑"采用了比、兴的表现手法。

C."滕子京谪守巴陵郡"的"谪"和"迁客骚人"的"迁"都是被贬官、降职的意思。

D.词又称"长短句",句式长短不一,讲究韵律,如《渔家傲·秋思》《满江红(小住京华)》等。

答案:A("家慈"是谦称,"劳驾"是尊称)

★(2022年山东威海中考题)请在下面横线上填写恰当的内容。

中华传统节日蕴含着丰厚的文化内涵,赓续绵延,代代流传。端午节,_____;中秋节,食月饼,赏月亮,寄托着团圆幸福的美好心愿;重阳节,赏菊花,登高处,寄寓着感恩敬老的传统美德。

答案示例:吃粽子,赛龙舟,蕴含着祈求平安的美好愿望。

★(2022年山东日照中考题)下列关于文学、文化常识的表述,不正确的一项是（　）

A.乐府,本是音乐机构,由它搜集整理的诗歌称作"乐府诗"。后北宋郭茂倩编《乐府诗集》,《木兰诗》和《十五从军征》均出自这部诗集。

B. 古诗文中有一些常用称谓，如丝竹，本是弦乐器和管乐器，泛指音乐；干戈，本是两种兵器，代指战争；社稷，本是土神和谷神，代指国家。

C. 范仲淹，字希文，北宋著名政治家、文学家，世称"范文正公"。他在《岳阳楼记》中提出的"先忧后乐"思想表现了其博大胸怀和宏大抱负。

D. 契诃夫，俄国作家、戏剧家，主要作品有小说《装在套子里的人》、剧本《樱桃园》等，与莫泊桑和马克·吐温并称为"世界三大短篇小说家"。

答案：D（D项"马克·吐温"应改为欧·亨利）

★（2022年高考全国Ⅰ卷）下列对文中加点词语的相关内容的解说，不正确的一项是（　）

A. 寡人意为寡德之人，在文中是魏王自称，春秋战国时期君主常如此谦称自己。

B. 百乘即一百辆兵车，"乘"指四马一车，"百乘""千乘"常用作兵力的代称。

C. 为赵蔽的"蔽"指屏障，与《邹忌讽齐王纳谏》中"王之蔽"的"蔽"相同。

D. 国门，文中是实指，指魏国国都的城门，现在则用来指一个国家的边境。

答案：C（"王之蔽"的"蔽"意为被蒙蔽）

五、科技艺体中医

★（2020年湖南娄底市中考题）请用正楷字将如图的书法作品内容规范地抄写下来。

宁静致远

★（2020年湖南长沙中考题）避讳探讨：古代有许多避讳的语言现象，如称"老人去世"为"老了"或"升仙了"；称"上厕所"为"解手"；唐代为避讳唐太宗李世民的"民"字，将"民"字改称"人"。我们应该怎样看待这些避讳现象？

答案示例：避讳是中国古代社会特有的一种习俗，也是一种特有的文化现象。我国封建时代，为了维护统治秩序和森严的封建等级制度，人们对皇帝、长官、圣贤以及尊亲长辈的名字不直接说出或写出，而是改用他字。语言方面的禁忌主要是避讳不吉利的字眼，例如：死、病等。古代的避讳涉及各个方面，其核心是抑制不祥，本是人之常情，但古往今来许多避讳都带有浓厚的迷信成分，给古代的社会生活带来极大不便，也给今人研究中国古代历史造成一定的难度。不过，由于避讳具有很强的时限性，也为后人对文物的鉴定提供了可靠的依据。

★（2020年重庆中考B卷题）学校团委拟开展"我心中的优秀文化遗产"评选活动，请你在重庆全市范围内推荐一项文化遗产参评，并从不同角度写出两条推荐理由。

答案示例：我推荐的文化遗产名称：大足石刻。推荐理由：①雕刻技艺精湛，具有极高的艺术价值。②内容丰富，文化内涵深刻，是研究佛教文化的重要历史资料。（可从艺术价值、文化内涵、社会影响等方面作答。）

★（2020年江苏盐城中考题）九年级准备开展"身边的文化遗产"综合性学习活动，你和同学小妍加入了"最美乡音组"，近期将要在串场河畔的盐镇水街举行淮剧汇报演出活动。

1.【文化布置】演出前，你和小妍先到水街"漂舟戏苑"进行文化布置。在小妍带来的三副对联中，你发现有一副不合适，请指出来，并向小妍解释原因。

第1副：一腔淮剧神身韵　万里盐场国库银

第2副：四面荷花三面柳　一城山色半城湖

第3副：七尺躯扮千般样　五丈台走万里天

第_____不合适，原因是_____
_____。

2.【乡音探究】演出结束后，同学们意犹未尽，对淮剧的唱词产生了浓厚的兴趣。小妍找来本次演出曲目的唱本片段，现在请你和她一起探究：淮剧的唱词有哪些特点？

《买油条》唱词：客堂间，先打扫，厨房内把热水烧，煤炉扇得火直冒，我再淘米下锅把粥熬，萝卜干子切切好，抽空上街排队买油条。

答案示例：1.第2副不合适。这副对联适合用于对风景的赞美，和主题不切合，下联"一城山色半城湖"也不符合对盐城地理环境的描述，盐城没有山，是平原地貌，所以不适合放在此处。

2.通俗易懂；句式错落有致，参差变化中见整齐；押韵，富有音律美。

六、典故掌故传说

★（2017年高考江苏卷）下列对文中相关内容的解说，不正确的一项是（　　）

A.江左：文中指长江下游以东地区。古人叙地理以东为左，以西为右，江左即江东。

B.三代：文中指曾祖、祖父、父亲三代，古人参加科举考试须如实填报三代履历。

C.菽水：豆和水，指粗茶淡饭。多形容清贫者对长辈的供养，如成语"菽水承欢"。

D.趋庭：《论语》中有孔鲤"趋而过庭"的记载，后世将子承父教称为"趋庭"。

答案：B（指自己、父亲、祖父三代）

★（2019年高考全国Ⅱ卷）下列对文中加点的词语相关内容的解说，不正确的一项是（　）

A.缪公即秦穆公，春秋时秦国国君，在位期间任用贤臣，使国力趋强，称霸西戎。

B.汤武即商汤与孙武的并称，他们二人均以善于用人用计，战功赫赫，留名于青史。

C.变法是指对国家的法令制度作出重大变革，商鞅变法为秦国富强奠定了基础。

D.黥是古代的一种刑罚，在犯人脸上刺上记号或文字并涂以墨，在刑罚之中较轻。

答案：B（"汤武"是商汤和周武王的合称）

★（2019年高考全国Ⅲ卷）下列对文中加点的词语相关内容的解说，不正确的一项是（　）

A.殷纣为商代末代国君，在位期间统治失控，好酒淫乐，暴敛酷刑，是有名的暴君。

B.武王是周文王之子，继承其父遗志，联合众多部族与商激战，灭商，建立周王朝。

C.三晋，春秋末韩、赵、燕三家分晋，战国时的韩、赵、燕三国，史上又称"三晋"。

D.令尹，春秋战国时期楚国设置的最高官位，辅佐楚国国君，执掌全国的军政大权。

答案：C（"三晋"是韩、赵、魏三国）

★（2020年湖南长沙中考题）下列句子中没有谐音现象的一项是（　）

A.小玲在门上倒贴"福"字，妈妈高兴地说："福到啦！"

B.除夕夜，爷爷看到饭桌上的必备菜——鱼，捋捋胡子笑着说："年年有余啊！"

C.中秋佳节，桂花飘香，圆月当空，妹妹吃着月饼说："真是花好月圆啊！"

D.婚床上摆上枣子、花生、桂圆、瓜子,寓意着"早生贵子"的美好祝福。

答案：C（A.福倒→福到 B.鱼→余 D.枣生桂子→早生贵子）

★（2022年山东济南中考题）下列对文学文化常识的表述不正确的一项是（ ）

A."燕雀安知鸿鹄之志哉"中的"燕雀"原指天鹅，这里比喻志向远大的人。

B.太学是我国古代设在京城的最高学府，博士是古代学官名。

C.古时住宅旁边常栽桑树、梓树，后人就用"桑梓"指代家乡。

D.古代报时常用辰牌、中牌等字样来指时间。辰时，相当于上午七时至九时。

答案：A（燕雀指燕子和麻雀，比喻胸无大志之人）

说明：为学习方便，以上列举的部分中高考传统文化试题，阅读材料已省略。